Blankwaffen im Museum
Jagdschloß Kranichstein

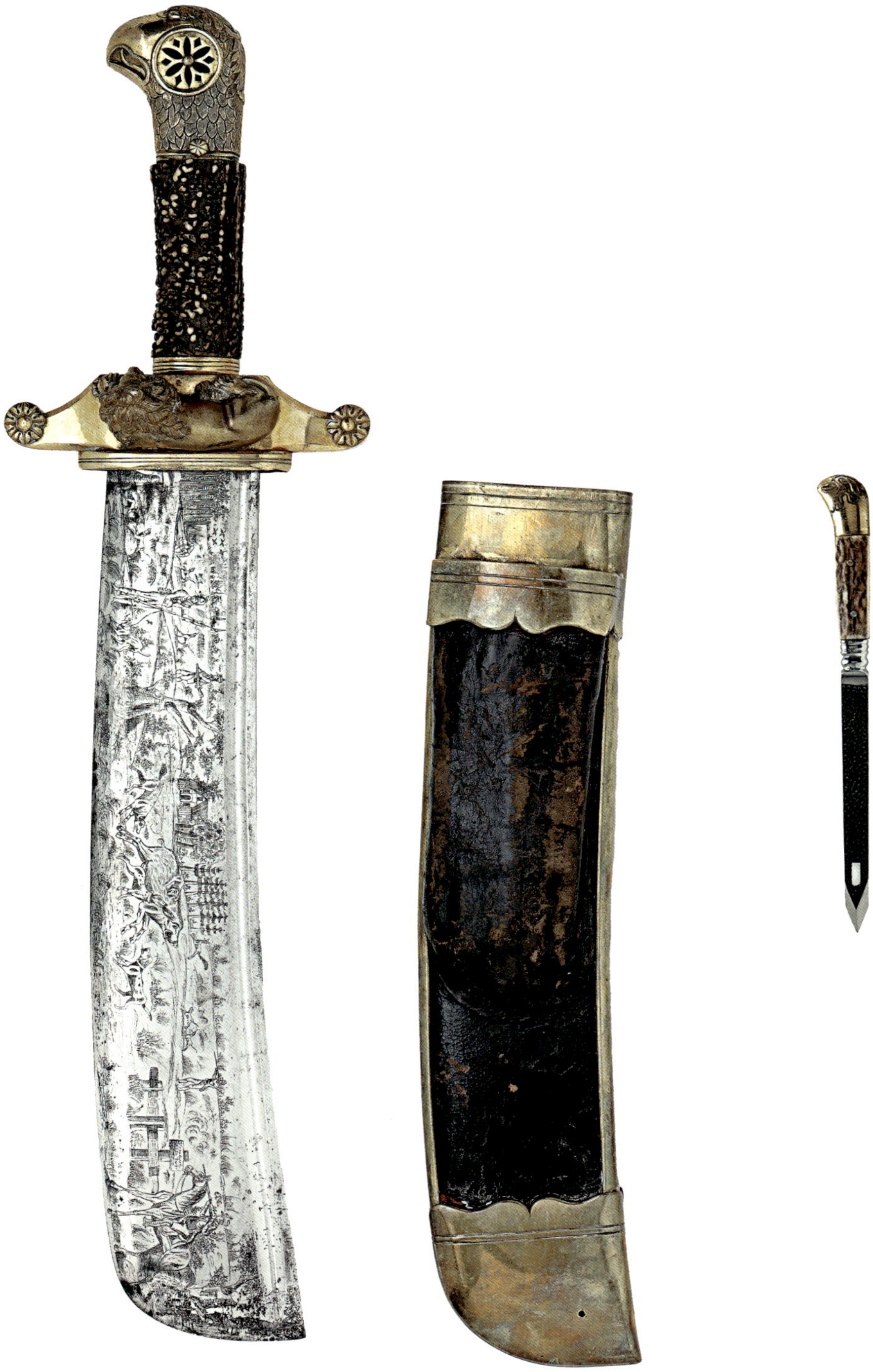

Herbert H. Westphal

Blankwaffen im Museum Jagdschloß Kranichstein

Bestandskatalog

Stiftung Hessischer Jägerhof
Jagdschloß Kranichstein
Darmstadt

SCHNELL + STEINER

Autoren:
Wolfgang Weitz
Herbert Westphal

Herausgeber:
Monika Kessler, Stiftung Hessischer Jägerhof

Bibliografische Information
der Deutschen Nationalbibliothek
Die Deutsche Nationalbibliothek verzeichnet diese Publikation in der Deutschen Nationalbibliografie; detaillierte bibliografische Daten sind im Internet über http://dnb.d-nb.de abrufbar.

1. Auflage 2010

Leibnizstraße 13, 93055 Regensburg
Umschlaggestaltung: Anna Braungart, Tübingen
Layout und Druck: Erhardi Druck GmbH, Regensburg
ISBN 978-3-7954-2386-5

Weitere Informationen zum Verlagsprogramm erhalten Sie unter:
www.schnell-und-steiner.de

Inhalt

Vorwort

Mit diesem Band stellt die Stiftung Hessischer Jägerhof einen Sammlungsbestand in den Mittelpunkt, der gemeinhin nicht die Gedankenwelt des kunst- und kulturinteressierten Publikums berührt.
Blankwaffen, Seitenwaffen, Stangenwaffen umspannen eine kunsthandwerkliche Gattung, deren Nutzungskontext weitgehend unbekannt ist, zumal sich dessen fachspezifische Beschreibungstermini in einem eigenen hermetischen Sprachbereich bewegen. Wo die Verbindung zur Alltagssprache gekappt ist, fällt eine Vermittlung schwer.
Obgleich die technische und künstlerische Herstellung dieser Waffen und deren Bedeutung im höfischen Kontext einen nicht unwesentlichen Platz in der Kunst- und Kulturgeschichte einnehmen, ist die Beschäftigung mit dieser Gattung nicht Teil des heutigen Bildungskanons.
Ähnlich der Hofmalerei und der Bildhauerei ist die Waffen- und Schmiedekunst ein bedeutendes Medium der höfischen Repräsentation; sie ist darüber hinaus Ausdruck der feudalen Lebenswelt und steht zudem im Zentrum eines der beliebtesten und exklusivsten Divertissements des europäischen und auch außereuropäischen Adels, der Jagd.

In der Herstellung prunkvoller Hirschfänger oder Weidpraxen sind die Grenzen zwischen Handwerk und Kunst fließend. Die Produktion war hochspezialisiert. Handwerker und Künstler arbeiteten Hand in Hand: Klingenschmiede, Ätzmaler, Graveure, Damaszierer, Eisenschneider, Gelbgießer, Vergolder, Ziseleure wussten technische Meisterleistungen mit exquisiter künstlerischer Gestaltung zu verbinden.
Die Waffen – als glanzvolle Arbeiten häufig auch in höfischen Kunstkabinetten bewahrt – zeigten Ornamentformen mit Rocaillen, Bandelwerk, mythologischen Figuren und Tiermotiven, wie sie, im Rückgriff auf Antike und Renaissance, seit Beginn des 18. Jahrhunderts den Rokokostil prägten. Hier war Versailles beispielgebend, von der Innenarchitektur bis hin zum Kunsthandwerk.

Das Anliegen des vorliegenden Bandes ist es, die Kranichsteiner Blankwaffen über ihre wissenschaftliche Erarbeitung hinaus in diesen kunst- und kulturhistorischen Kontext zu stellen. Es handelt sich um einen Sammlungsbestand höfischer Provenienz aus dem Hause Hessen-Darmstadt. Kunstvoll geätzte und gravierte Initialen oder Embleme der Landgrafen und Großherzöge dieses Fürstenhauses, gekrönte Spiegelmonogramme, Wahlsprüche und Inschriften der Fürsten ordnen die Objekte den jeweiligen Besitzern zu und schaffen hierdurch ihren Unikatcharakter, noch verstärkt durch eine Verzierungsvielfalt.
Die knapp hundert untersuchten Blankwaffen umspannen vier Jahrhunderte. Die frühesten Stücke datieren Ende des 15. Jahrhunderts, die spätesten entstanden um 1900. Die Exponate wurden im Auftrag des Großherzogs Ernst-Ludwig durch Kuno Graf von Hardenberg im Zuge der Museumsgründung im Jahr 1918 im Museum Jagdschloß Kranichstein zusammengetragen. 1952 erwarb die Stiftung Hessischer Jägerhof vom Prinzen Ludwig von Hessen und bei Rhein das Jagdschloß Kranichstein mit seinen Sammlungen und betreut und erweitert diese satzungsgemäß noch heute. Die Waffensammlung bildet den wohl wertvollsten Teil des Museums und darf sich zu den bedeutendsten ihrer Art in Deutschland zählen. Neben kostbaren Feuerwaffen aus vier Jahrhunderten werden aufwendig dekorierte Hirschfänger, Jagdschwerter, Weidpraxen sowie Jagdspieße und Saufedern präsentiert. Sie vermitteln einen herausragenden Überblick über die unterschiedlichen Formen der Jagd an den Höfen zu jener Zeit und eine Vorstellung vom Anspruch und der Bedeutung der höfischen Jagd in früheren Epochen.

Um der Bedeutung der Kranichsteiner Waffensammlung gerecht zu werden, war die systematische Untersuchung der Blankwaffen unser vordringliches Unterfangen. Nachdem einer der Stifter, Wolfgang Weitz, bereits Teile des Waffenbestandes (Windbüchsen und Perkussionswaffen) erforscht und in verschiedenen Publikationen niedergelegt hat, fanden wir in Herbert

Westphal einen ausgewiesenen Experten auf dem Gebiet der Blankwaffen. Als Restaurator für archäologisches Kulturgut und ebenso Sachverständiger für Blankwaffen kann er als unübertroffener Kenner der Materie gelten; schließlich hat er mehr als 500 Objekte gleicher Waffenart aus anderen Museumssammlungen untersucht. Wir danken Herrn Westphal ausdrücklich für die wissenschaftlich fundierte Untersuchung, akribische technische Beschreibung und zeitliche Einordnung der Waffen. Er erarbeitete auch den Katalog, dies in enger Zusammenarbeit mit Herrn Weitz, dem wir gleichermaßen zu Dank verpflichtet sind. So hat er insbesondere den nutzungs- und jagdhistorischen Hintergrund sowie die Provenienzermittlung mit seinem Wissen zur hessen-darmstädtischen Geschichte und die Deutung der Besitzerkennungen beizutragen gewusst.

Mit dieser Publikation verbinden wir die Hoffnung, über Waffeninteressierte hinaus ein kulturhistorisch und kunsthandwerklich interessiertes Publikum zu erreichen und diesem die Bedeutung und Schönheit dieser Exponate zu erschließen, auch um damit einen weiteren bedeutsamen Teil unserer Geschichte, insbesondere Regionalgeschichte, kennenzulernen.

Monika Kessler
Geschäftsführerin Stiftung Hessischer Jägerhof
Leiterin Museum Jagdschloß Kranichstein

Dank

Einer Reihe von Personen sind wir zu Dank verpflichtet.
In vielfältiger Weise trugen ihr Sachverstand und ihre Unterstützung zum Ergebnis bei.

Anne Becker, Dipl.-Rest., Kassel
Prof. Dr. Christiane Berger, Darmstadt
Ernst Bode, Westfeld
Dr. Alfred Geibig, Coburg
Heiner Grieb, Dipl.-Rest., Coburg
Gerhard Große Löscher, Göttingen
Dr. Barbara Grotkamp-Schepers, Solingen
Grumann, Horst, Darmstadt
Lutz Hoffmeister, Solingen
Wolfgang Knobloch, Karlsruhe
Ingrid Liesen, Horn-Bad Meinberg
Gunther Raschke, Springe
Dr. Christoph Reichmann, Krefeld
Dr. Andreas Ruppert, Detmold
Alfred Schindler, Darmstadt
Friedrich Trier, Kassel
Angelika Wassak, Darmstadt
Andreas Weisgerber, Münster
Uta Westphal, Brighton

Wolfgang Weitz

Die Kranichsteiner Blankwaffen und die Jagd

Die Landgrafschaft Hessen-Darmstadt ist mit dem Tod von Landgraf Philipp dem Großmütigen im Jahre 1567 entstanden. Sie existierte als Großherzogtum Hessen bis zum Jahre 1918. Die im Jagdschloss Kranichstein aufbewahrten Blankwaffen stammen sämtlich aus dieser Zeit. Sie sind nicht wie die im Deutschen Historischen Museum in Berlin oder die in der Veste Coburg präsentierten Waffen im 19. Jahrhundert von Angehörigen der Häuser Hohenzollern bzw. Sachsen-Coburg-Gotha gesammelt worden. Die Kranichsteiner Waffen sind vielmehr vom Hause Hessen im Verlauf von mehr als 350 Jahren erworben und auf der Jagd oder aus repräsentativem Anlass geführt worden, bis sie endgültig in die Waffenkammer gelangten, weil ihre Besitzer verstorben oder weil sie durch neuere Waffen ersetzt worden sind. Geführt wurden sie auf dem gesamten Territorium der Landgrafschaft, also dem Gebiet zwischen Viernheim und Gießen und Romrod und Biedenkopf. Dieser Raum stellte nicht immer ein geschlossenes Gebilde dar. Ursprünglich bestand er nur aus früher Katzenellenbogenlichen und Oberhessischen Teilen. Später kamen Landstriche hinzu, die zuvor unter der Souveränität u.a. von Hessen-Marburg, Solms, Isenburg, Mainz, Hanau oder der Burg Friedberg gestanden hatten. Das Jagdrecht haben die hessischen Landgrafen auf ihrem gesamten Staatsgebiet bis ins zweite Viertel des 19. Jahrhunderts beansprucht. Dann beschränkten sie sich bei der Jagdausübung auf Staatswald und Domänenbesitz.[1] Die Waffen haben sie in ihren Schlössern Kranichstein, Romrod, Gießen, Nidda und Wolfsgarten sowie auf einer großen Zahl von kleineren Jagdhäusern verwahrt, die auf das gesamte Land verteilt waren.[2] Erst im Jahre 1918 gelangten sie alle nach Kranichstein, als dort von Großherzog Ernst Ludwig ein Jagdmuseum eingerichtet wurde.[3]

Auftraggeber und Erwerber der Waffen waren fast ausschließlich die Landgrafen und Großherzöge. Manche Waffen wurden ihnen zum Jagen geschenkt. Nur ganz wenige stammen aus fremdem Besitz und sind dem Museum offenbar aus Nachlässen überlassen worden. Einzelheiten über den Besitzerwerb sind nicht bekannt, weil die Darmstädter Jagdakten 1944 bei Luftangriffen im Staatsarchiv Darmstadt verbrannt sind.

Wegen fehlender Unterlagen kann auch fast nicht gesagt werden, wo und wann die Blankwaffen von wem angefertigt worden sind. Wahrscheinlich sind sie meistens von ortsansässigen Handwerkern, d.h. von Schwertfegern, Messermachern und Goldschmieden hergestellt worden. An Klingen bestand sicher ein großer Bedarf, weil diese auch für das Forst- und Jagdpersonal, für nicht zum Hof gehörende Jäger und vor allem für das hessische Militär benötigt wurden. Die künstlerische Ausgestaltung der Gefäße dürften Goldschmiede aus dem gesamten Rhein-Main-Gebiet besorgt haben. So kann man davon ausgehen, dass mindestens die Hirschfänger exakt den Vorstellungen der Erwerber entsprochen und ihre ästhetischen und technischen Wünsche erfüllt haben.

Bei den Saufedern ist das anders gewesen. Sie waren reine Gebrauchswaffen und haben ihr Gesicht im Laufe der Jahrhunderte kaum verändert. Einmal erdacht hat man sie stets fast gleich angefertigt. Das zeigt sich auch daran, dass man beschädigte Waffen repariert und nicht durch solche mit anderer Konstruktion ersetzt hat.

Hirschfänger sind dagegen durch veränderte Klingen und Gefäße aus dem Gebrauch ausgeschieden worden. Dabei muss man natürlich bedenken, dass kein Landgraf Waffen führen wollte, die mit den Initialen seines Vorgängers versehen waren. Man unterstrich seine eigene Bedeutung mit eigenen Initialen.

Für Hirschfänger, Plauten und Waidpraxen benötigte man natürlich aus Holz und Leder gefertigte Scheiden. Wo diese gemacht worden sind, ist wegen fehlender schriftlicher Aufzeichnungen ebenfalls unbekannt. Man wird aber davon ausgehen können, dass auch sie meistens im Rhein-

1 Gesetz vom 26.07.1848
2 Siebert, Gisela, Jagd- und Jagdhäuser in Hessen-Darmstadt, Stuttgart, 1972
3 Hardenberg, Kuno Graf von, Kranichstein und die Jagdmaler, Darmstadt, 1918, S. 3

Main-Gebiet hergestellt worden sind, zumal sie häufig auch künstlerisch gestaltet sind. Die Goldschmiede im Raum Darmstadt dürfte an deren Produktion beteiligt gewesen sein.
Die Kranichsteiner Waffen befanden sich nicht nur im Besitz des hessischen Fürstenhauses. Sie wurden auch auf der Jagd in Hessen geführt und sind deswegen ein Spiegelbild der sich im Verlaufe von mehr als 300 Jahren verändernden Jagdmethoden.[4]
Georg I. war der erste in Darmstadt residierende Landgraf. Als er 1567 dorthin kam, fand er zwar das alte Schloss der Grafen von Katzenelenbogen vor, das indessen in einem schlechten Zustand und nahezu unbewohnbar war. So kommt es, dass unter den Kranichsteiner Blankwaffen kaum solche aus dem 16. Jahrhundert sind. Man betrieb damals die Hetzjagd auf Rot- und Schwarzwild mit Pferden und Hunden. Dafür benötigte man Waffen, die man beim Reiten mit sich führen konnte. Das waren Jagd- und Sauschwerter mit einem einfachen Gefäß und langer Klinge bzw. einer kurzen Klinge, die auf einer langen Stange saß. Beide Waffen waren so konstruiert, dass man sich mit ihnen beim Reiten nicht verletzen konnte. Die Hetzjagd erforderte großes reiterliches Geschick und eine kräftige rechte Hand. Es war sicherlich nicht einfach, vom Pferd aus einen Hirsch oder eine Sau abzufangen.
Man kann davon ausgehen, dass solche Hetzjagden praktiziert wurden, bis Landgraf Ernst Ludwig 1708 die Parforcejagd einführte.[5] Bei ihr wurde das Wild zwar auch mit Hunden und Pferden verfolgt. Es wurde aber kaum mehr vom Pferde aus erlegt. Das von Hunden gestellte Wild wurde mit dem Hirschfänger getötet. Aus diesem Anlass musste der Jäger vom Pferd absteigen und dem Tier den Fang von der Erde aus geben. Dafür taugten kaum mehr die langen Schwerter. Man bediente sich jetzt des weitaus kürzeren Hirschfängers. Dabei kam auch die Plaute zum Einsatz. Mit ihnen wurde das Tier zunächst immobil gemacht, indem man die Muskulatur der unteren Teile der Hinterläufe des Tieres durchtrennte. Man vermied auf diese Weise dessen Weglaufen und schränkte zugleich seine Abwehrmöglichkeiten ein. Erst in der Spätzeit der Parforcejagd ab der zweiten Hälfte des 18. Jahrhunderts wurde der von Hunden gestellte Hirsch mit einer Feuerwaffe (Büchse oder Pistole) vom Pferd aus erlegt.[6]
Mit dem Ende der Darmstädter Parforcejagd im Jahre 1768 unter Landgraf Ludwig IX. verlor der Hirschfänger mehr und mehr an Bedeutung. Er diente von da an bis ins 20. Jahrhundert hinein nur noch dem Abfangen von angeschossenem Wild und der Repräsentation beim Tragen von Jagd- und Forstuniformen.
Zugleich mit den Jagden auf schnellen Pferden wurde aber auch im 18. Jahrhundert die Pirsch auf Rothirsche mit dem Pferd betrieben. Dabei führte man den Hirschfänger mit sich. Man brauchte ihn zwar nicht zum Erlegen von Wild. Das geschah mit einer Feuerwaffe, also einer Büchse, oder mit einer der in Darmstadt im 18. Jahrhundert sehr beliebten Windbüchsen. Nur wenn der Schuss nicht richtig saß, kam der Hirschfänger zum Einsatz.[7]
Ganz anders verlief die Geschichte der Saufeder in Hessen-Darmstadt. Am Ende des 16. Jahrhunderts, als Georg I. nach Darmstadt kam, war sie längst bekannt; von da an bis zum Ende des Großherzogtums Hessen unter Großherzog Ernst Ludwig im Jahre 1918 wurde sie permanent auf der Jagd geführt. Sie war die klassische Waffe zur Jagd auf Schwarzwild. Dieses mit dem Hirschfänger zu erlegen, war nicht ungefährlich, weil man dem Wild dabei nah auf den Leib rücken und sich dem kräftigen Gebiss der Sauen aussetzen musste. Bei der Saufeder mit ihrer Länge von ca. 2 m hatte man mehr Distanz zum Wild. Zudem standen dem Jäger beim Abfangen zwei Hände zum Halten der Waffe zur Verfügung, was einem Stich mehr Kraft verlieh. Die Saufeder galt in ihrer einfachen Konstruktion als so perfekt, dass sie während ihrer mehr als dreihundertjährigen Geschichte kaum Veränderungen erfuhr.
Eingesetzt wurde sie primär bei den eingestellten Jagen. Dort war sie die Waffe der Jäger beim Angriff der Sauen.[8]
Als mit der Einführung der Steinschlossgewehre am Ende des 17. Jahrhunderts diese mehr und mehr benutzt wurden, brauchte man die Saufeder nur noch zum Abfangen von angeschossenem Wild. Zudem war sie weiter die Verteidigungswaffe der Berufsjäger.
Eingestellte Jagen fanden in Hessen-Darmstadt seit dem Entstehen der Landgrafschaft 1567 bis zum Beginn des ersten Weltkrieges statt. Davon zeugen die großen Mengen von Leinentüchern, Netzen und Lappen, die bis nach dem zweiten Weltkrieg in den Forst- und Jagdhäusern um

4 Weitz, Wolfgang, Zur Jagdgeschichte des Hauses Hessen-Darmstadt, Hessenjäger, 1998, Nr. 7, S. 10–11.
5 Heinemann, Gerhard, Die Parforcejagd des Erbprinzen von Hessen, Archiv für Hessische Geschichte, Darmstadt, 1988, S. 181.
6 Weitz, Wolfgang, Aus der Jagdgeschichte des Vogelsberges, Jagdschloss Kranichstein, 2006, S. 6 f.
7 Weitz, Wolfgang, wie Ziff. 6.
8 Niddaer Sauhatz von 1633, herausgegeben von Wolfgang Weitz, Wanne-Eickel, 1978.

Darmstadt herum aufbewahrt wurden, nachdem man sie bis ins 18. Jahrhundert hinein im eigens zu diesem Zweck erbauten Kranichsteiner Jagdzeughaus untergebracht hatte, von wo sie mit besonders hergestellten Wagen bis nach Oberhessen transportiert wurden.

Eine kleine Renaissance erlebte die Saufeder nach dem zweiten Weltkrieg, als sie wegen des Verbotes des Besitzes von Feuerwaffen in Saufängen eingesetzt wurde.

Nahezu kaum verändert hat sich seit dem 16. Jahrhundert auch die Waidpraxe. Sie war eine Hiebwaffe. Von den Jägern wurde sie auf der rechten Körperseite getragen (die linke Seite war dem Hirschfänger vorbehalten) und war befestigt an einem Gürtel oder einem Bandelier, das auf der linken Schulter ruhte. Benutzt wurde sie primär beim Zerwirken von erlegtem Wild, zur Öffnung des Brustkorbes und des Schlosses. Dazu war der Hirschfänger als Stichwaffe ungeeignet. Sie diente aber auch zur Vorlage von Speisen während der Pausen auf der Jagd und zum Freischlagen von Sicht- und Schussschneisen. Die den Waidpraxen beigegebenen Messer wurden ebenfalls beim Zerwirken des Wildes benutzt, z.B. beim Abziehen der Decke, beim Lösen von Lunge, Leber und anderen Innereien. Die häufig als Beigabe zu findende zweizinkige Gabel diente zum Transport von zum Essen zubereitetem Fleisch. Der gelegentlich zugefügte Pfriem wurde zum Reparieren von beschädigten Netzen eingesetzt. Waidpraxen waren also richtiges Handwerkszeug. Sie wurden demgemäß bis zur Spätzeit der höfischen Jagd primär vom Jagdpersonal getragen und benutzt.

Die dem Hirschfänger verwandten Jagd- und Waidmesser fanden sich auch im Besitz der Landgrafen. So verzeichnet das Inventarverzeichnis von 1769 über Gewehre und „Dergleichen", die die Landgrafen Ernst Ludwig und Ludwig VIII. hinterlassen haben, auch zwei Waidmesser mit Silberbeschlägen.[9]

Ein besonders schönes Beispiel für ein fürstliches Waidmesser ist die unter Nr. 56 des Kataloges beschriebene Waffe aus dem Besitz von Großherzog Ludwig IV. (1837–1892). Deren Blatt ist laut Herstellersignatur von Weiler in Darmstadt angefertigt. Leider lassen sich Lebensdaten von Weiler nicht ermitteln. Die Waffe ist nach 1877 angefertigt, weil sie Ludwig IV. gewidmet ist. Der ist aber erst 1877 Großherzog geworden. Die Melderegister der Stadt Darmstadt aus der Zeit um 1873 für die Buchstaben U–Z sind im zweiten Weltkrieg verbrannt. Aus den Darmstädter Adressbüchern der gleichen Zeit ergibt sich, dass damals ein G.K. Weiler Messerschmied war. Er dürfte identisch sein mit einem Hofinstrumentenmacher Weiler, der chirurgische Instrumente herstellte.[10] Zudem bezeichnet Ernst Hofmann – ein ausgewiesener Kenner der Darmstädter Geschichte – Weiler als Messerschmied.[11]

Nicht viel besser informiert sind wir über den Handwerker, der das Gefäß und die Metallarbeiten an der Scheide ausgeführt hat. Es ist ein Ludwig Vietor. Wer verbirgt sich hinter diesem Namen? In Darmstadt gibt es im 19. Jahrhundert mehrere Männer, die den Namen Vietor haben. Drei von ihnen führen die Vornamen Johann Ernst Ludwig, Georg Ernst Ludwig und Hermann Ernst Ludwig.

Johann Ernst Ludwig, der Silberarbeiter war, scheidet als Hersteller des Jagdmessers aus, weil er dafür nach 1877 – dem Regierungsantritt Ludwigs IV. – zu alt war für die Präsentation einer Lehrlingsarbeit.

Sein Neffe Georg Ernst Ludwig ist 1828 geboren und 1883 gestorben. Er war Gold- und Silberarbeiter, aber auch Hofsilberwarenfabrikant. Auch er war für eine Lehrlingsarbeit aus der Zeit nach 1877 zu alt.

Schöpfer des Jagdmessers kann deswegen nur sein Sohn Hermann Ernst Ludwig gewesen sein. Er ist 1862 in Darmstadt geboren. Seine erste Lehrlingsarbeit dürfte er um das Jahr 1880 angefertigt haben.[12]

Auffallend ist, dass das Handwerk des Silber- und Goldschmiedes von Generation zu Generation in der Familie Vietor weiter gegeben wurde. Diese Tradition gab es auch bei den Büchsenmachern.[13] Das lässt den Schluss zu, dass auch in der Zeit vor Vietor Blankwaffen für die Jagd in Darmstadt hergestellt worden sind.

Die Geschichte der Silber- und Goldschmiede in Darmstadt ist kaum mehr aufzuklären. Sie waren nicht in Zünften organisiert.[14] Das hängt offenbar damit zusammen, dass sie Handwerker am Hof waren. Diese hatten keine Zunftordnung.

Jagdmesser sind viel seltener als Hirschfänger oder Waidpraxen. Wie kommt das? Das Jagdmesser steht von seiner Größe der Waidpraxe nah. Es ist aber ein Verwandter des Hirschfängers. Wie

9 Hessisches Staatsarchiv Darmstadt, D 398/4.

10 Auskunft der Hessischen Familiengeschichtlichen Vereinigung in Darmstadt vom 21.09.2009.

11 Hofmann, Ernst, Kostbarkeiten Hessen-Darmstädtischen Kunsthandwerks, Darmstadt, 1973, ohne Seitenzahl.

12 Die vorgenannten Lebensdaten sind dem Kirchenbuch der Evangelischen Kirche von Darmstadt entnommen.

13 Siehe Weitz, Wolfgang, Boser, Nidda, 2001, S. 19 und Johann Michael Probst, Museum Jagdschloss Kranichstein, 2003, S. 5.

14 Schreiben des Stadtarchivs Darmstadt vom 28.07.2009.

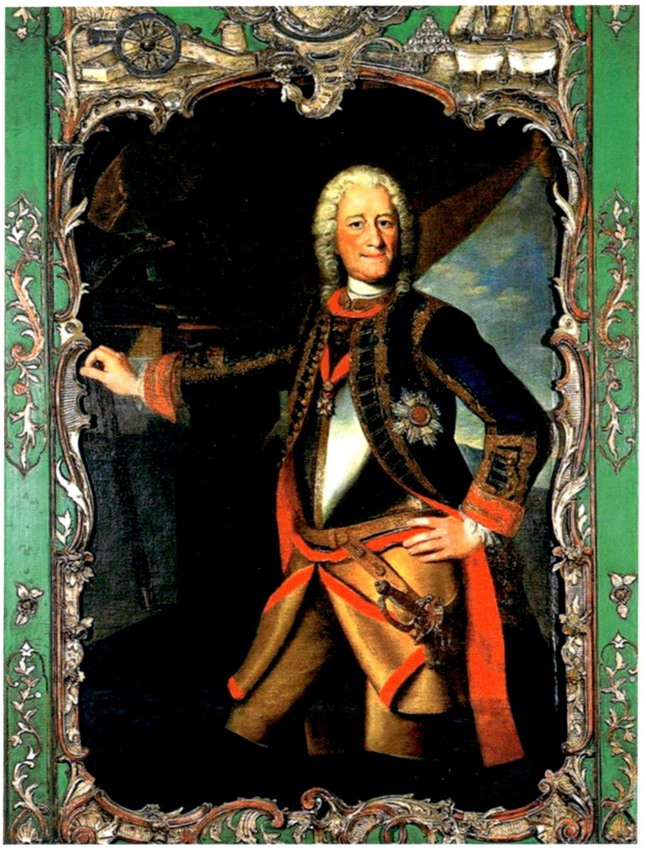

Ernst Ludwig, Landgraf von Hessen-Darmstadt (1667–1739); J. Ch. Fiedler/Werkstatt

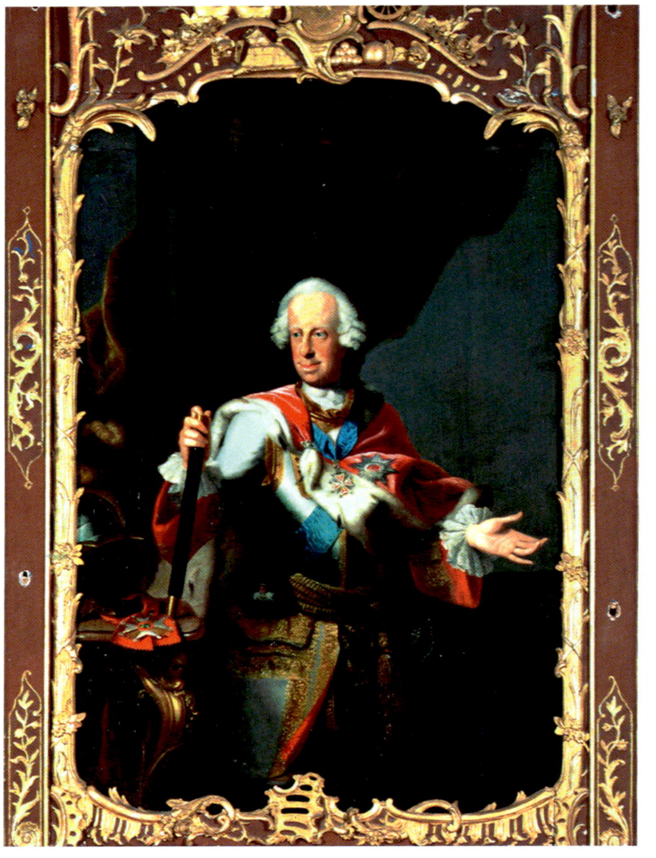

Ludwig VIII., Landgraf von Hessen Darmstadt (1691–1768); J. Ch. Fiedler/Werkstatt

dieser wurde es auf der linken Körperseite getragen und diente dem Abfangen von Schalenwild. Es war eine Stichwaffe. Eigentlich war es ein kleiner Hirschfänger. Beliebt war es, weil es kleiner und bequemer als dieser war.[15]

Betrachtet man zusammenfassend die Geschichte der Kranichsteiner Blankwaffen, dann kommt man zu dem Ergebnis, dass sie jahrhundertelang mehr oder weniger unverändert auf der Jagd geführt worden sind. Damit befinden sie sich im Gegensatz zu den Feuerwaffen. Im 16. Jahrhundert gab es neben dem Luntenschloss das Radschlossgewehr, zu dem im 17. Jahrhundert das Steinschlossgewehr kam, das im beginnenden 19. Jahrhundert vom Perkussionsschloss abgelöst wurde. Seit der Mitte des 19. Jahrhunderts wurden dann sowohl bei Büchsen wie auch bei Flinten Zentralfeuersysteme erfunden und auf der Jagd benutzt. So kommt es, dass es in Kranichstein über 300 Feuerwaffen, aber nur knapp 100 Stich- und Hiebwaffen für die Jagd gibt. Blankwaffen werden heute noch unverändert hergestellt. Die Feuerwaffen unterliegen einem dauernden Wandel.

15 Hartig, Georg Ludwig, Lexikon für Jäger und Jagdfreunde, Berlin, 1836, S. 277.

Herbert Westphal

Blankwaffen – Einführung

Das Jagdschloss Kranichstein bewahrt einen umfangreichen und jagdhistorisch bedeutenden Bestand aus dem Besitz der Landgrafen und Großherzöge von Hessen-Darmstadt. Neben Porträts, Jagdbildern[1] sowie einem Jagduniform-Reglement von 1782[2] umfasst er Trophäen, Jagdgerät und Waffen. Unter diesen nehmen Feuerwaffen, wie es zumeist der Fall ist, den größten Anteil ein. Sie waren bereits Gegenstand verschiedener Veröffentlichungen.[3]

Diese Schrift rückt die Blankwaffen in den Blickpunkt. Wie die weiteren Ausrüstungsstücke bilden sie im Kern authentische, historisch gewachsene Gruppen von Waffen, die in Jagdschlössern der Landesherren im Gebrauch waren und 1918 in Kranichstein zusammengeführt wurden.[4] Ihre Betrachtung eröffnet Einblicke in die Entwicklung jagdlicher Klingenwaffen der vergangenen fünf Jahrhunderte.

Zur Erschließung derartiger Bestände kann die Auswertung von Archivalien wichtige Aspekte beitragen. Im vorliegenden Fall konnten diese Quellen nicht einbezogen werden, da Kranichsteiner Unterlagen, zusammen mit einem großen Teil des Darmstädter Staatsarchivs, durch einen Fliegerangriff zerstört wurden. Gerettete Teile geben keine Auskunft zu den hier behandelten Sachverhalten.

Nachdem Klingenwaffen über zwei Jahrtausende das Jagdgeschehen bestimmt hatten, konnten sich seit dem 16. Jahrhundert Feuerwaffen neben „kalten" Schusswaffen wie der Armbrust und dem Bogen etablieren und schließlich deren Platz einnehmen. Das Bewusstsein um die ursprüngliche Bedeutung der Blankwaffen blieb jedoch lebendig; es spiegelt sich in dem hohen Ansehen, das sie bei der Jägerschaft genießen, selbst, nachdem sie in der heutigen Jagdpraxis keine Rolle mehr spielen.

Die jagdliche Seitenwaffe, die als „Hirschfänger"[5] in den Sprachgebrauch einging, war **das** Attribut des hirschgerechten Jägers. Am Ende einer mehrjährigen Ausbildungszeit wurde die Waffe, bzw. das Recht, sie zu tragen, vom Jagdherren oder einem vom ihm Beauftragten, dem Lehrprinzen, verliehen. Der Gebrauch des Hirschfängers war ritualisiert; er durfte ausschließlich zum Töten edlen Wildes (Hochwildes) verwendet werden; ein Verstoß wurde durch Jagdstrafen[6] geahndet. Eine soziale Elite hatte das Privileg der Jagdausübung durchgesetzt und diese zu hoher Blüte entwickelt. Eine Fachsprache erleichterte die Verständigung untereinander, und schloss zugleich Andere aus. Die Pflege der Jagdkultur konnte an sehr alte Traditionen anknüpfen. Wir kennen Darstellungen assyrischer, ägyptischer und sassanidischer Könige auf der Jagd. Unsere schriftliche Überlieferung berichtet von der Jagdleidenschaft europäischer Herrscher. Karl der Große jagte in königlichen Forsten, Kaiser Friederich II. von Hohenstaufen verfasste ein berühmtes Werk über die Beizjagd und Kaiser Maximilian I. benutzte auf der Jagd im Gebirge besondere Waffen, deren Entwicklung ihm zugeschrieben wird.

Die lange währende und intensive Benutzung der Jagdwaffen brachte es mit sich, dass sie laufend neuen Erfordernissen angepasst wurden. Unterschiedliche Formen der Jagdausübung zu Pferd oder zu Fuß, die Bejagung bestimmter Wildarten, etwa Großwild, beeinflussten ihre Gestaltung. Strömungen des Zeitgeschmacks spiegelten sich vor allem im Stil der Dekoration. Doch auch Modifikationen des konstruktiven Aufbaus, Schmiede- und Gusstechniken, Materialwahl, also technologische Impulse, beeinflussten ihr Erscheinungsbild.

Je weiter man zeitlich zurückblickt, desto unschärfer wird das Bild von Jagdwaffen vergangener Zeiten. Neben Faktenwissen traten Spekulation und Phantasie. Diese Erkenntnis ist nicht neu. Bereits vor einem Jahrhundert findet sie sich in der waffenkundlichen Literatur:[7] „Was man

1 Kölsch, 2010.
2 Siebert, 1969, S. 28.
3 Weitz, 1999, 2001, 2003, 2006, 2007.
4 Hardenberg, 1918, S. 3.
5 Der Sammelbegriff umschreibt jagdliche Seitenwaffen unterschiedlicher Zeitstellung, Gestalt und Zweckbestimmung.
6 Auch Jagdstrafen waren ritualisiert; ihre Verhängung und der Vollzug galten nicht als ehrenrührig.
7 Diener-Schönberg, A., 1902, S. 145.

nicht definieren kann, sieht man als Jägerwaffe an“. Überspitzungen dieser Art sind natürlich weder ganz zutreffend noch völlig falsch; sie weisen auf ein Informationsdefizit hin.

Eine im Jahr 2006 begonnene Recherche[8] versucht, dieses Defizit zu mindern. Die vergleichende Betrachtung stützt sich auf die Beobachtung und Dokumentation bestimmter Merkmale der untersuchten Waffen, sowie auf Veränderungen, die diese durchlaufen, wobei ihrem frühesten Auftreten vorrangige Bedeutung zukommt. Es zeigte sich, dass einige der Neuerungen, wenngleich mit Modifikationen, sich über Jahrhunderte hielten, während andere bald aufgegeben wurden. Das Auftreten von Innovationen an Klingen, Gefäßen und Scheiden verlief zwar nicht synchron, doch waren kennzeichnende Merkmalkombinationen verbreitet, die es erlauben, Typenprofile zu beschreiben.

8 Die Recherche ist nicht abgeschlossen. Zur Zeit des Manuskriptabschlusses dieser Arbeit stützt sie sich auf etwa 480 untersuchte und dokumentierte Waffen in öffentlichem und privatem Besitz.

Seitenwaffen

Merkmale, Entstehung und Gebrauch

Beschaffenheit

Eine unterschiedliche Gestaltung von Seitenwaffen, die sich gegen Menschen richteten, und Jagdwaffen scheint erst seit dem späten Mittelalter erfolgt zu sein. Einerseits wurden gegen Ende des 14. Jahrhunderts im Jagdbuch des Gaston Phoebus Jagdschwerter[9] beschrieben und andererseits liegen aus dieser Zeit archäologische Funde vor, deren Attribute, wenngleich in weiter entwickelter Gestalt, das Erscheinungsbild von Hirschfängern bis in unsere Zeit prägen.
Mit diesen Beispielen sind zugleich die beiden Wurzeln bezeichnet, aus denen die Entstehung von Jagdwaffen abzuleiten ist: einerseits das ritterliche Schwert mit seiner Angel und andererseits das Messer mit seinem Heft. Der Klingenschmied konzipierte im Einzelfall die Ausstattung mit Angel, Heft oder Angelstumpf. Er gab damit die Gestaltung des Gefäßes vor.

Klingen

Bedingt durch die Breite des Anwendungsbereichs sowie durch individuelle Vorstellungen von Schmieden und Auftraggebern bestand von jeher eine gewisse Variationsbreite der Klingenmorphologie. Dekorationen folgten der Vorgabe der Morphologie; doch spiegelte sich darin, neben den durch technologischen Fortschritt eröffneten innovativen Techniken, vor allem der Zeitgeschmack. Seit der Renaissance wurde Dekor gern geätzt, die Vorlagen stammten von namhaften Künstlern.[10] Durch verformende (Ziselierung) oder spanabhebende (Gravur, Eisenschnitt) Techniken entstandene Darstellungen dagegen sind eher selten. Sie finden sich ggf. im weichsten Teil, nämlich auf der Klingenbasis

9 Das Jagdbuch des Mittelalters (Nachdruck 1994), Anhang, 61 Kap. 54. fol. 95 r.

10 Müller, 1982, S. 58 nennt Heinrich Aldegrever, Jan Collaert, Albrecht Dürer, Ambrosius Gemlich, Hans Holbein, Daniel Sadeler, Caspar Spät, Othmar Wetter u.a.

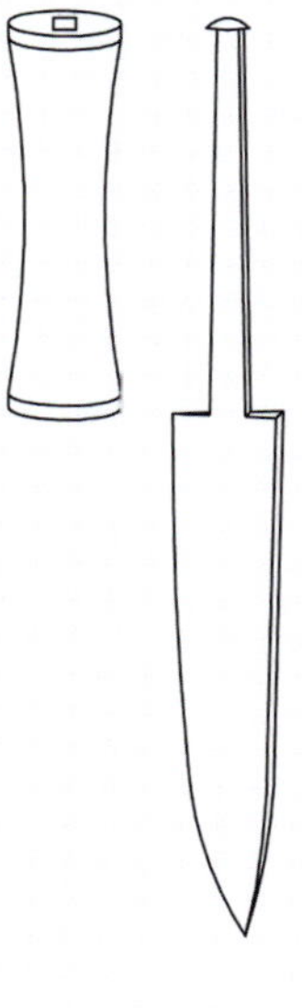

*Schema der Angelkonstruktion Eine Angel **verbreitert** sich gegen die Klingenschultern und erlaubt das Aufschieben der Hilze.*

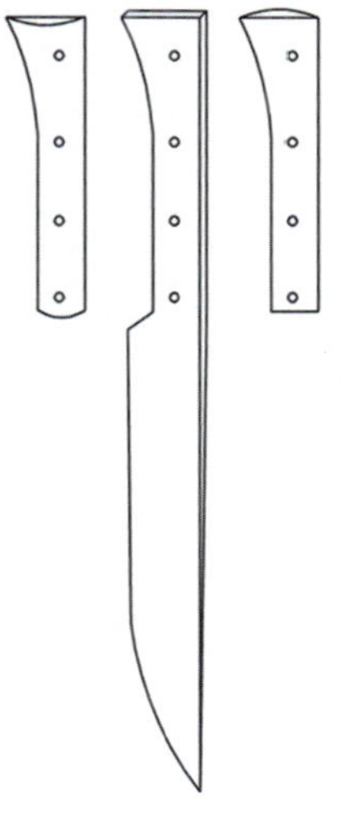

*Schema der Heftkonstruktion Ein Heft **verjüngt** sich gegen die Klingenschulter und lässt das Aufschieben von Teilen nicht zu. Beidseitig werden Griffschalen aufgenietet.*

oder auf dem Rücken. Dekormotive können ebenso wie Inschriften durch Feuervergoldung sowie gebläuten oder geschwärzten Hintergrund hervorgehoben sein.
Aufgrund der Technik, des Stils und der Motivwahl sind Phasen der Entwicklung zu unterscheiden. Derartige Beobachtungen stellen, für sich genommen, jedoch kein verlässliches Datierungsmerkmal dar, da in traditioneller Weise gestaltete Arbeiten durchaus über längere Zeit fortbestehen.

Gefäße

Unter den ältesten der untersuchten Waffen fanden sich sowohl Beispiele für Angel- als auch für Heftmontagen. Während die ersteren seit langer Zeit den Aufbau von Schwertgefäßen gekennzeichnet hatten, stellten Heftmontagen eine Neuentwicklung der zweiten Hälfte des 14. Jahrhunderts dar.[11]
Mit Angeln stattete man die Schweinsschwerter der frühen Zeit aus; messerähnliche, kurze Waffen trugen Hefte. An Jagddegen des 16. und 17. Jahrhunderts verband man Merkmale beider Vorbilder zu einer neuen konstruktiven Einheit.
Später, wohl erst im 18. Jahrhundert beginnend, trat eine Variante auf, die Grundelemente älterer Konstruktionen zwar erkennen lässt, sich jedoch durch neu hinzutretende von jenen unterscheidet.
Ihr Charakteristikum bestand in einem Angelstumpf, der weder die Länge einer Angel noch die Breite eines Heftes erreichte. Der aufgeschobene, metallene Rahmen, häufig mit integrierten Parierelementen, ruhte auf den Klingenschultern. Seine innen liegenden Stege verband man durch kräftige Niete mit dem Angelstumpf. In einem zweiten Arbeitsgang wurden Griffschalen aus organischem Material angebracht und dafür der Angelstumpf wiederum durchbohrt. Idealtypisch fixierte man die Griffschalen durch Buntmetall-Hohlniete. Diese füllte man mit Holz, um darin von beiden Seiten kurze Stifte mit Zierköpfen zu befestigen, welche die gebördelte Vernietung verdeckten. Die Ausstattung mit organischen Griffschalen führte insbesondere im Fall

11 Westphal, 2006, S. 139.

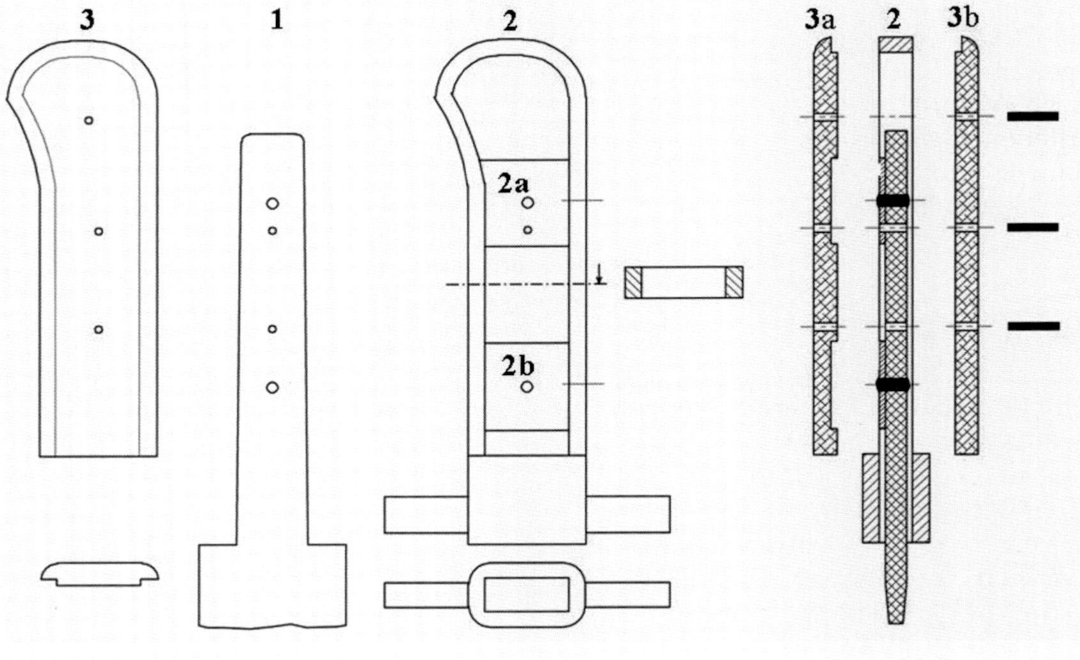

*Auf den Angelstumpf (**1**) wird das Rahmenelement (**2**) aufgeschoben und an den Lochungen der eingelöteten Montageplatten (**2a, b**) durch kräftige Niete fixiert. Durch feinere Bohrungen der Griffschalen (**3, 3a, b**), der Stege und des Angelstumpfs führen Hohlniete, die schließlich von Zierkopfstiften verdeckt werden.*

eiserner Griffrahmen zur Verwechslung mit Heftkonstruktionen.
Die drei Gefäßvarianten lösten einander nicht ab, sondern konnten zeitparallel auftreten; dennoch sind regelhafte, zeitspezifische Bevorzugungen bestimmter Ausführungen festzustellen.
Es war wohl das Bestreben nach prunkvollerer Ausstattung, das den Anstoß gab zur Modifikation des Aufbaus. Offenbar wurde diese Konstruktionsvariante an Hirschfängern und für sie entwickelt, strahlte jedoch auf weitere Seitenwaffen aus.
Metallener Gefäßbeschlag der frühen Zeit bestand in aller Regel aus Eisen. Erst mit dem 18. Jahrhundert dominierten Buntmetalle, deren Verwendung die Vergoldung und Versilberung erleichterte und ihre Verbreitung entsprechend förderte. Waren in der frühen Zeit für Hilzen oder Griffschalen organische Materialien wie Holz, Horn, Bein und Geweih verwendet worden, griff man später in großem Umfang auch exotische Werkstoffe auf: Schildpatt, Elfenbein, Ebenholz, Halbedelstein, Perlmutter und Kompositmaterialien wurden eingesetzt. Für eine besonders prunkvolle Ausstattung nahm man selbst die Einschränkung des Gebrauchswertes in Kauf, wenn etwa Halbedelsteinhilzen auf mechanische Beanspruchung empfindlicher reagierten als organische, elastischere Stoffe. Mit Neusilber trat im zweiten Viertel des 19. Jahrhunderts ein Material auf, das als Gefäß- und Scheidenbeschlag rasch an Beliebtheit und Verbreitung gewann.
So kann man anhand technologischer und stilistischer Kriterien wiederum Phasen der Entwicklung erkennen und jenen der Klingen vergleichend gegenüberstellen.

Besteck

Nicht allzu häufig haben sich ursprüngliche Besteckensembles erhalten. Einerseits gingen sie leicht verloren, andererseits lag es nahe, ein handliches Messer oder eine Gabel auch nach der Nutzungszeit der Waffe weiter zu verwenden.
Scheiden von Jagddegen, Hirschfängern und Plauten konnten eine Messertasche tragen, seltener auch eine zweite Tasche für eine Gabel. Auch in dieser Hinsicht nahmen Praxen eine Sonderstellung ein, da in ihrem Fall mehrteilige Bestecke die Regel darstellten. Neben mehreren Messern und der Gabel zählten dazu Pfriemen, Wetzstähle, Feilen und Netznadeln.[12]
Materialien und Dekorationen der Besteckteile entsprachen denen der Waffen; für ihren konstruktiven Aufbau galt das lediglich eingeschränkt. Hefte mit Geweih- oder Beingriffschalen waren weit verbreitet, Angelstümpfe konnten eingekittet, Angelniete durch Knaufkappen verdeckt sein.
Den vorgefundenen Schmiedekennzeichnungen zufolge wurden Besteckklingen lediglich ausnahmsweise vom Schmied der Waffe gefertigt. Es ist davon auszugehen, dass es zur Aufgabe der Schwertfeger zählte, aus unterschiedlichen Quellen angekaufte Klingen in einheitlichem Stil zu fassen.

Scheiden

In der Mehrzahl der Fälle hat man einen hölzernen Korpus mit braunem oder schwarzem, gelegentlich geprägtem Leder, Pergament oder Fischhaut bespannt. In der frühen Zeit wurden häufig mit Schnur unterlegte, sich aus dem Leder erhebende Profile ausgearbeitet. Ganzlederscheiden traten vor allem seit dem 19. Jahrhundert auf. Bestecktaschen wurden aus dem Leder der Sichtseite geprägt, selten aufgenäht. Zwei- oder dreiteiliger Beschlag entsprach dem Material und Dekor des Gefäßes. Der Beschlag wurde aus Blech zugerichtet und hart verlötet. Am Mundblech verlötete man einen Trageknopf, Tragehaken, Gurtspangen oder Ösen für seitliche Trageringe.
Scheiden unterlagen hohem Verschleiß. Häufiger als die Waffen wiesen sie gebrauchsbedingte Beschädigungen auf, die auch repariert wurden. Verlorene Beschlagteile ersetzte man; Stilbrüche wurden offenkundig nicht als Problem angesehen. Reparaturen lassen gelegentlich erkennen, dass die ausführenden Handwerker zwar mit den Techniken der Metallbearbeitung, nicht jedoch mit der Gestaltung von Waffen vertraut waren.
Den größten Aufwand trieb man bei der Ausstattung der Praxenscheiden mit mehrteiligem Besteck. Reiche Durchbruchsarbeit, Treibarbeit und Ziselierungen prägten das unverwechselbare Erscheinungsbild dieser Ausrüstung.

12 Krünitz, S. 98, „Weidmesser", beschreibt fünfteiliges Besteck, dessen gelochten Pfriem in der Funktion einer Netznadel.

Entstehung

Die Klingen der Jagdwaffen entstanden an Zentren der Klingenschmiede; einen besonderen Ruf im deutschen Sprachraum genoss in der Neuzeit Solingen. Eine Vielzahl spezialisierter Handwerker war dort im Rahmen der arbeitsteilig organisierten Produktion tätig. So war eine fein geschliffene, polierte, geätzte, gebläute, vergoldete Klinge durch viele Hände gegangen, innerhalb einer Firma, oder darüber hinaus. Ein Auftraggeber konnte jede gewünschte Ausstattung bekommen. An derartigen Zentren herrschte ein innovationsfreudiges Klima, das immer wieder Weiterentwicklungen hervorbrachte.

Entsprechendes gilt für die Arbeit der Schwertfeger, die die weitere Ausstattung besorgten. So konnte man natürlich eine vollständige Waffe dort beziehen, wo auch Schwertfeger an den Entstehungsorten der Klingen arbeiteten. Offenbar waren sie jedoch weniger daran gebunden.

Vielfach scheint die Handhabung nämlich eine andere gewesen zu sein. Sowohl archivalische Hinweise als auch die Betrachtung der Realstücke lassen darauf schließen, dass Klingen in großem Stil gehandelt wurden. Am Bestimmungsort wurden sie durch lokale Schwertfeger oder Hofgoldschmiede, vielleicht unter direkter Einflussnahme der Auftraggeber, vervollständigt. So ist es wohl zu erklären, dass Besitzerkennzeichnungen häufiger an den Gefäßteilen als auf den Klingen angebracht wurden. Auch die Beobachtung, dass gelegentlich traditionell dekorierte Klingen in modische Gefäße montiert waren, findet, ebenso wie der umgekehrte Fall, so eine Erklärung.

Bei der Datierung der Waffen kann man daher nicht generell von der Fertigung aus einer Hand ausgehen; zwischen der Fertigung der Klinge und der Fertigstellung der Waffe kann eine ansehnliche Zeitspanne gelegen haben, und von den beteiligten Handwerkern wissen wir nicht, ob ein Traditionalist oder ein Fortschrittlicher am Werk war.

Trageweise

Der Vielfalt der Trageweise wird hier nicht gezielt nachgegangen. Neben der eigentlichen Funktion, die Waffe zu transportieren, spielten offenbar von Beginn an[13] Gesichtspunkte der Kleidungs-, Kostüm- und Uniformmode eine bestimmende Rolle, die nicht als Nebenprodukt dieser Betrachtung, sondern als Gegenstand eigenständiger Recherchen behandelt werden sollten.

Zur Sonderrolle der Praxe

Das Erscheinungsbild der Praxe unterscheidet sie augenfällig von anderen Seitenwaffen. Selbst eine häufig reiche Ausstattung leugnet nicht die robuste Ausführung und den Werkzeugcharakter. Die Praxe war ein Hiebwerkzeug zum Durchtrennen der Knochen (etwa der Schlosse des Rot- und Schwarzwildes) und zum Zerlegen des Wildbrets. Krünitz bezeichnete Praxen als „Weidmesser" und machte detaillierte Angaben zu Eigenschaften und Dimensionen,[14] erwähnte jedoch auch, dass sie [gegen Ende des 18. Jahrhunderts] außer Gebrauch gekommen seien.[15] Die Praxe spielte, auch unter der historischen Bezeichnung „Weidmesser" noch eine Sonderrolle beim Vollzug von „Jagdstrafen", einer ritualisierten Ahndung von Regelverstößen:[16] „Bei den großen Jagden herrschte vor Zeiten der Gebrauch, dass bei allen Vorrichtungen zu der Jagd, während derselben und bei den nachfolgenden Festlichkeiten Jägersitte im strengsten Sinne herrschen musste, und nur in der Weidmannssprache gesprochen werden durfte, jeder Fehler dagegen aber unnachsichtlich und ohne Ansehen der Person mit Weidmesserschlagen bestraft wurde, ohne dass eine solche Bestrafung etwas Beschimpfendes an sich gehabt hätte. Das Ganze diente zu einem noblen Scherze, und gerade diese Strenge in Gebräuchen und Worten verlieh diesen Jagden manchen eigenthümlichen Reiz. Hohen Standespersonen ertheilte der Oberjägermeister selbst diese Schläge, allen Übrigen der erste Hofjäger. Die Ceremonie selbst geschah auf folgende Weise: Man hebt von den besten jagdbaren Hirschen die darauf gedeckten Brüche ab und legt sie auf einem Haufen zusammen; wer das Weidmesser bekommen soll, legt seinen Hirschfänger ab und streckt sich über diese Brüche. Während alle Jagdkavaliere und Jäger sich im Kreis umherstellen und ihre Hirschfänger ein wenig lüften, hebt der Sträfling seinen Rock so hoch empor, dass ihm der zur Bestrafung Erkorene die Schläge oder Pfunde auf die blanken Hosen ertheilen kann, wozu die umstehenden Jäger auf den Hüfthörnern blasen. Bei dem ersten Streiche spricht der Schlagende laut und vernehmlich: Ja, ho, dies ist für meinen gnädigsten Fürsten und Herrn; bei dem zweiten: Ja, ho, d. i. für Ritter, Reiter und

13 Das Jagdbuch des Mittelalters, 1994, zeigt Leibgurte für Waffen und geschmückte Bandeliers für den Jagdruf.

14 Krünitz, „Weidmesser", „Weidner".

15 Krünitz, „Weidmesser".

16 Krünitz, „Weidmesserschlagen".

Knecht; bei dem dritten: Ja, ho, d. i. das edle Jägerrecht.
Hierauf beendigte die ganze Jägerei die Ceremonie mit allgemeinem Waldgeschrei, und der Bestrafte musste sich mit einer Reverenz bedanken. Hatte etwa einer der umstehenden Cavaliere vergessen, seinen Hirschfänger zu lüften, so durfte er sicher sein, von einem der Jagdgenossen angezeigt und dann zu denselben drei Pfunden verurtheilt zu werden.
Wie kindisch Manchem dieser Gebrauch unter Männern vorkommen mag, so ist doch nicht zu leugnen, dass etwas Ernstes und Anziehendes darin liegt, wenn ein ganzer Stand darnach strebt, auch bei unbedeutend scheinenden Nebendingen stets vollkommen innerhalb seiner Kunst und Wissenschaft sich zu bewegen, überall ganz zu sein was er sein soll.
Das moderne liebe Dilettantenthum befand sich dabei freilich nicht so wohl, wie bei dem heutigen Jagdwesen, wo Sitten und Sprache mitunter der Geschichte vom babylonischen Turmbau ähneln, und alles Andere eher vermuthen lassen, als einen Verein von Jagdgenossen …"
Zum Gebrauch der Praxe zitiert ausführlich auch Seifert.[17]

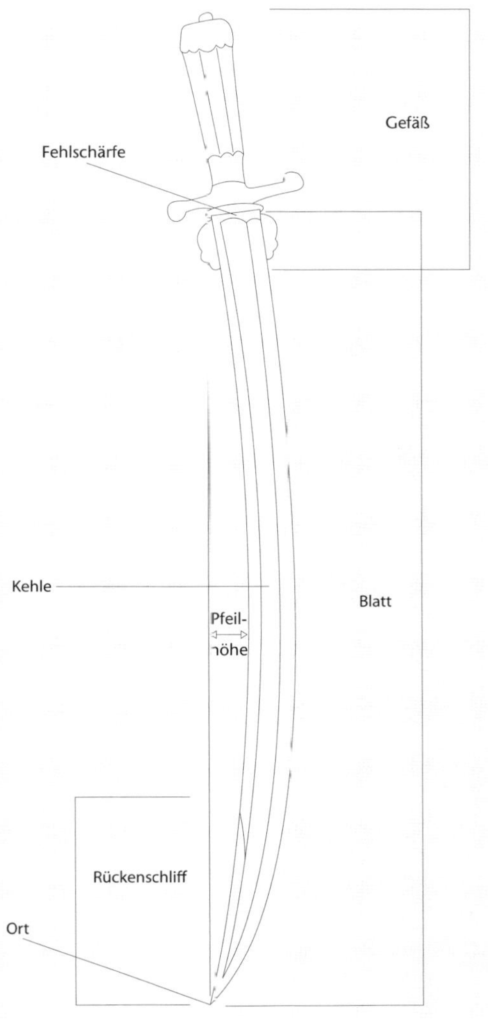

Begriffe der Beschreibung

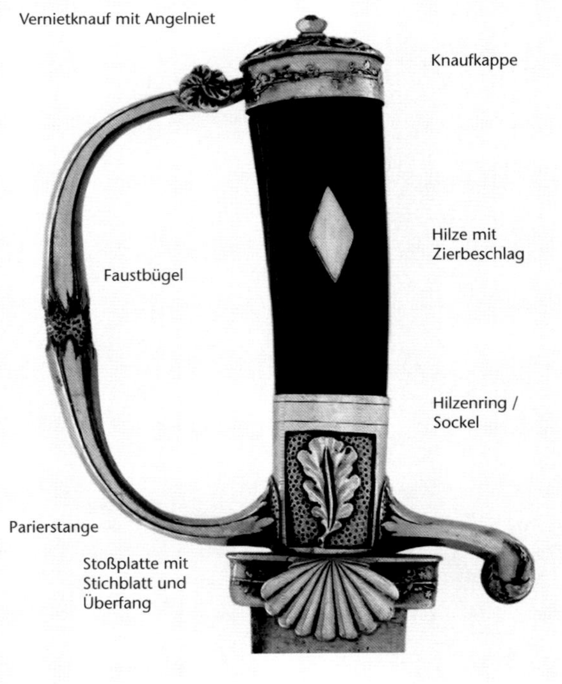

Konstruktionsteile des Hirschfängergefäßes

17 Seifert, 1973, S. 78 f.

Katalog der Seitenwaffen

Die Darstellung der Waffen folgt dem chronologischen Ablauf ihrer Entstehung. Es wird eine datierende Einteilung nach Viertel-Jahrhunderten angestrebt. Wichtig erscheint jedoch die Berücksichtigung von Entwicklungstendenzen innerhalb dieser Zuordnung, so dass auf Angaben wie „Ende des“ nicht verzichtet wird.

Abbildungen der Waffen zeigen diese, soweit nicht anders angegeben, im Maßstab 1:3. Gefäße sowie weitere Details, Marken oder Dekorationen sind nicht maßstäblich dargestellt, sondern vom Layout bestimmt. Maßangaben des Katalogs bezeichnen Maximalabmessungen.

Während die Waffen in der nicht historischen, jedoch unserer heutigen Darstellungsweise entsprechenden Gepflogenheit, nämlich mit dem Ort zum unteren Bildrand gewandt, erscheinen, sind Marken und Dekor in der traditionellen Position wiedergegeben, die sie bei der Handhabung der Waffe einnehmen.

59 Waffen werden in diesem Teil des Katalogs vorgestellt, in der Schausammlung gezeigte Exemplare sind mit * gekennzeichnet.

1 Jagdschwert / Schweinsschwert*

Inv. Nr. 001 001 30
L.: 1135/988, Br.: 24/23, St.: 11 mm
Gewicht: –/1692 g
Ende des 15. Jahrhunderts

Der Querschnitt des ohne Fehlschärfe ansetzenden Blattes ist mehrfach verändert. Der zentrale, stabartige Teil von 850 mm Länge zeigt beidseitige Kehlen; er geht in die verbreiterte, im Querschnitt rautenförmige Ortpartie über. Knapp vor deren Beginn liegt der rechteckige Durchbruch für den Parierknebel. Beidseitig sind Marken mit partiell erhaltenem, tauschiertem Buntmetall eingeschlagen.[18]

Das Gefäß besteht aus drei eisernen Teilen und der hölzernen, lederbespannten Hilze. Die 188 mm lange, gerade Parierstange zeigt kolbenartig gestauchte, durch umlaufende Riefen abgesetzte Enden. Im Zentrum einer Seite sind womöglich als VIII zu deutende Zeichen erkennbar. Der birnenförmige Knauf[19] ist durch acht kräftige Riefen gegliedert. Auf dem Vernietknauf liegt der Angelniet.

Jagd/Schweinsschwerter mit verbreitertem Ort und Knebel zeigt eine Jägerdarstellung des Triumphzugs Maximilians I.[20] Die lange, ungeschärfte Partie des Blattes stellt ein Kennzeichen dieser vom Pferd aus eingesetzten Jagdwaffe dar; sie schützt den Jäger vor Verletzungen der Beine.

18 Es dürfte sich um die „Schlegel"marke des bis 1497 nachgewiesenen Caspar Diefstetter, München, handeln. Nickel, 1977, S. 291.

19 Seitz, 1965, S. 134, Abb. 76, 24 (um 1500); Abb. 76, 27 (mit kolbenartiger Verbreiterung der Parierstange letztes Viertel 15. Jh.); S. 163, Abb. 101 E (Ende 15. Jh.).

20 Holzschnitte des Hans Burgkmaier, 1515. Aus dem Triumphzug des Kaiser Maximilian I, Bayrische Staatsbibliothek, München. S. a. Blackmore, 1971, Taf. 55.8.

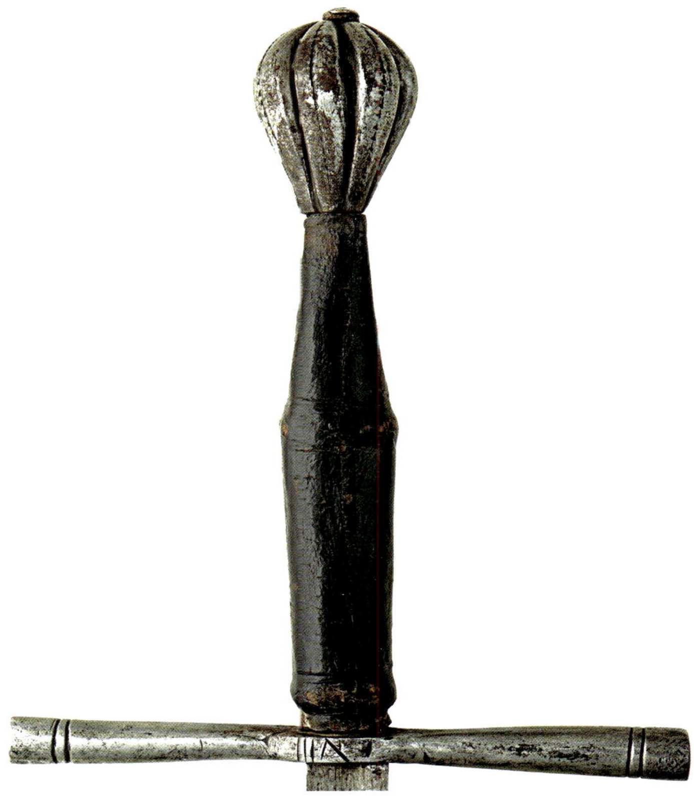
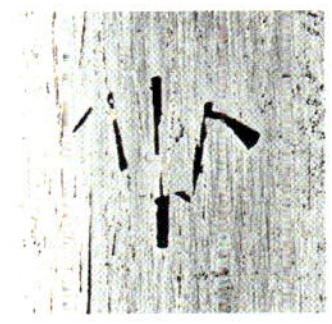

2 Jagddegen*

Inv. Nr. 001 001 29
L.: 924/810, Br.: 30, St.: 7 mm
Gewicht: –/726 g
Um 1500

Der Rücken des ohne Fehlschärfe ansetzenden, ungekehlten Blattes ist ungeschärft. Auf der Quartseite findet sich eine unvollständig erhaltene, buntmetalltauschierte Marke, der sogen. „Passauer Wolf".[21]

Das Gefäß besteht aus zwei eisernen Teilen, zwei Buntmetallblechen sowie den hölzernen, dunklen Griffschalen. Aus dem zentralen, gekehlten Teil der Parierstange erhebt sich ein Sockel, der die Basis der Griffschalen bildet. Umlaufende, feine Buntmetallbleche liegen zwischen den durch drei volle, eiserne Niete fixierten Griffschalen und dem Heft. Dessen Schmalseiten zeigen kräftiges, geschnittenes Rankenornament. Der massive, in gleicher Weise wie die Parierstange gekehlte Knauf trägt einen zentralen Niet.

Das Fehlen eines Rückenschliffs, die Kehlungen der Gefäßteile, der gezipfelte Knauf sowie die Ranken des Heftes sind Merkmale spätgotischer Gestaltungsweise. Die Fassung der Griffschalen durch Buntmetallbleche sowie das Feildekor der Heftschmalseiten stellen unter den untersuchten Waffen die frühesten Belege dar.

Die Waffe könnte aus der Hinterlassenschaft Philipps d. Großmütigen (1504–1567) stammen.[22]

21 Varianten mit erhobener Rute treten selten auf. Recht ähnlich erscheinen zwei von Wagner gezeigte Fälle; Nr. 6 der linken Spalte (15. Jh.), und Nr. 4 der rechten Spalte (16. Jh.). Wagner, 1966, S. 99.

22 Freundlicher Hinweis W. Weitz.

Die Abbildung 2c zeigt die Einbettung der Griffschalen in ein feines Buntmetallblech sowie das Rankenmotiv des Heftes.

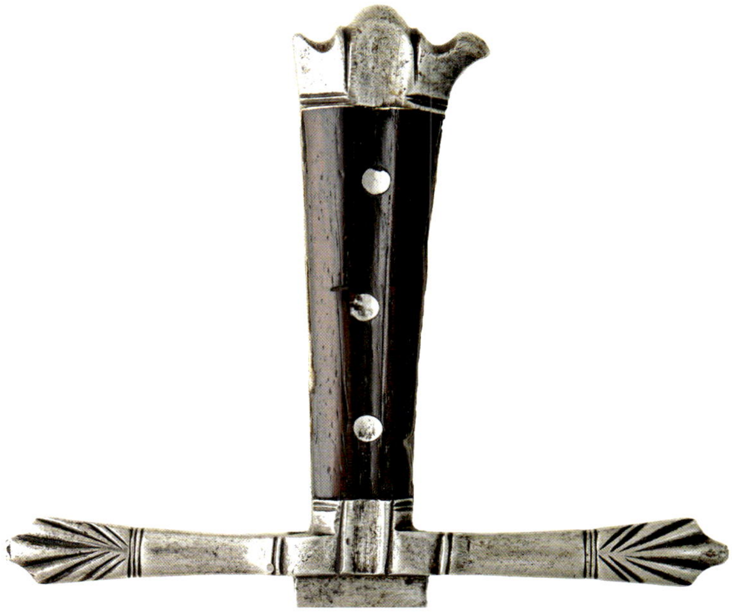
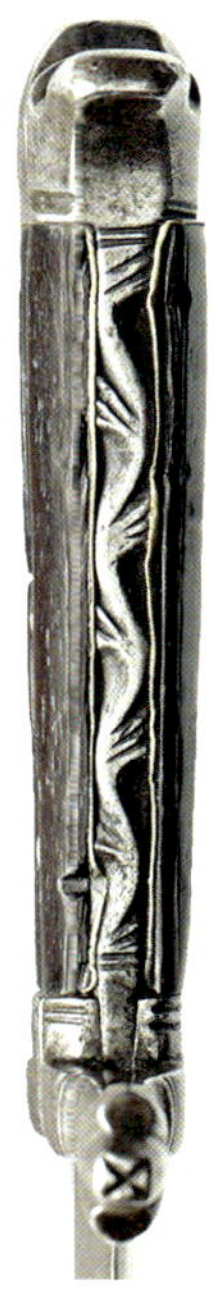
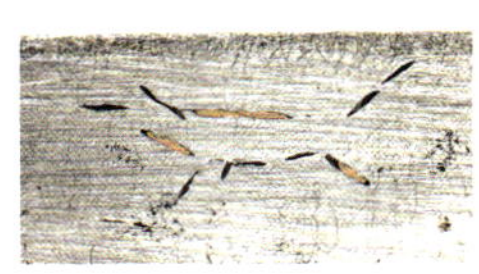

3 Jagdschwert / Schweinsschwert *

Inv. Nr. 001 001 78
L.: 1175 / 1050, Br.: 21 / 30, St.: 8 mm
Gewicht: – / 1566
Mitte des 16. Jahrhunderts

Der Querschnitt des mit einer 34 mm langen Fehlschärfe ansetzenden Blattes ist mehrfach verändert. Der zentrale, stabartige Teil von 855 mm Länge zeigt beidseitige Kehlen; er geht in die verbreiterte Ortpartie rautenförmigen Querschnittes über. Knapp vor deren Ansatz liegt der rechteckige Durchbruch für den Parierknebel. Die einseitige, schwarz geschlagene Marke ist in der Literatur bekannt, jedoch keinem bestimmten Schmied zugeordnet.[23]

Das Gefäß besteht aus zwei eisernen Teilen und der hölzernen, lederbespannten Hilze. Die 215 mm lange, gerade, tordierte Parierstange zeigt gestauchte, knaufartige Enden mit einem Wirbelmotiv. Im Zentrum einer Seite sind Zeichen, die womöglich als IV X zu deuten sind, erkennbar (vgl. Kat Nr. 1). In den glatten Knauf ist der Angelniet eingesenkt. Dieser Umstand weist auf Veränderungen der Waffe hin, nach denen auf einen Vernietknauf verzichtet wurde.

Jagd/Schweinsschwerter mit verbreitertem Ort und Knebel zeigt eine Jägerdarstellung des Triumphzugs Maximilians I.[24] Die lange, ungeschärfte Partie des Blattes stellt ein Merkmal dieser vom Pferd aus eingesetzten Jagdwaffe dar; sie schützt den Jäger vor Verletzungen der Beine.

Die Kennzeichnungen der beiden Jagdschwerter durch römische Ziffern könnten auf ihre Zugehörigkeit zu einem ursprünglich umfangreicheren Bestand hinweisen, jedoch auch im Zusammenhang mit Inventarisierungen angebracht worden sein. In jedem Fall erfolgten sie vor langer Zeit, denn an den Waffen des 17. Jahrhunderts sowie noch jüngerer Zeit wurden keine derartigen Markierungen beobachtet.

23 Waffensammlung Dreger, 1926, S. 227, Kat. Nr. 119 (Deutsch, um 1500).

24 Holzschnitte des Hans Burgkmaier, 1515. Aus dem Triumphzug des Kaiser Maximilian I, Bayrische Staatsbibliothek, München. S. a. Blackmore, 1971, Taf. 55.8.

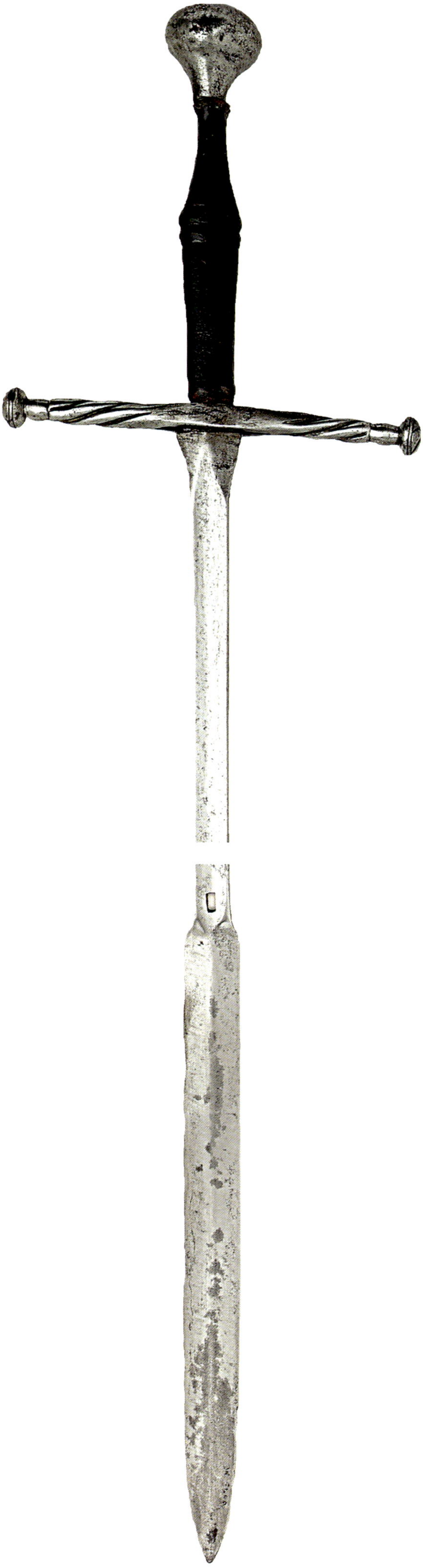

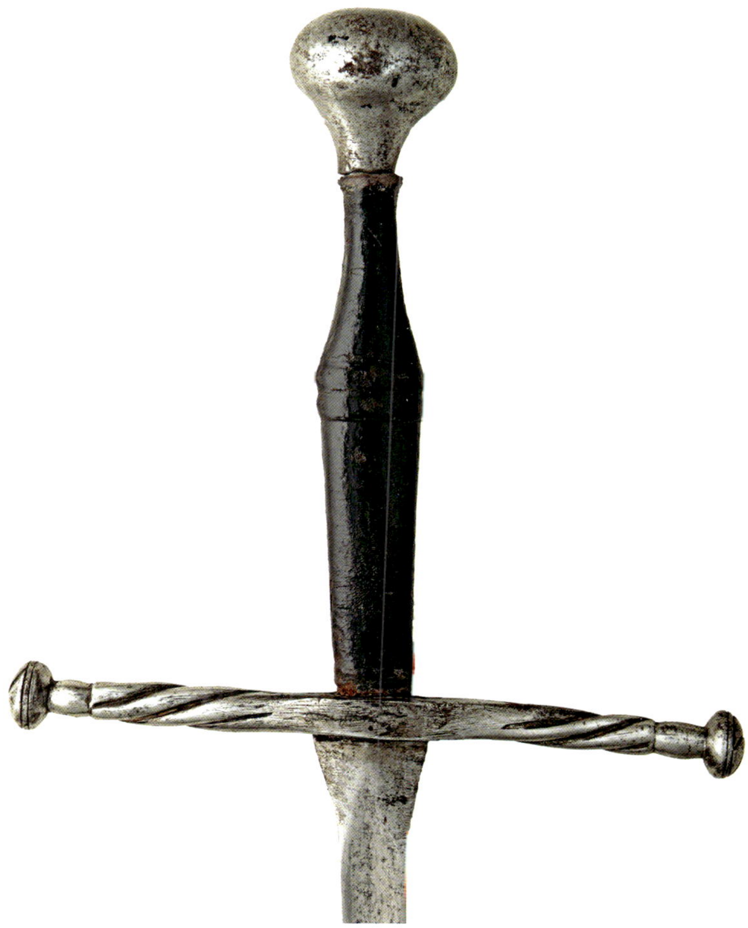

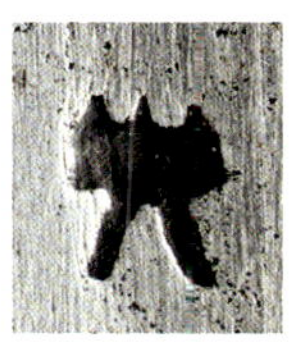

4 Praxe*

Inv. Nr. 001 002 3
L.: 510/371, Br.: 52/88, St.: 7 mm
Gewicht: –/1238 g
Mitte des 17. Jahrhunderts

Die Spitze des ohne Fehlschärfe ansetzenden, terzseitig gekehlten und um vier mm Pfeilhöhe geschwungenen Blattes liegt in der Rückenlinie. Beidseitige, schwarz geschlagene Marken zeigen einen gekrönten Rundschild mit gekreuzten Schwertern sowie Doppelwinkel. Die Marke ist motividentisch mit denen weiterer untersuchter Praxen,[25] während Doppelwinkel auch darüber hinaus auftreten.

Das Gefäß besteht aus zwei eisernen und zwei buntmetallenen Konstruktionsteilen sowie den Geweihgriffschalen. Die in diesem Bereich zweischalig gearbeitete Parierstange mit Schulterplatten umschließt die Klingenschultern so, dass diese sichtbar sind. Der kräftige Niet des ringförmigen Parierknebels mit Stützarm fixiert die Verbindung. Die Parierstange schließt mit einem stilisierten Tierkopf ab. Knapp oberhalb der Parierstange springt an der Rückenseite ein kräftiger, klammerartiger Eisenbeschlag vor. Fünf eiserne Hohlniete fixieren die mit feinen Buntmetallblechen unterlegten Griffschalen. Terzseitig sind darin vier eiserne Zierstifte eingeschlagen, deren Schäfte auf der Gegenseite sichtbar sind. Der fünfte Hohlniet nimmt das Ende des Stützarms auf. Die Schmalseite des Heftes ist umlaufend mit einem kräftig geschnittenen, geometrischen Ornament geziert.

Die Waffe stammt wohl aus dem Besitz des Landgrafen Georg II. (1605–1661), der mit Sophie Eleonore, einer sächsischen Prinzessin, verheiratet war.[26]

Praxen dieser Art bilden eine Gruppe mit einheitlichen Merkmalen. Nicht allein die Schlagmarke[27] der Blätter, auch das Dekor der Heftschmalseiten, der Tierkopf der Parierstange, die Klammer der Schulterplatten, der in einen Hohlniet eingeschlagenen Stützarm, die Buntmetallbleche der Griffschalen sowie der Strahlendekor der Zierstifte wiederholen sich. Datierungen, welche vor allem auf die unterschiedlichen Besitzerkennzeichnungen der Scheiden gestützt werden können, weichen voneinander ab. Damit ist auch die über längere Zeit andauernde Beliebtheit der Ausführung belegt. Für die Waffe ist von sächsischer Herkunft auszugehen. Übereinstimmungen bestehen auch mit in der Literatur angeführten Praxen.[28]

25 Museen der Burg Altena, N 3293; Museumslandschaft Hessen-Kassel, Schloss Friedrichstein, Bad Wildungen, 1938/290.

26 Freundliche Mitteilung W. Weitz.

27 Amme, 1994, Taf. 8, 82, bildet die Marke an einem Besteckmesser ab (2. H. 17. Jh.). Scheel, 1996, S. 47, zeigt sie an einem Besteckmesser mit emaillierter Hilze (2. Hälfte 17. Jh.).

28 Dean, Katalog Metropolitan Museum, 1929, Taf. 57 b (sächsisch, um 1662), Kat. Jagdmuseum München, 1977, Nr. 2063 (1677).

Die Abb. 4c zeigt u.a. die Vernietung des Parierknebels, Abb. 4d die Einbettung der Griffschalen in feines Buntmetallblech sowie das Dekor des Heftrückens.

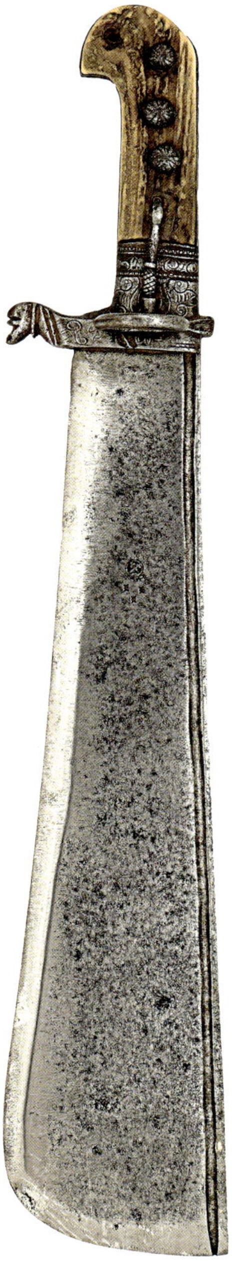
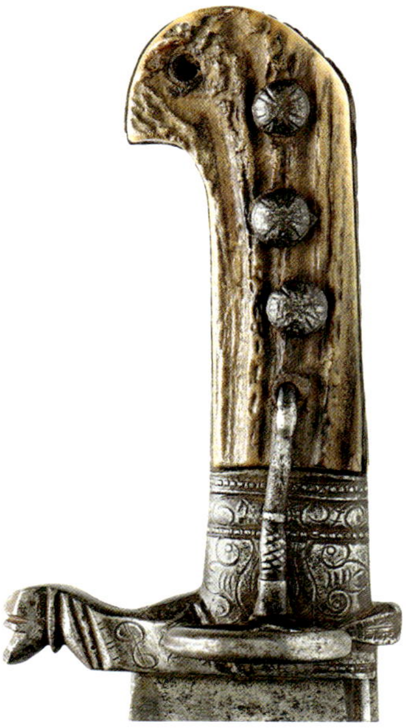
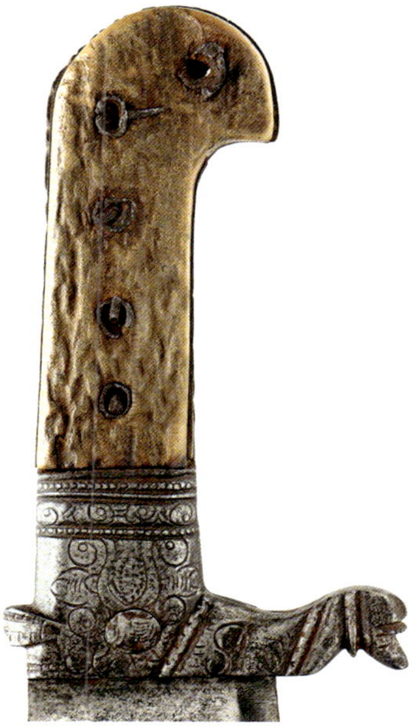
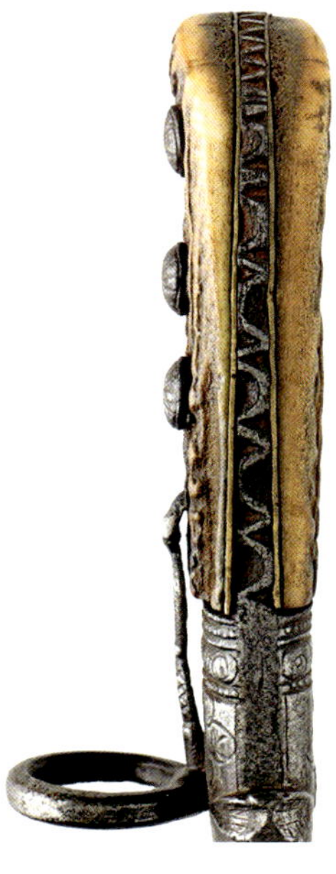
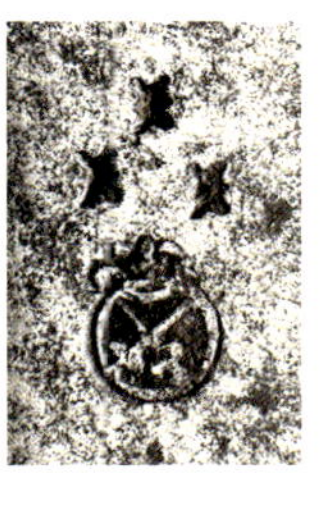

5 Jagddegen / Hirschfänger mit Scheide*

Ohne Inv. Nr. (1)
L.: 757 / 614, Br.: 34, St.: 7 mm
Gewicht: 810 / 666 g
Erstes Viertel des 18. Jahrhunderts; um 1730[29]

Das Blatt mit 5 mm langer Fehlschärfe trägt einen 200 mm langen, scharf abgesetzten Rückenschliff. Eine beidseitige, flache, 14 mm breite Kehle verläuft bis zur Ortpartie. 110 mm von den Klingenschultern setzt eine zweite Kehle an, die vor dem Rückenschliff endet. Beidseitig haben sich Fragmente einer ursprünglichen Tiefätzung erhalten. Das Gefäß besteht aus drei Buntmetallteilen und der Geweihhilze. Auf den Klingenschultern ruht die Parierstange, die in den Faustbügel übergeht. Aus ihrem Zentrum erhebt sich das in einem Stück mit gegossene Stichblatt. Der profilierte Hilzenring und die Knaufkappe fassen die Hilze. Zusätzlich zum Angelniet fixieren zwei Stifte die Knaufplatte. Auf der Terzseite der Hilze hat man fünf Stifte mit Zierköpfen eingeschlagen.
Die Scheide ist aus schwarzem Leder mit zweiteiligem Buntmetallbeschlag und einem Trageknopf des Mundbleches gefertigt. Es dürfte sich um eine sekundäre Anfertigung des 19. Jahrhunderts handeln.
Die morphologischen und konstruktiven Details der Waffe stehen zwischen den Traditionen des 17. und der Gestaltungsweise des 18. Jahrhunderts. Die breite Knaufpartie kennzeichnet Hirschfänger und Jagddegen des letzten Viertels des 17. Jahrhunderts, deren eiserne Gefäße Stichblätter der vorliegenden Gestalt zeigen. Sie wurden im Zentrum der Parierstange verschweißt. Stichblätter des 18. Jahrhunderts bilden in aller Regel mitsamt der Stoßplatte ein separat gefertigtes Konstruktionsteil und ruhen auf den Klingenschultern.

29 Die Waffe zählt zu einer Garnitur des Landgrafen Wilhelm von Hessen-Kassel (1682–1760). Die Büchse des Ensembles wurde von Matthias Conrad Pistor (1691–1761) gefertigt.

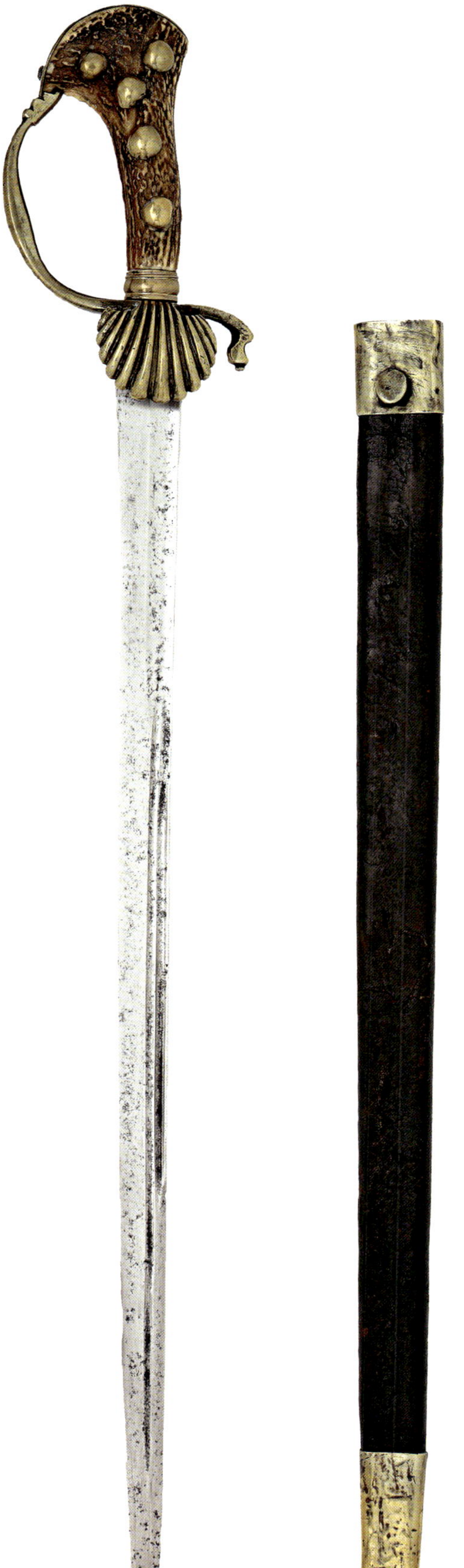

6 Hirschfänger mit Scheide*

Inv. Nr. 001 001 61, Scheide 001 001 47
L.: 675/ 524, Br.: 30, St.: 9 mm
Gewicht: 892/770 g
Erstes Viertel des 18. Jahrhunderts

Die besondere Gestaltung des Blattes stellt unter den untersuchten Exemplaren einen Einzelfall dar. Anstelle einer Fehlschärfe bildet es auf 135 mm Länge einen Kasten rechteckigen Querschnittes mit einer terzseitig verschraubten Abdeckung. Beide Seiten zeigen flächige Vergoldung mit hoch geätztem Bandelwerk auf flächenmattiertem Grund. In den Kasten sind beidseitig Zählwerke unterschiedlicher Durchmesser eingelassen; auf der Terzseite, zum Gefäß weisend, bis 10, bis 1000 und 100 000 und auf der Gegenseite bis 100, bis 10 000 und bis 1000 000 zählend. Die Betätigung einer aus der Parierstange austretenden, grün-silbernen Zugschnur mit einer geflochtenen Eichel als Abschluss löst den Zählvorgang aus. Zeiger aus gebläutem Stahl weisen den aktuellen Stand. Die Zählung diente wohl der Entfernungsmessung; Lewerken[30] deutet sie als Schrittzähler und führt Beispiele an. Eine Röntgenuntersuchung[31] ergab nähere Hinweise auf die Konstruktion: Aus der Klinge wurden Aussparungen für die Aufnahme der Funktionsteile gemeißelt. Diese bestehen aus je drei Zahnrädern unterschiedlicher Größe, die, sich überlappend, in zwei Ebenen angeordnet sind. Ihre als Zahnkranz gestalteten Achsen lagern im Boden und im Deckel des Kastens und tragen außen die Zeiger. Der Zug der Schnur bewegt über ein Hebelsystem das kleinste der Zahnräder mit lediglich 10 Zähnen. Der Hebel dreht das Zahnrad um eine Rast weiter. Eine Blattfeder drückt ihn dann in seine Ruheposition zurück. Die Schleppfeder der Gegenseite verhindert, dass das Rad weiter als zur jeweiligen Rast dreht. Somit bewegte ein Zug der Schnur sämtliche Zählwerke, es besteht keine Möglichkeit, ein bestimmtes anzuwählen.
Der anschließende Teil des Blattes zeigt zwar einen hohen Ausstattungsstandard, jedoch keine weiteren morphologischen Besonderheiten. Der stufig abgesetzte Rückenschliff ist 186 mm lang. Hoch geätztes, flächig vergoldetes Rankenwerk mit Wilddarstellungen, terzseitig eine Sau und auf der Gegenseite ein Hirsch, zieren die zentrale Kehle. Eine kurze Ranke ragt in die Schneidenbahn hinein. Auch die entlang des Rückens verlaufende, feine Kehle ist flächig vergoldet und mit einem Wellenband verziert. Den Rücken schmückt u.a. eine geätzte Ranke.
Das Gefäß besteht aus drei gegossenen, ziselierten und vergoldeten Buntmetallteilen sowie der Geweihhilze. Auf den Klingenschultern ruht die in den Faustbügel übergehende Parierstange mit Stichblatt und Hilzenring. Die Knaufkappe trägt eine separat gearbeitete Hülse für den Bügelzapfen. Darüber liegt die mit der Angel verschraubte, durch einen Maskaron verzierte Platte.
Die Scheide wurde aus schwarz belederten Holz mit zweiteiligem, auch an der Rückseite dekoriertem und vergoldetem Beschlag gefertigt. Am Mundblech ist ein Tragehaken verlötet.
Es handelt sich um eine in dekorativer wie technologischer Hinsicht besonders anspruchsvoll gearbeitete Waffe. Lewerken zeigt zwei Hirschfängerklingen,[32] deren Morphologie und Dekoration mit dem hier dargestellten Exemplar übereinstimmen. Ohne Zweifel liegen Produkte derselben Werkstätten vor.

30 Lewerken, 1989, S. 140.
31 Mit herzlichem Dank an Herrn Alfred Schindler, Zentrum für Konstruktionswerkstoffe, Staatliches Material-Prüfamt, Darmstadt.
32 Lewerken, 1989, Abb. 160, 161, 186 (vermutlich Augsburg, Ende 17. Jh.).

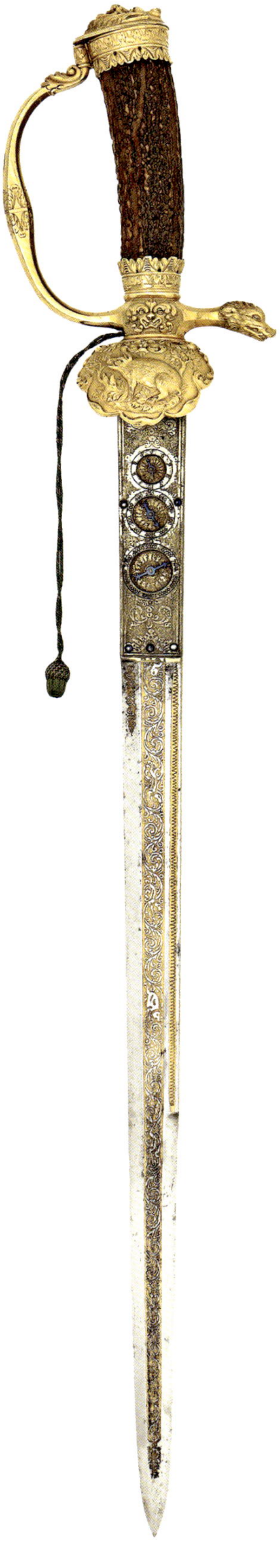

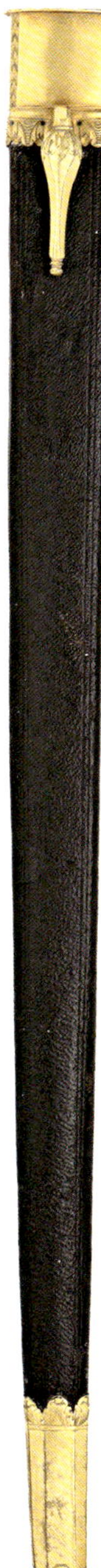

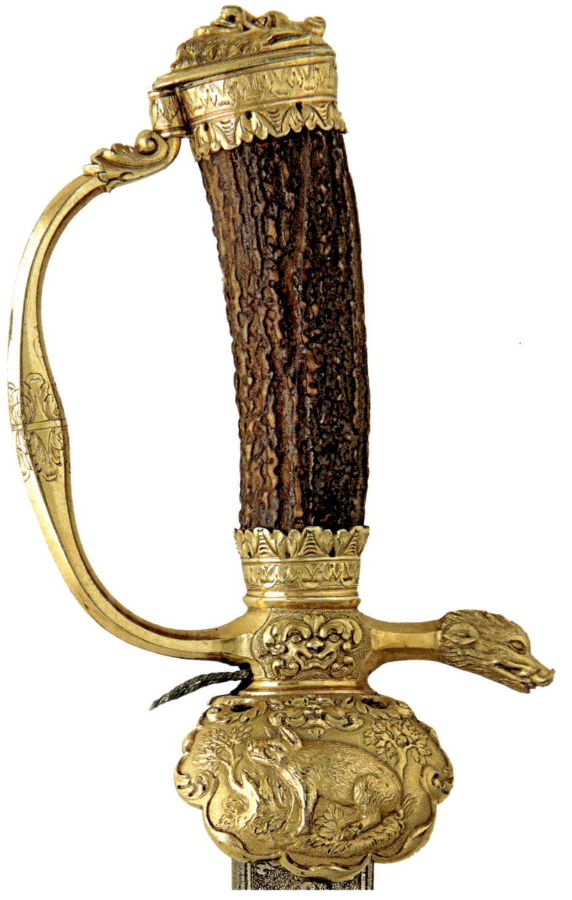

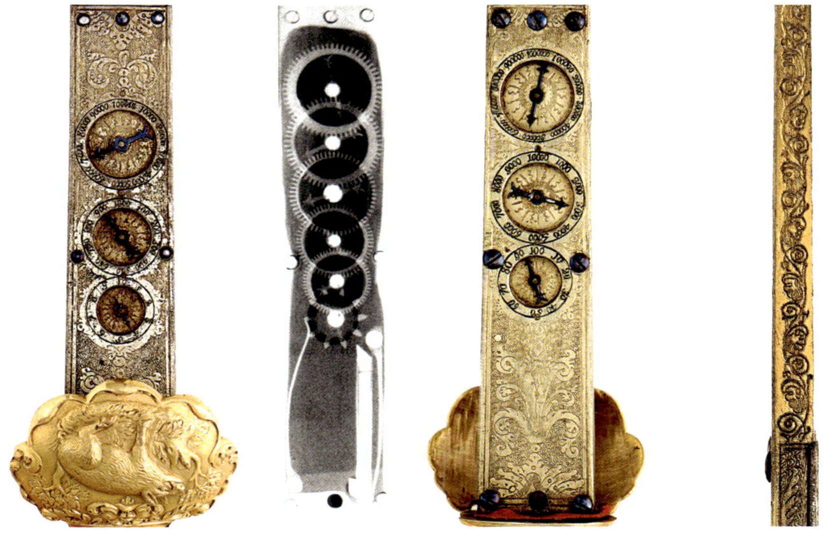

7 Hirschfänger mit Scheide*

Inv. Nr. 001 001 3, Scheide 001 001 58
L.: 661 / 540, Br.: 33, St.: 6 mm
Gewicht: 624 / 490 g
Zweites Viertel des 18. Jahrhunderts[33]

Das zweischneidige Blatt trägt eine 2 mm lange Fehlschärfe und Dekorationen tief geätzter Ornamente und Inschriften. Auf der Terzseite erscheint in Majuskeln: „ERNEST. LVD. D. G. HASS. LANDG“ (Ernst Ludwig deo gratia Landgraf von Hessen);[34] dann, auf einem Wappenschild unter einer Krone: *L*;[35] in einer Kartusche: „E.L.L.Z.H“ (Ernst Ludwig Landgraf zu Hessen, vgl. die Kennzeichnungen der Saufedern Kat. Nr. 11–20). Schließlich, von Ranken umgeben: „1618“ (bisher nicht gedeutet). Auf der Gegenseite, zwischen dem Solinger „Wolf“,[36] Kreuzen und Reichsapfelsymbolen: „VERBUM DOMINI MAN.ET.IN AETERNM“ (Gottes Wort bleibt in Ewigkeit).

Das Gefäß besteht aus vier gegossenen, ziselierten und vergoldeten Buntmetallteilen sowie der Hilze. Auf den Klingenschultern ruht die ovale Stoßplatte mit dem Stichblatt. Die Parierstange geht in den Faustbügel über, dessen Zentrum eine vollplastische Gestalt im Jagdkostüm schmückt.[37] Der Hilzenring und die Knaufkappe sind in Durchbruchstechnik gearbeitet. In der Knaufkappe ist die Angel vernietet. Die wohl hölzerne Hilze zeigt oktogonalen Querschnitt. Ihre mit Schildpatt belegten Felder sind durch feine Buntmetallstege getrennt.

Die Scheide ist aus schwarzem Leder mit zweiteiligem, dekoriertem Buntmetallbeschlag gefertigt. Am Mundblech ist ein Tragehaken verlötet.

33 Seitz, 1968, II, Abb. 190 (um1725), Katalog Jagdmuseum München, 1977, Inv. Nr. 2153 (um 1740); Müller, 1982, Nr. 331.

34 Ernst Ludwig, Landgraf von Hessen-Darmstadt (1667–1739); reg. 1678–1739.

35 Womöglich ein Hinweis auf Ludwig VIII. vor Antritt seiner Regentschaft (1739).

36 Rose, 1935/36, S. 132, Abb. 1, zeigt eine der seltenen Varianten mit geschlossenem Fang, die der vorliegenden nahe kommt; allerdings ohne Fangspalte und ohne Auge.

37 Auch von einem weiteren Hirschfänger jener Zeit ist das wohl formidentische Motiv bekannt: Kunstsammlungen der Veste Coburg, Inv. Nr. II D 21. Seifert, 1973, Abb. 90/91, bildet ein Gefäß ähnlicher Gestalt mit identischer Bügeldekoration ab (Mitte des 18. Jahrhunderts).

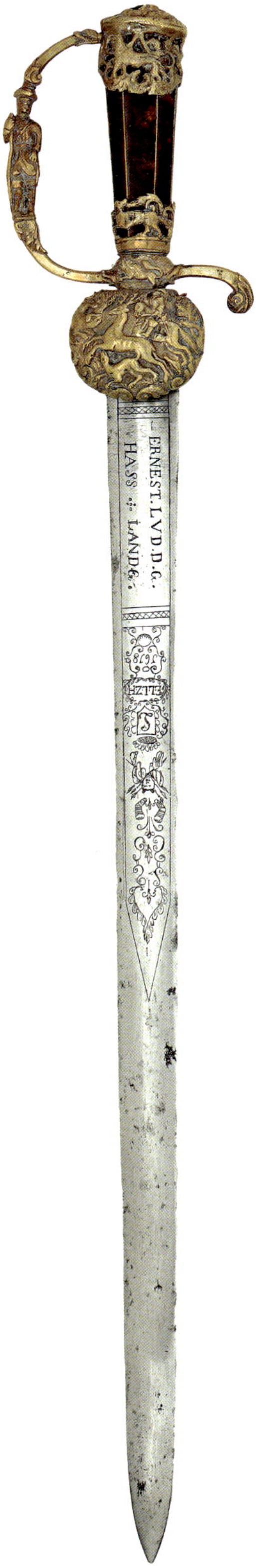
ERNEST. LVD. D.G.
HASS ⁘ LANDG.

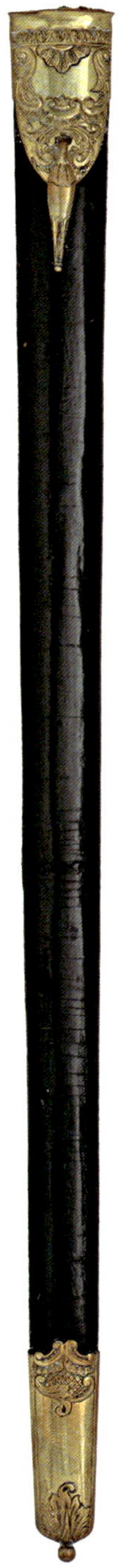

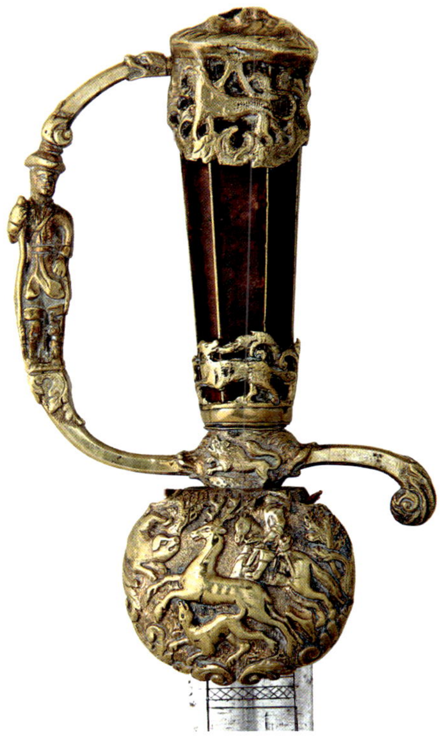

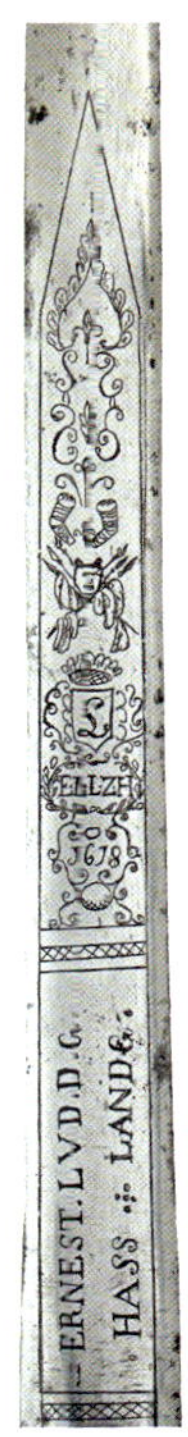
ERNEST. LVD. D.G.
HASS ⁘ LANDG.
1678

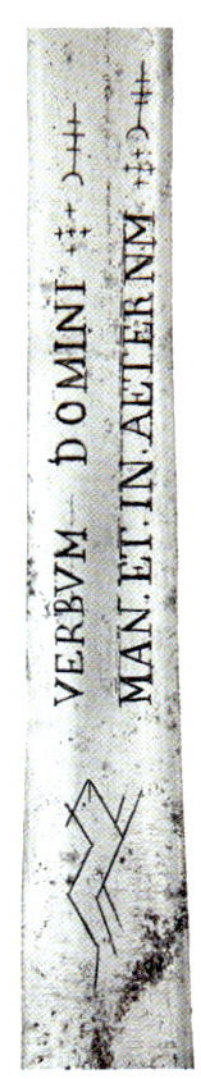
VERBVM DOMINI
MAN. ET. IN. AETERNVM

8 Hirschfänger*

Inv. Nr. 001 001 35
L.: 710 / 564, Br.: 29, St.: 8 mm
Gewicht: – / 570 g
Zweites Viertel des 18. Jahrhunderts

Das Blatt trägt eine 2 mm lange Fehlschärfe und einen 169 mm langen, auslaufenden Rückenschliff. 100 mm von den Klingenschultern entfernt setzt beidseitig eine flache, 12 mm breite Kehle an, die bis in den Ort durchläuft. Nahe des Rückens verläuft beidseitig eine feine Kehle, die vor dem Ansatz des Rückenschliffs endet. Hoch wie tief geätzte Ornamente, Wilddarstellungen und Inschriften schmücken den ungekehlten Teil. Auf der Terzseite erscheint die Inschrift: *„nach Jagen – und viell – fangen – steht – allzeit – mein – verlangen"*.[38] In der Mittelkehle schließen sich in deutlich reduzierter Darstellungsweise tief geätzte Ornamente an. Den Blattrücken dekoriert ein Pfeil mit zwei Stäben.

Das Gefäß besteht aus fünf gegossenen, ziselierten Buntmetallteilen und der Geweihhilze. Auf den Klingenschultern ruht eine ovale Stoßplatte mit Stichblatt. Die Parierstange geht in den Faustbügel über, der in einer Aussparung der Knaufkappe rastet. Der Hilzenring und die Knaufkappe fassen die Hilze. Auf dem Vernietknauf liegt der Angelniet.

---

38 Inschriften dieses Inhalts treten seit dem 17. Jahrhundert wiederholt an jagdlichen Klingen auf. Landgraf Ludwig VIII., während dessen Ära der Hirschfänger im Gebrauch war, hatte eine besondere Vorliebe für derartige Sprüche, die sich auch auf Medaillen im Museum Jagdschloß Kranichstein finden.

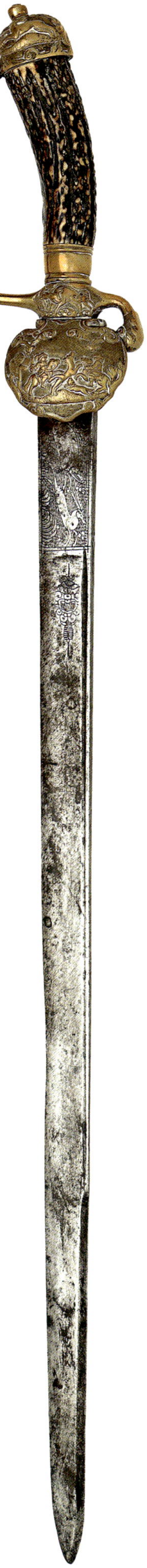

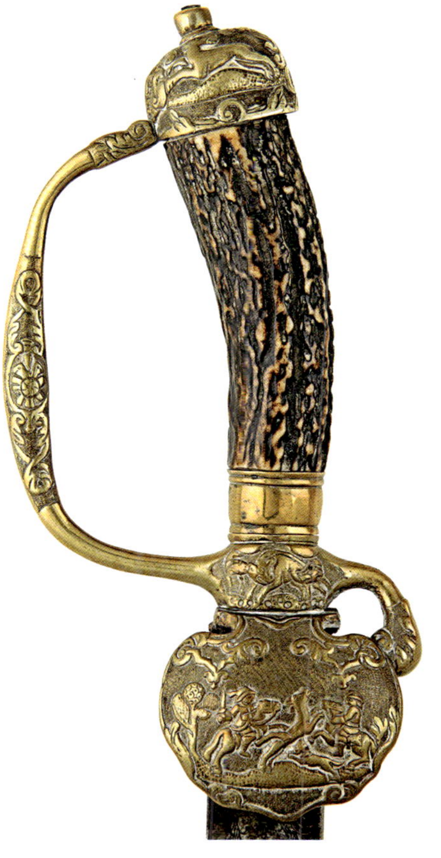

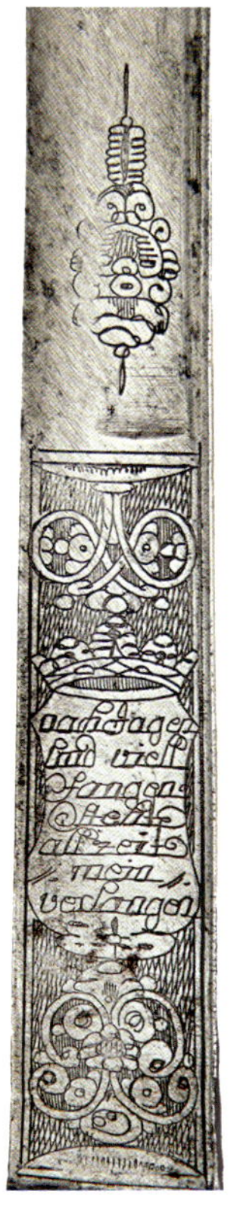

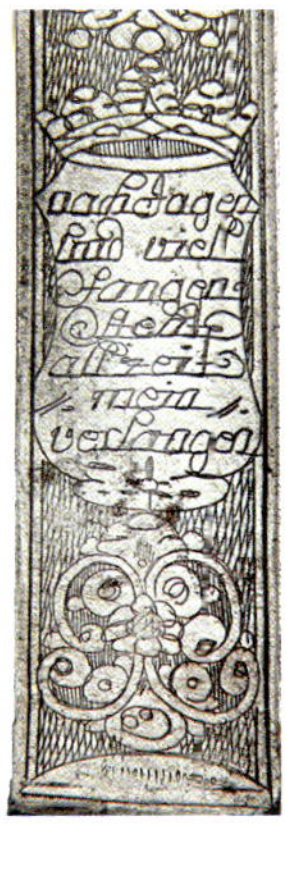

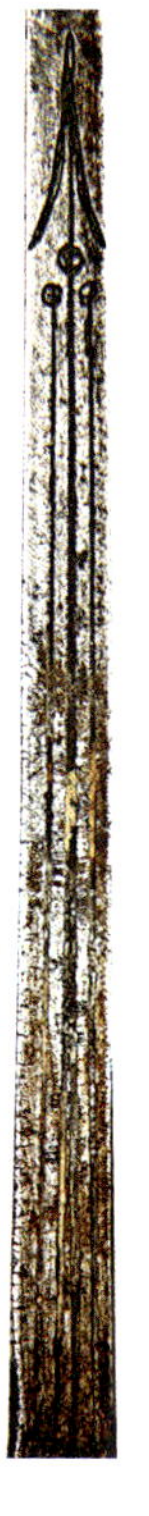

9 Hirschfänger mit Steinschlosspistole und Scheide*

Inv. Nr. 001 001 26, Scheide 001 001 56
L.: 664/533, Br.: 28, St.: 8 mm
Gewicht: 1023/850 g
Mitte des 18. Jahrhunderts

Das Blatt mit 6 mm langer Fehlschärfe trägt einen 150 mm langen, auslaufenden Rückenschliff. Hoch wie tief geätzte, vergoldete Ornamente und Jagddarstellungen schmücken beide Seiten in nahezu voller Länge des Blattes. Die an die Schultern anschließende, 121 mm lange, ungekehlte Partie ist in voller Breite dekoriert, das folgende Dekor ist auf die Breite der zentralen Kehle beschränkt. Die feine, entlang des Rückens verlaufende Kehle ist nicht dekoriert. Den Rücken ziert ein Pfeil mit zwei Stäben.

Terzseitig hat man, unterhalb des Stichblattes ansetzend, den 129 mm langen, glatten Pistolenlauf von 10 mm Kaliber verschraubt. Zum Rücken hin ist hier eine Buntmetallhülse befestigt, die einen Ladestock aufgenommen haben könnte.

Das Gefäß besteht aus fünf dekorierten, versilberten Buntmetallteilen, nämlich der Stoßplatte mit der in den Faustbügel übergehenden Parierstange, der verschraubten Schulterplatte der Quartseite, dem Stichblatt mit dem Feuerschirm, dem Rahmen mit der terzseitigen Schulterplatte und der Knaufkappe mit der Bügelverschraubung. Der von Rahmen und Schulterplatten gebildete Kasten enthält die Funktionsteile des Schlosses, lediglich der obere Teil des Hahnes, die Batterie und der Abzug ragen hervor. Beidseitig verdecken drei halbrunde Zierköpfe die Niete der mit Fischhautschnitt versehenen Beingriffschalen.

Die braun belederte, hölzerne Scheide trägt zweiteiligen, versilberten Buntmetallbeschlag. Am Mundblech ist ein Trageknopf verlötet.

Unter mehreren untersuchten Hirschfängern dieser Art trägt die Klinge dieser Waffe das reichste Dekor.

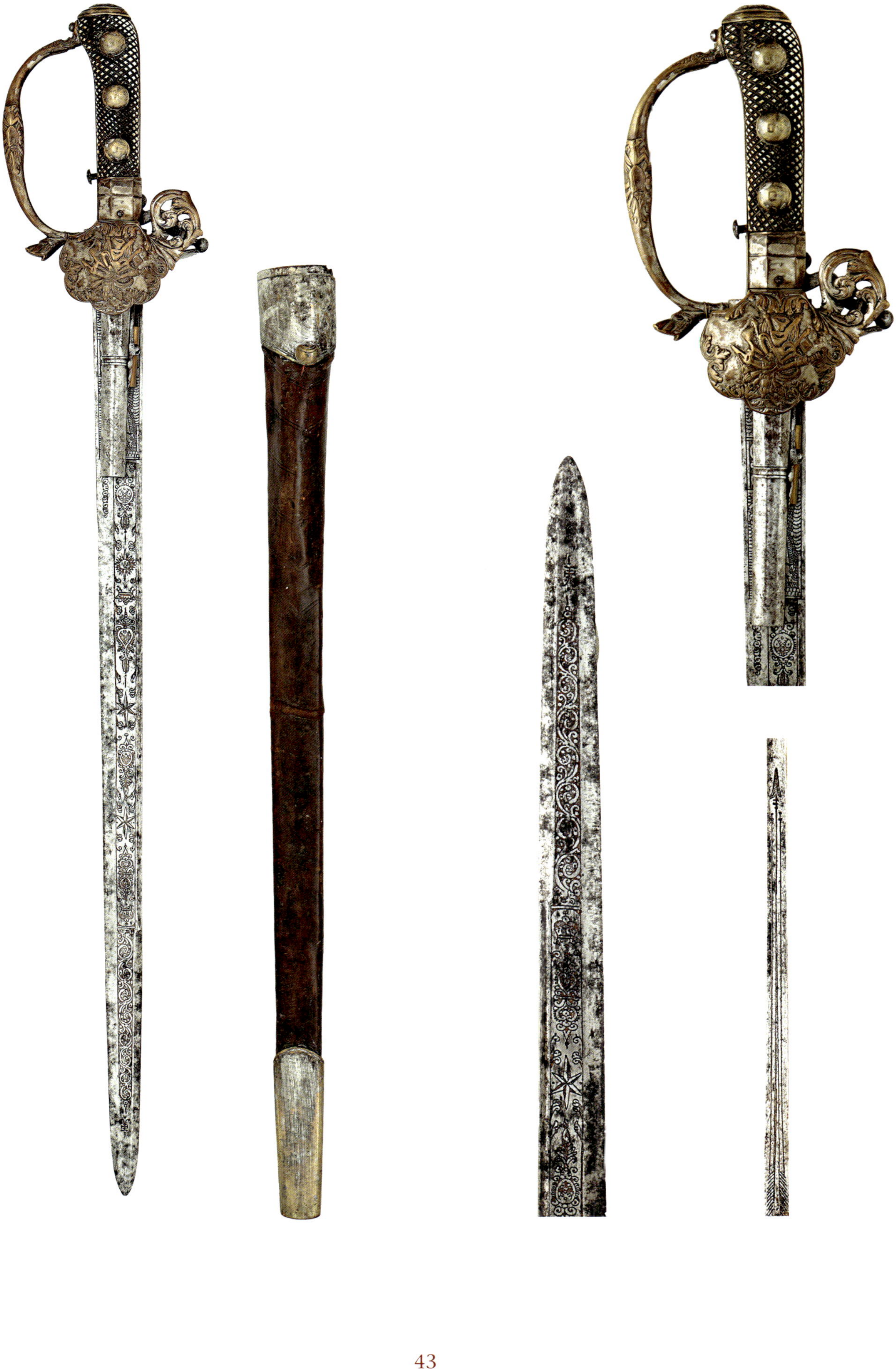

10 Plaute *

Inv. Nr. 001 001 34
L.: 564 / 442, Br.: 33, St.: 6 mm
Gewicht: – / 606 g
Mitte des 18. Jahrhunderts

Das um eine Pfeilhöhe von 9 mm geschwungene Blatt mit 5 mm langer Fehlschärfe trägt einen 58 mm langen, auslaufenden Rückenschliff. Sein Ort liegt in der Mittellinie. Der an die Schultern anschließende Teil zeigt beidseitig hoch geätztes Dekor mit Hirschdarstellungen, der Inschrift „*VIVAT*" und einem gekrönten *L*-Spiegelmonogramm. Den Blattrücken dekoriert ein Pfeilmotiv.

Das Gefäß besteht aus drei gegossenen und ziselierten Buntmetallteilen sowie der Geweihhilze. Auf den Klingenschultern ruht die in den Bügel übergehende Parierstange mit Stichblatt und Hilzenring. Die Hilze trägt terzseitig eine mit drei ovalen Beschlägen (Oliven) besetzte Spange und seitliche Spangen. Im Dekor der Knaufkappe und des Stichblattes tauchen wiederum gekrönte *L*-Spiegelmonogramme auf. Der Zusatz VIII erlaubt die nähere Zuordnung.[39] Die Darstellungen der Knaufkappe sind durch Überarbeitungen des Angelnietes beeinträchtigt.

39 Ludwig VIII., Landgraf von Hessen-Darmstadt 1691–1768, wurde wegen seiner Jagdleidenschaft auch „Jagdlandgraf" genannt.

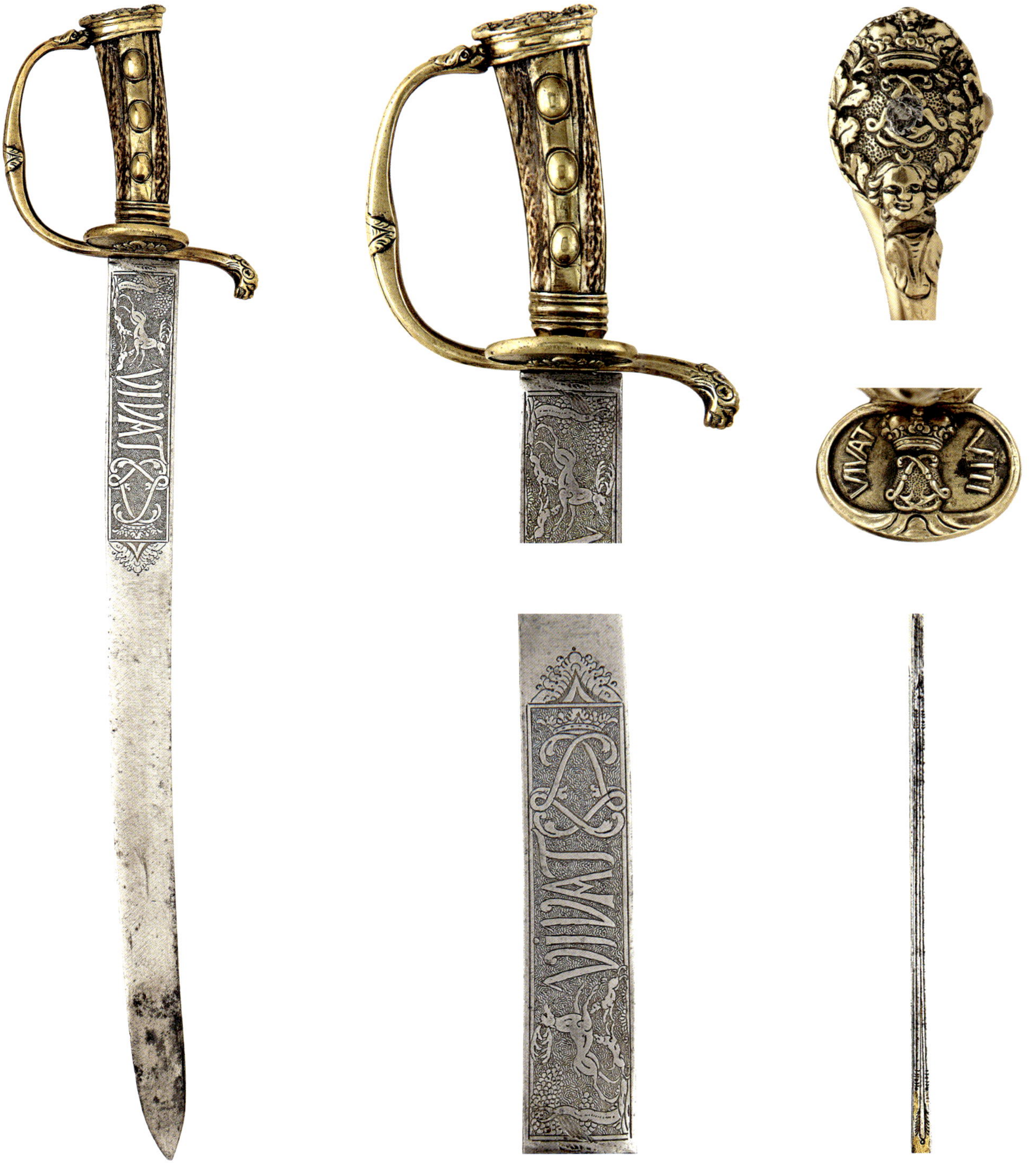
VIVAT

11 Plaute mit Scheide

Inv. Nr. 001 001 9
L.: 682 / 560, Br.: 30, St.: 9 mm
Gewicht: 768 / 572 g
Mitte des 18. Jahrhunderts

Das um eine Pfeilhöhe von 9 mm geschwungene Blatt mit 3 mm langer Fehlschärfe trägt einen 222 mm langen, auslaufenden Rückenschliff. Sein Ort liegt in der Mittellinie. Die an die Schultern anschließende, ungekehlte, 98 mm lange Partie zeigt beidseitig hoch geätztes vergoldetes Bandelwerk, gekrönte Wappen, sowie die Inschrift: *„Vivat Ludovicus Hassiae Landgravius"*.[40] Das anschließende, ebenfalls hoch geätzte, Rankenwerkdekor beschränkt sich auf die Breite der zentralen Kehle. Es umschließt terzseitig die Darstellung einer Sau und auf der Gegenseite die eines Hirschen. Die feine, nahe des Rückens verlaufende Kehle ist nicht dekoriert. Den Rücken schmückt eine geätzte Ranke.
Das Gefäß besteht aus zwei gegossenen, ziselierten und stark vergoldeten Buntmetallteilen sowie den Geweihgriffschalen. Auf den Klingenschultern ruht das schalenartige Parierelement (vgl. Kat. Nr. 17, 18), dessen schneidenseitiger Abschluss, ein Vogel- oder Greifenkopf, heute fehlt. Es schließt der Sockel mit dem Rahmen an. Beidseitig verdecken drei Stifte mit halbrunden Zierköpfen die Niete der Griffschalen.
Die Scheide wurde aus schwarzem Leder mit zweiteiligem, dekoriertem und vergoldetem Beschlag gefertigt. Im Mundblech ist eine Bestecktasche vorgesehen und ein Trageknopf verlötet.

40 Ludwig VIII., Landgraf von Hessen-Darmstadt, 1691–1768. Seine Jagdleidenschaft pflegte er von verschiedenen Jagdschlössern aus; zur Förderung der Jagd ließ er Jagdschneisen und Schirme anlegen. Pons, 2009, S. 111.

41 Mit freundlicher Genehmigung von G. Große Löscher, Göttingen.

Abb. 11 d zeigt eine ältere, zeichnerische Dokumentation der Plaute (Blatt 14) mit vollständiger Parierstange und dem im Stil der Waffe gearbeiteten Beimesser mit genieteten Geweihgriffschalen und Zierstift.[41]

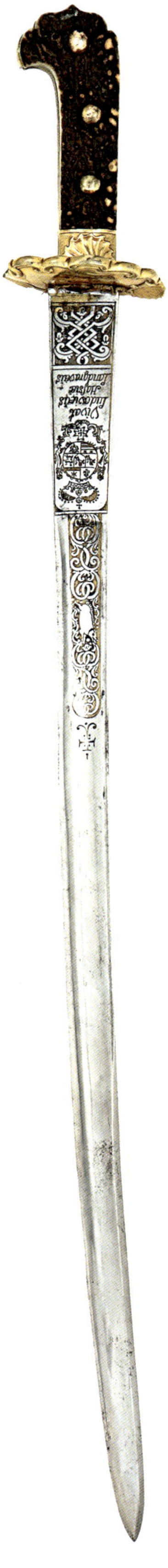

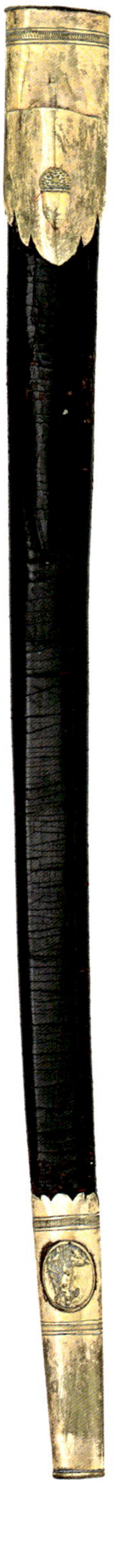

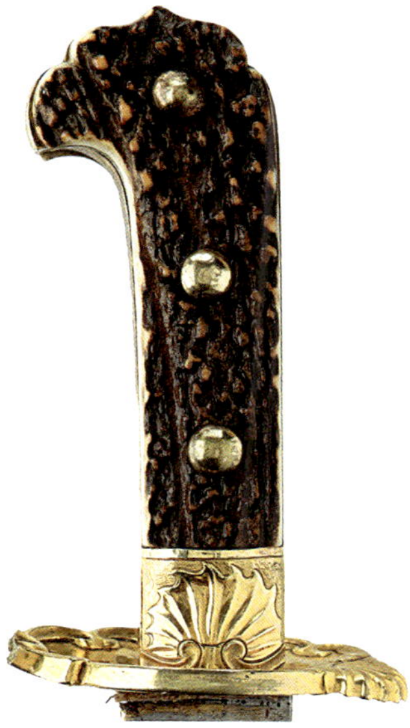

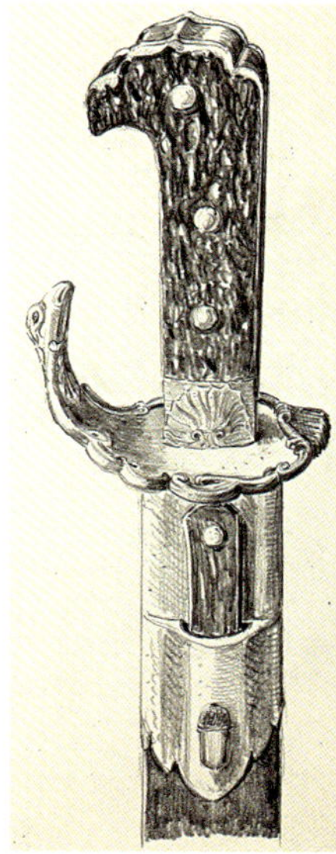

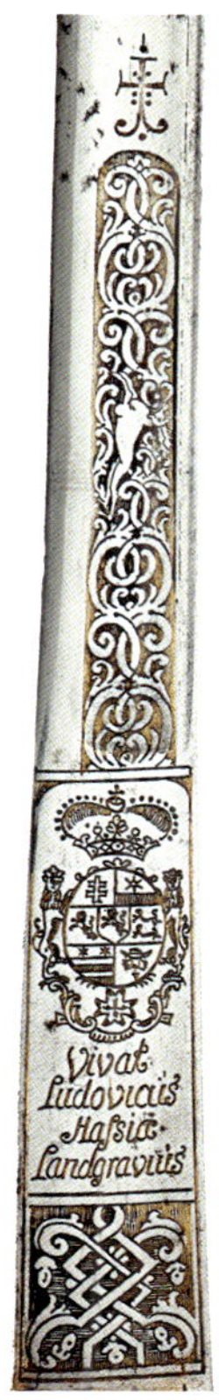
Vivat
Ludovicus
Hassiæ
Landgravius

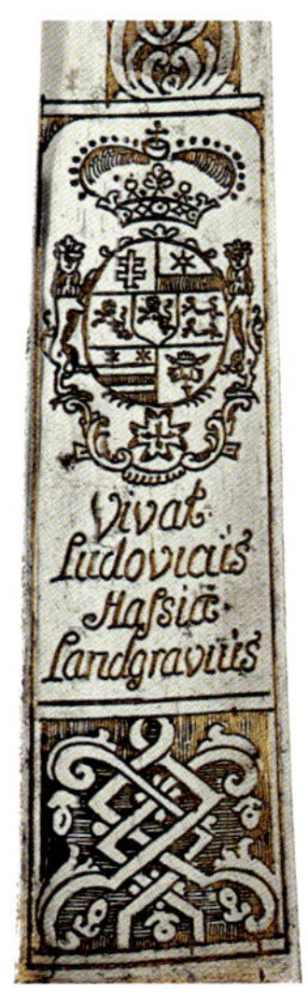
Vivat
Ludovicus
Hassiæ
Landgravius

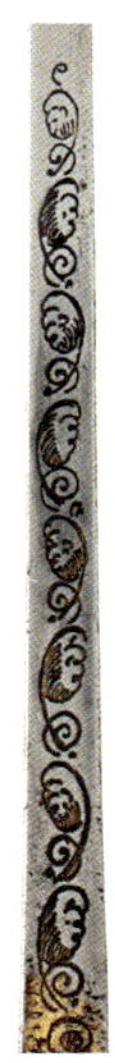

12 Plaute mit Scheide

Inv. Nr. 001 001 23
L.: 661 / 521, Br.: 39, St.: 7 mm
Gewicht: 746 / 576 g
Mitte des 18. Jahrhunderts

Das um eine Pfeilhöhe von 11 mm geschwungene Blatt trägt einen 172 mm langen, auslaufenden Rückenschliff. Sein Ort liegt in der Rückenlinie. Auf beiden Seiten finden sich tief geätzte Motive. Terzseitig erscheint: „VIVAT *M: T“:* (Maria Theresia[42]), auf der Gegenseite der gekrönte Doppeladler und darunter „PLUNKETT“.
Das Gefäß besteht aus fünf gegossenen und ziselierten Buntmetallteilen sowie der Hilze. Auf den Klingenschultern ruht die Stoßplatte mit Überfang und Stichblatt. Die Parierstange ist vertikal geschweift. Der Hilzenring und die Knaufkappe fassen die braune Hornhilze. Auf dem Vernietknauf liegt der Angelniet.

Die Scheide wurde aus schwarz belederten Holz mit zweiteiligem Buntmetallbeschlag gefertigt. Am Mundblech ist ein Trageknopf verlötet.
Wahrscheinlich gelangte die Waffe im Rahmen wiederholter Kontakte Ludwigs VIII. zum Wiener Hof unter Maria Theresia in den Kranichsteiner Bestand; jedenfalls bestanden traditionell gute Verbindungen.[43]

42 Kaiserin Maria Theresia, 1717–1780, Erzherzogin, 1740–1780 Königin von Ungarn und Böhmen.
43 Hardenberg, 1918, S. 25. Pons, 2009, 17 ff.

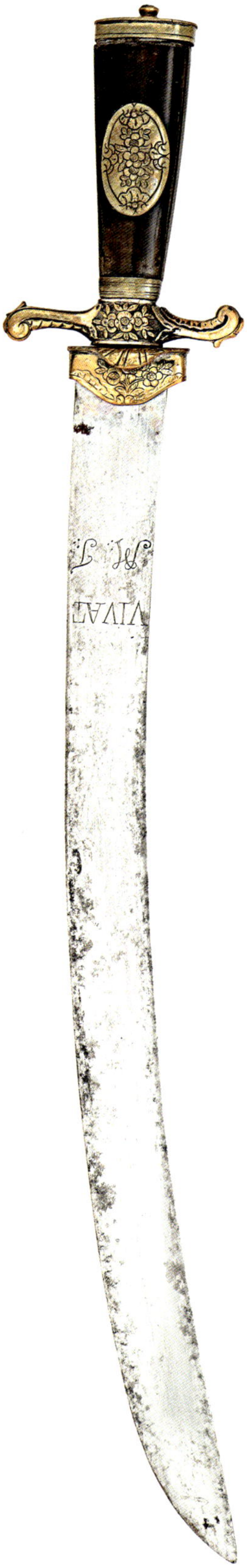

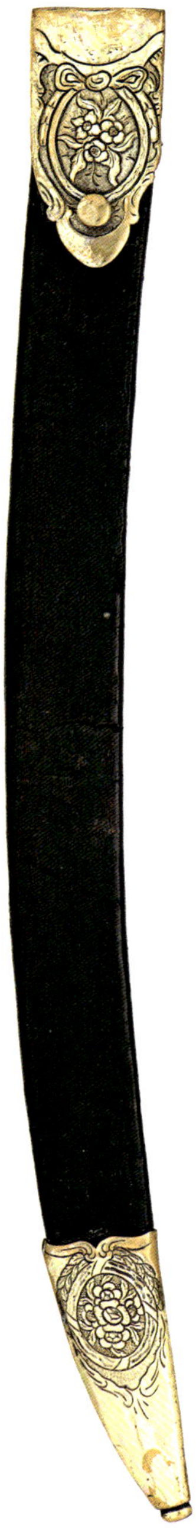

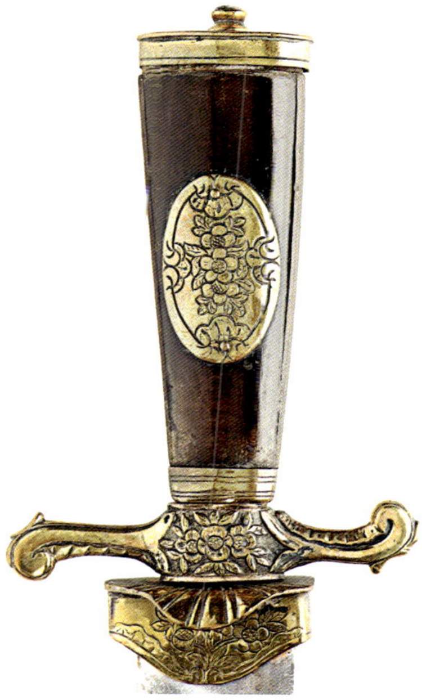

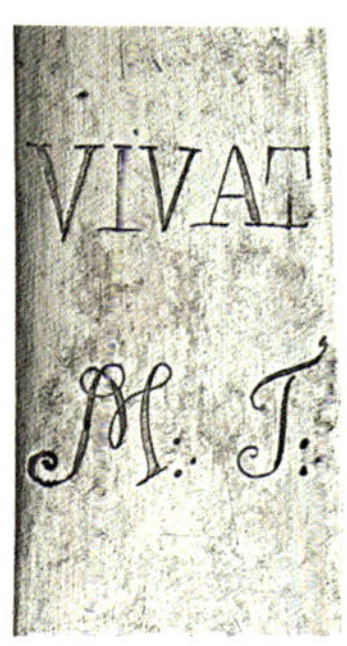
VIVAT
M T

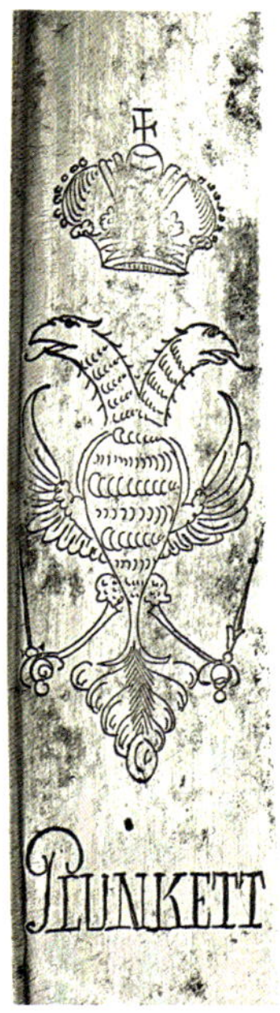
PLUNKETT

13 Plaute mit Scheide

Inv. Nr. 001 001 39
L.: 612 / 494, Br.: 38, St.: 7 mm
Gewicht: 470 / 396 g
Mitte des 18. Jahrhunderts

Das um eine Pfeilhöhe von 11 mm geschwungene Blatt mit 3 mm langer Fehlschärfe trägt einen 142 mm langen, stufig abgesetzten Rückenschliff. Sein Ort liegt in der Rückenlinie. Die an die Schultern anschließende Partie zeigt beidseitig tief geätzte Pandurendarstellungen auf geschwärztem Grund. Den Rücken schmückt eine geätzte Ranke.

Das Gefäß besteht aus sechs gegossenen und ziselierten silbernen Teilen sowie der schwarzen Hornhilze. Auf den Klingenschultern ruht die Stoßplatte mit Überfang. Die Parierstange ist vertikal S- förmig geschwungen. Der Hilzenring und die Knaufkappe fassen die geschnittene Hilze. Diese trägt auf beiden Seiten silberne Spangen. Auf dem Vernietknauf liegt der Angelniet.

Die Scheide wurde aus schwarzem Leder mit ursprünglich zweiteiligem Silberbeschlag gefertigt, dessen Ortband heute fehlt. Eine Tragevorrichtung ist nicht vorhanden, so dass Veränderungen der Scheide vermutet werden müssen.

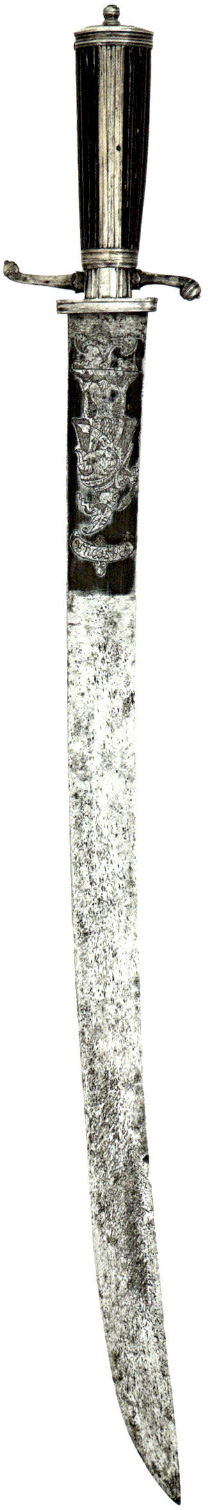

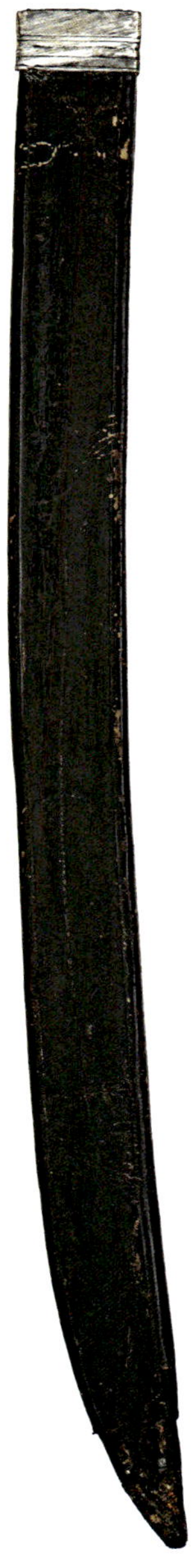

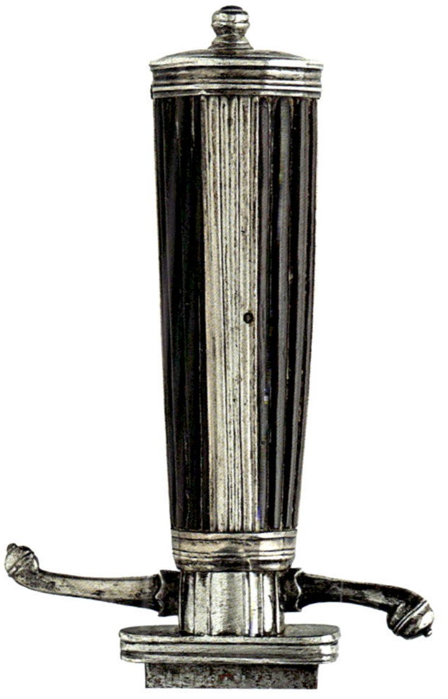

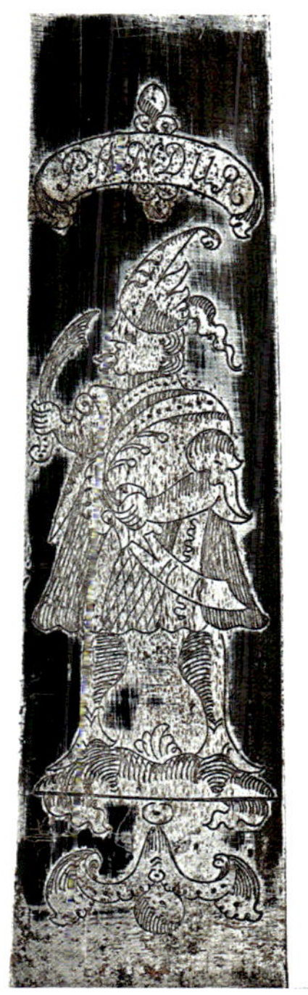

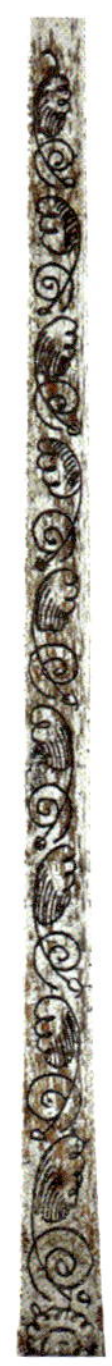

14 Plaute

Inv. Nr. 001 001 21
L.: 605 / 470, Br.: 27, St.: 6 mm
Gewicht: – / 310 g
Drittes Viertel des 18. Jahrhunderts[44]

Das ohne Fehlschärfe ansetzende, um eine Pfeilhöhe von 18 mm geschwungene Blatt trägt einen 142 mm langen, auslaufenden Rückenschliff und einen in der Rückenlinie liegenden Ort.

Das Gefäß besteht aus vier gegossenen, durchbrochenen, ziselierten Buntmetallteilen und der Hilze. Auf den Klingenschultern ruht die Stoßplatte mit dem Stichblatt. An die vertikal S- förmig geschweifte Parierstange schließt der Hilzenring an. Die Hilze wurde aus braun gebeiztem, mit feinen Riefen versehenem Bein gefertigt. Die dekorierte Knaufplatte mit dem Vernietsockel ist in einem Stück gearbeitet.

Während eine ältere zeichnerische Dokumentation die Waffe noch im ursprünglichen Zustand zeigt, wurden im Zusammenhang einer Neumontage die Parierstange und das Stichblatt in einer nicht authentischen Position angebracht.

44 Vergleichbare Exemplare zeigen: Müller, Kölling, 1982, Kat. Nr. 325, 326 (zweite Hälfte 18. Jahrhundert); Kat. Fischer, 359/1997, Nr. 598, 611 (um 1760/1770); 381/2002, Nr. 171(1759).

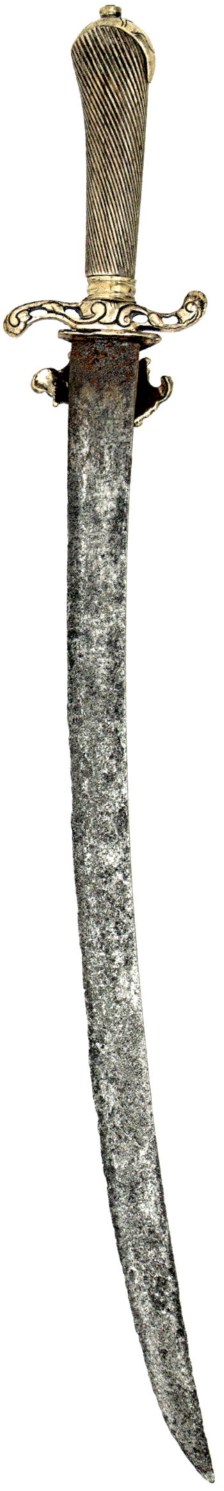

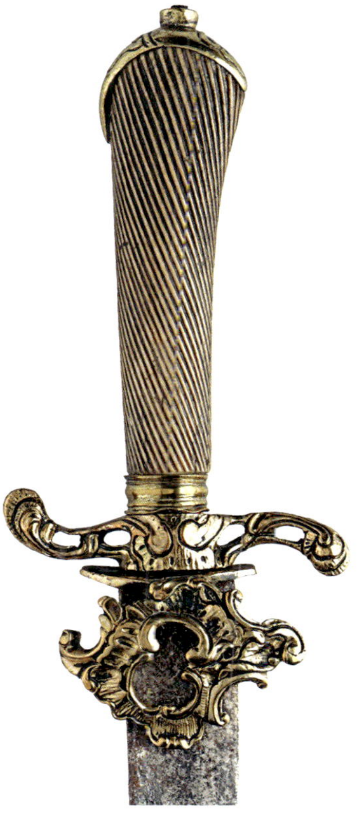

15 Jagdmesser (?)

In. Nr. 001 001 82
L.: 502/385, Br.: 50, St.: 5 mm
Gewicht: –/354 g
Drittes Viertel des 18. Jahrhunderts

Das zweischneidige Blatt von bikonvexem Querschnitt, das ohne Fehlschärfe ansetzt, ist nicht gekehlt.
Das Gefäß besteht aus drei Buntmetallteilen und der Hilze. Auf den Klingenschultern ruht eine gerade Parierstange recht ungewöhnlicher Gestalt. Der Hilzenring und die Knaufplatte mit dem Angelniet fassen die Hilze. Diese besteht aus braun gebeiztem Bein mit feinen Riefen.

Die Gestaltung der Waffe ist unter den untersuchten Exemplaren einzigartig. Es fehlen morphologische Gemeinsamkeiten mit Hirschfängern oder Plauten. Obwohl sich auch unter den Jagdmessern keine Parallelen finden, kann ein solcher Gebrauch nicht ausgeschlossen werden. Die Datierung stützt sich allein auf die Machart der Hilze.

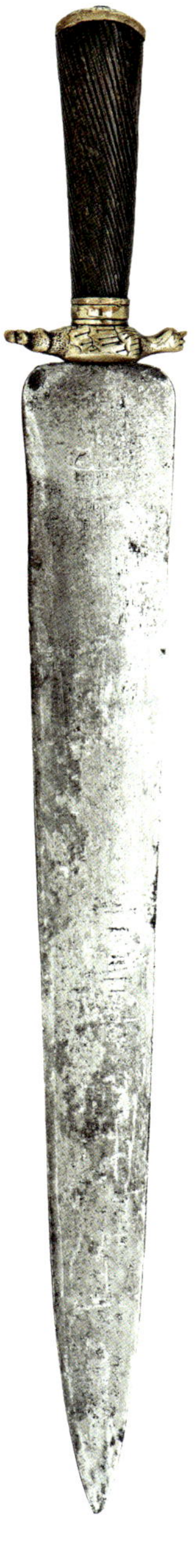

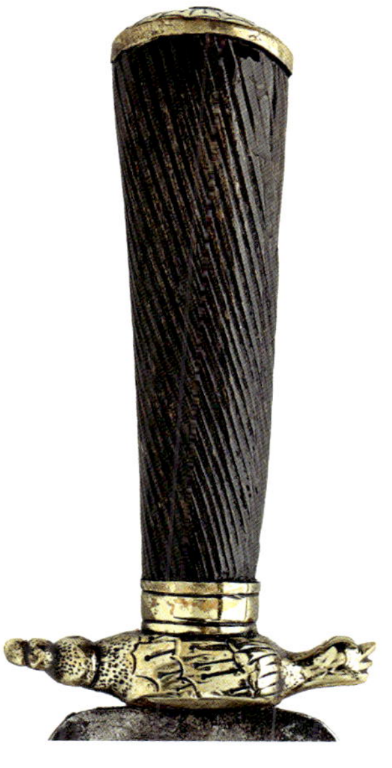

16 Plaute mit Scheide

Inv. Nr. 001 001 13, Scheide 001 001 65
L.: 475 / 338, Br.: 26, St.: 7 mm
Gewicht: 361 / 240 g
Drittes Viertel des 18. Jahrhunderts[45]

Das um eine Pfeilhöhe von 8 mm geschwungene Blatt mit 5 mm langer Fehlschärfe trägt einen 122 mm langen, stufig abgesetzten Rückenschliff. Sein Ort liegt in der Mittellinie. Der an die Schultern anschließende Teil zeigt beidseitig tief geätztes Dekor. Im Vordergrund steht die Darstellung von Panduren, die durch kursive Buchstaben in einem Schriftband betont werden: *„V“*: (vivat) *„PANDUR“*. Den Blattrücken dekoriert eine Ranke.

Das Gefäß besteht aus vier gegossenen und ziselierten Buntmetallteilen sowie der Hilze. Auf den Klingenschultern ruht eine ovale Stoßplatte. Über der vertikal geschweiften Parierstange folgt der Hilzenring. Die braune Hornhilze ist terzseitig mit drei Zierkopfstiften (Oliven) beschlagen.

Die Scheide mit einer Beimessertasche[46] wurde aus braun belederten Holz mit zweiteiligem Buntmetallbeschlag gefertigt. Ein Trageknopf ragt unterhalb des Mundbleches aus dem Leder; vom Ortband liegt lediglich die Hälfte der Länge frei. Mit dieser in der zweiten Hälfte des 18. Jahrhunderts verbreiteten Gestaltungsvariante wirkte man dem Eindringen von Wasser entgegen.

45 Seifert, 1973, Abb. 100 (2. Hälfte 18. Jh.).

46 Eine ältere, zeichnerische Dokumentation zeigt noch ein Beimesser mit Griffbeschlag im Stil der Waffe.

Abb. 16c zeigt das Ätzdekor der Quartseite

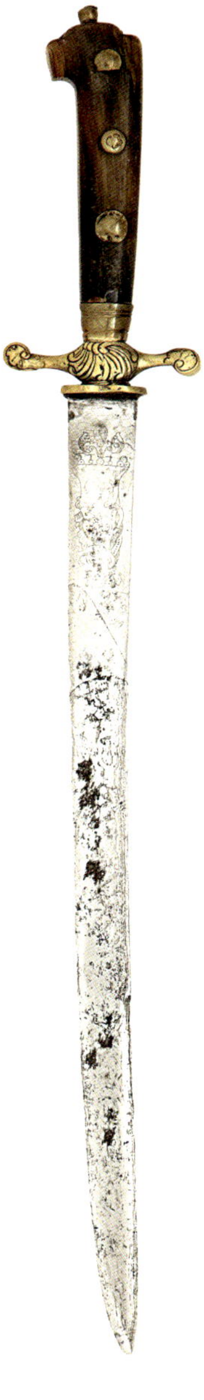

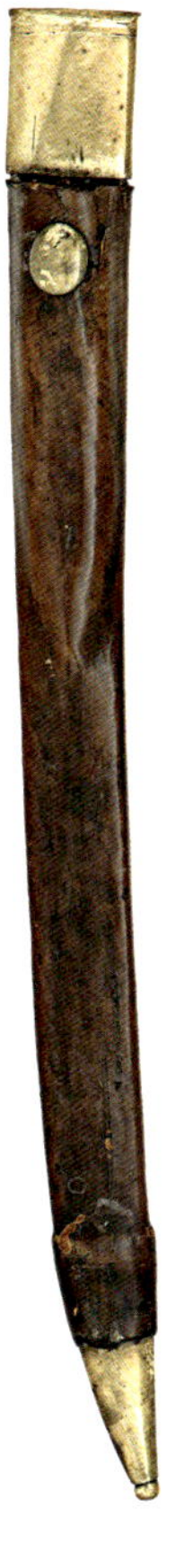

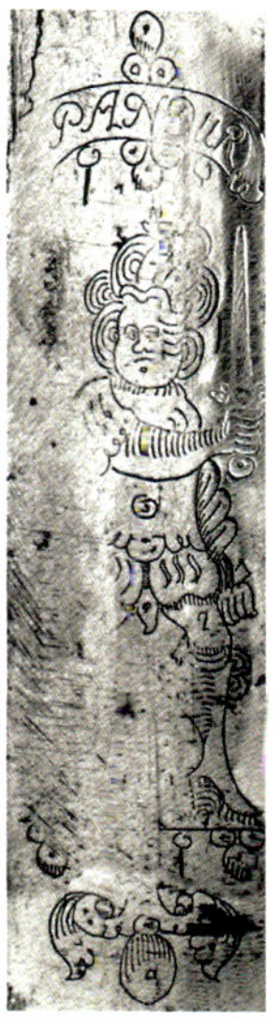
PANDUR

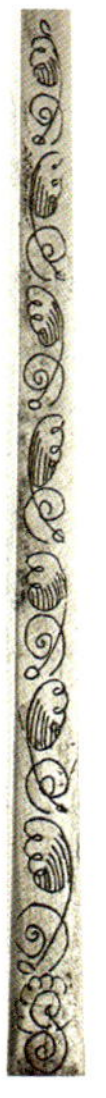

17 Plaute mit Scheide

Inv. Nr. 001 001 20
L.: 530 / 423, Br.: 28, St.: 8 mm
Gewicht: 584 / 461 g
Drittes Viertel des 18. Jahrhunderts

Das um eine Pfeilhöhe von 6 mm geschwungene Blatt mit 3 mm langer Fehlschärfe trägt einen 96 mm langen, stufig abgesetzten Rückenschliff. Sein Ort liegt in der Rückenlinie. Die an die Schultern anschließende, 120 mm lange, nicht gekehlte Partie zeigt beidseitig hoch geätztes Bandelwerk. In der anschließenden, zentralen Kehle erscheinen terzseitig eine Sau und quartseitig ein Hirsch in Tiefätztechnik. Die feine Kehle entlang des Rückens endet vor dem Rückenschliff. Den Rücken schmückt ein geätztes Pfeilmotiv mit zwei Stäben.

Das Gefäß besteht aus zwei gegossenen, ziselierten und vergoldeten Buntmetallteilen sowie der Hilze. Auf den Klingenschultern ruht das schalenartige Parierelement mit Hilzenring. Eine Knaufkappe mit dem Sockel des Angelnietes schließt die Hilze aus grauem Bandachat ab.
Die Scheide wurde aus schwarz beledertem Holz mit zweiteiligem Buntmetallbeschlag gefertigt. Am Mundblech ist ein Trageknopf verlötet.

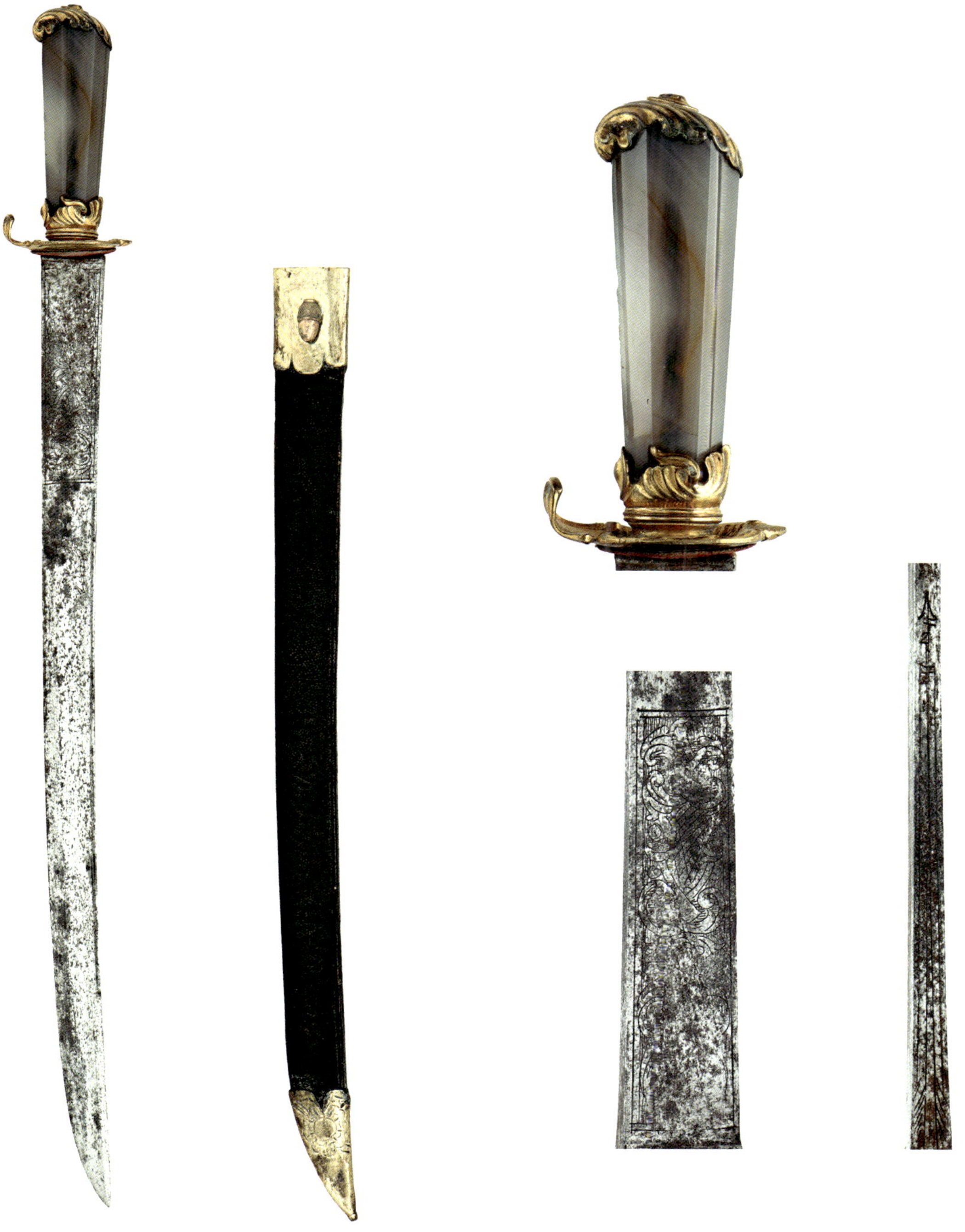

18 Plaute

Inv. Nr. 001 001 22
L.: 568 / 449 (+), Br.: 28, St.: 7 mm
Gewicht: 768 / 572 g
Drittes Viertel des 18. Jahrhunderts

Das um eine Pfeilhöhe von 9 mm geschwungene Blatt mit 6 mm langer Fehlschärfe trägt einen 105 mm langen, stufig abgesetzten Rückenschliff. Sein Ort liegt in der Rückenlinie. Erhaltene Fragmente des ursprünglichen Dekors lassen noch eine Pandurendarstellung, jedoch kein Schriftband erkennen.

Das Gefäß besteht aus zwei gegossenen und ziselierten Buntmetallteilen sowie den dunklen Horngriffschalen. Auf den Klingenschultern ruht das schalenartige Parierelement mit Vogel- oder Greifenkopfende. Es schließt der Sockel mit dem Rahmen an. Beidseitig verdecken drei Stifte mit halbrunden Zierköpfen die Niete der Griffschalen.

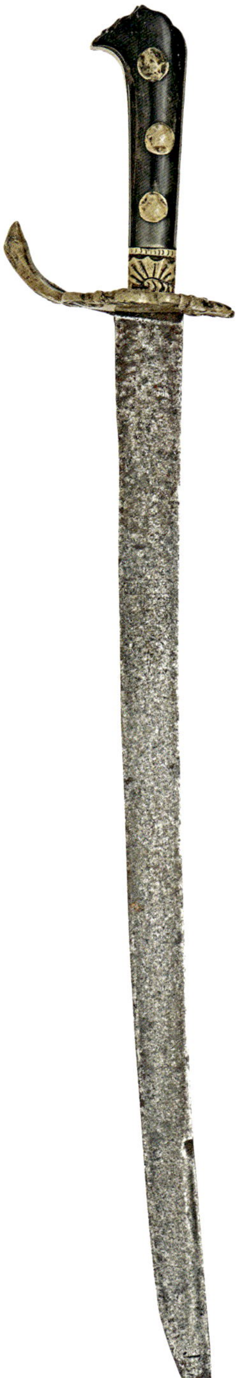

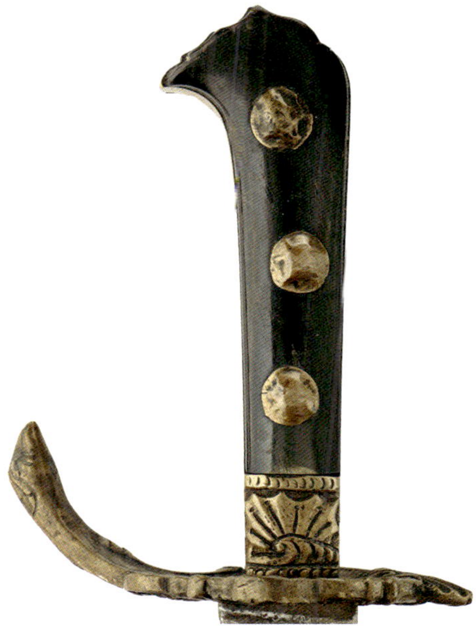

19 Plaute

Inv. Nr. 001 001 24
L.: 522 / 407 (+), Br.: 28, St.: 7 mm
Gewicht: 768 / 572 g
Drittes Viertel des 18. Jahrhunderts

Das um eine Pfeilhöhe von 9 mm geschwungene Blatt mit 1 mm langer Fehlschärfe trägt einen 136 mm langen, auslaufenden Rückenschliff. Sein Ort mit Pandurenspitze liegt in der Mittellinie. Das Dekor entstand auf ungewöhnliche Weise: Aus der insgesamt gebläuten Partie hat man die tief geätzten Trophäenmotive durch Entfernen der Bläuung hervorgehoben.

Das Gefäß besteht aus zwei gegossenen und ziselierten Buntmetallteilen sowie den rotbraunen Horngriffschalen. Auf den Klingenschultern ruht die Parierstange mit dem Stichblatt in Adlergestalt. Es schließ der Sockel mit dem Rahmen an. Beidseitig verdecken vier Stifte mit halbrunden Zierköpfen die Niete der Griffschalen, auf der Quartseite ist wegen eines verlorenen Zierkopfes der buntmetallene Hohlniet zu sehen.

Abb. 19c zeigt die Dekoration der Quartseite.

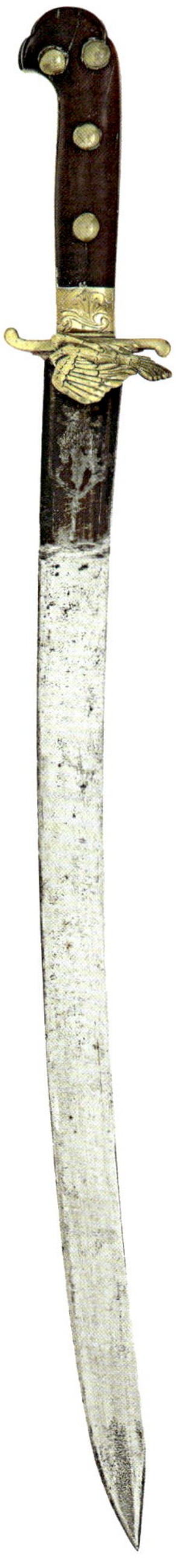

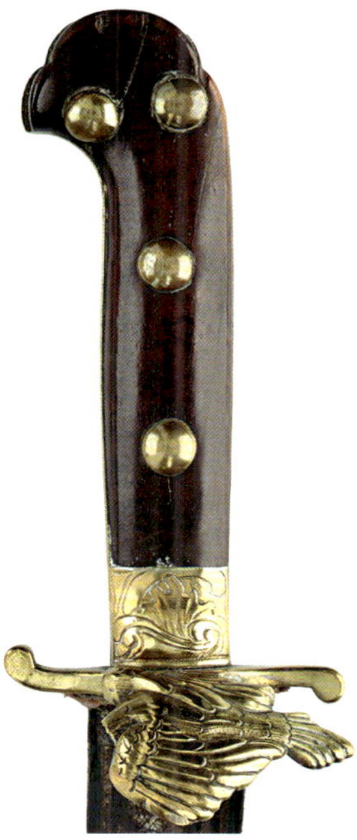

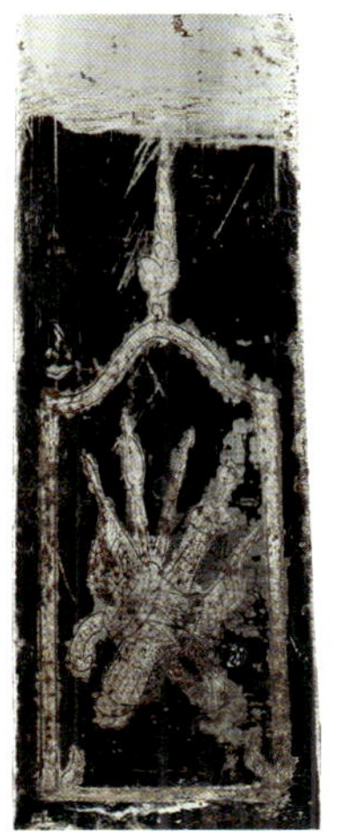

20 Hirschfänger mit Scheide*

Inv. Nr. 001 001 1, Scheide 001 001 3
L.: 702 / 550, Br.: 34, St.: 7 mm
Gewicht: 655 / 472 g
Solingen,[47] drittes Viertel des 18. Jahrhunderts

Das zweischneidige Blatt von bikonvexem Querschnitt trägt eine 6 mm lange Fehlschärfe. Tief geätzte Wolfsdarstellungen und die Zahl 1506 bilden beidseitig ein sparsames Dekor.
Das Gefäß besteht aus vier versilberten Buntmetallteilen und der Hilze. Auf den Klingenschultern ruht die Stoßplatte, es schließt sich die vertikal geschweifte Parierstange an. Der Hilzenring und die Knaufplatte mit Vernietknauf fassen die dunkle Hornhilze. Diese trägt in spiralig umlaufenden, geschnittenen Riefen eine Wicklung verdrillten Buntmetalldrahtes.
Die Scheide ist aus braun beledertem Holz mit zweiteiligem Buntmetallbeschlag gefertigt. Der Trageknopf des Mundbleches wurde verlötet.

Die Waffe fügt sich in eine Gruppe von Hirschfängern mit gemeinsamen Merkmalen (vgl. Kat. Nr. 21–23). Während deren Gefäße variieren können, fällt die Einheitlichkeit der ungewöhnlichen, zweischneidigen Blätter mit Wolfsdarstellungen und vierstelligen Ziffern[48] auf.

47 Krünitz, „Klinge", beschreibt ausführlich sog. Wolfsklingen; zweischneidige Klingen mit der geätzten Darstellung eines Wolfes.

48 Die Zahlen beziehen sich nicht auf den Zeitpunkt der Herstellung, sondern stehen für kabbalistische oder magische Vorstellungen. Rose, ZHWK, Bd. XIV (1935/36), 131–133; Wagner, 1966, S. 65.

Abb. 20 zeigt die Dekoration der Quartseite.

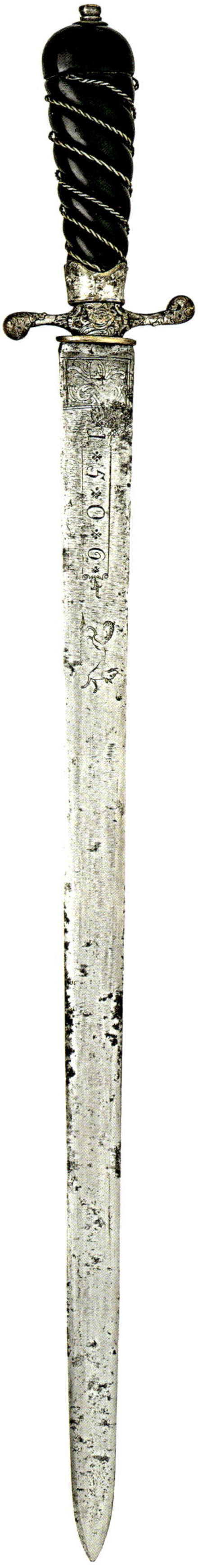

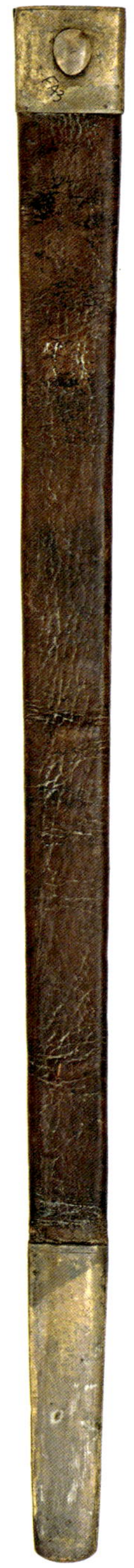

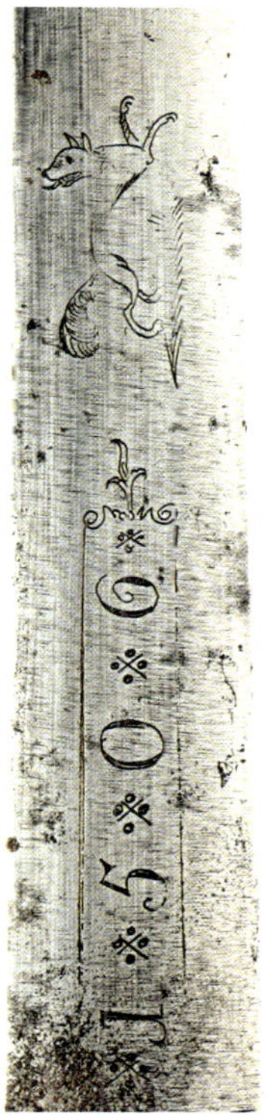

1·5·0·6

21 Hirschfänger*

Inv. Nr. 001 001 28
L.: 730 / 566, Br.: 35, St.: 6 mm
Gewicht: – / 390 (+) g
Drittes Viertes des 18. Jahrhunderts

Das zweischneidige Blatt von bikonvexem Querschnitt trägt eine 5 mm lange Fehlschärfe. Tiefgeätzte Wolfsdarstellungen bilden beidseitig ein sparsames Dekor; Ziffern wurden nicht beobachtet.

Vom Gefäß sind zwei authentische Buntmetallteile und die braune Hornhilze erhalten. Auf den Klingenschultern ruht die Parierstange, deren Arme fehlen. Der Hilzenring und eine sekundäre, verschraubte Kugel fassen die Hilze, in deren spiralig geschnittenen Riefen Wicklungen zweier gegenläufig verdrillter Buntmetalldrähte verlaufen. Eine ältere Dokumentation zeigt die Waffe mit einer Öse und einem Ring anstelle der Kugel; doch auch dabei handelte es sich nicht um ursprünglich zugehörige Teile.

Die Waffe fügt sich in eine Gruppe von Hirschfängern mit gemeinsamen Merkmalen (vgl. Kat. Nr. 20, 22, 23). Während deren Gefäße variieren, fällt die Einheitlichkeit der ungewöhnlichen, zweischneidigen Blätter mit Wolfsdarstellungen und vierstelligen Ziffern auf.

Abb. 21 c zeigt die Dekoration der Quartseite

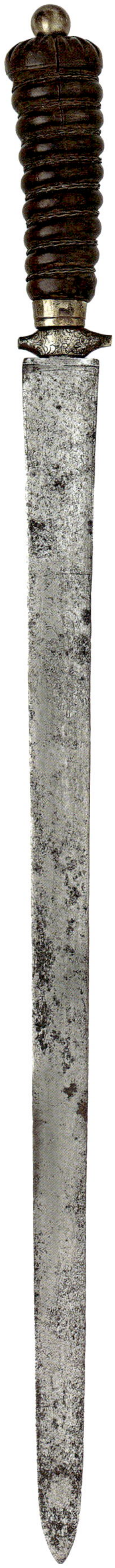

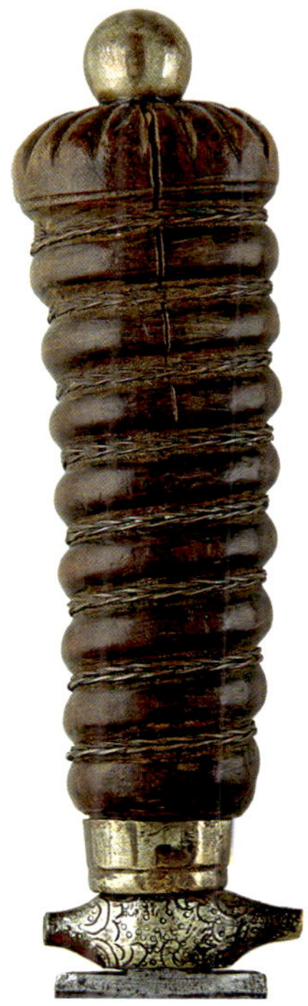

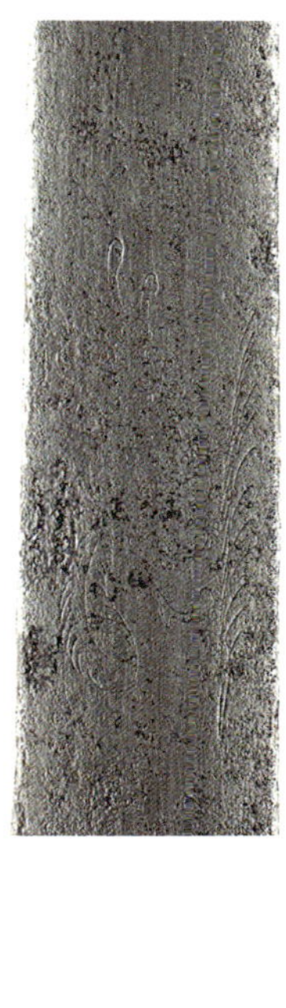

22 Hirschfänger

Inv. Nr. 001 001 67
L.: 736/600, Br.: 32, St.: 5 mm
Gewicht: –/456 g
Solingen,[49] letztes Viertel des 18. Jahrhunderts

Das zweischneidige Blatt von bikonvexem Querschnitt und 3 mm langer Fehlschärfe ist nicht gekehlt. Tiefgeätzte, durch Korrosion überlagerte Wolfsdarstellungen und die Ziffern 1413 bilden beidseitig ein sparsames Dekor.
Das Gefäß besteht aus fünf Buntmetallteilen und der braunen Hornhilze. Auf den Klingenschultern ruht die Stoßplatte mit Überfang, darauf die gerade Parierstange. Der Hilzenring und die Knaufkappe fassen die Hilze, in deren spiralig geschnittenen Riefen eine Wicklung verdrillten Kupferdrahtes verläuft. Auf dem Vernietknauf liegt der Angelniet.
Die Waffe fügt sich in eine Gruppe von Hirschfängern mit gemeinsamen Merkmalen (vgl. Kat. Nr. 20, 21, 23). Während deren Gefäße variieren können, fällt die Einheitlichkeit der ungewöhnlichen, zweischneidigen Blätter mit Wolfsdarstellungen und vierstelligen Ziffern[50] auf.
Schlichte, gerade Parierstangen, wie sie diese und die nachfolgend beschriebene Waffe zeigen, weisen sie als die wohl jüngeren Exemplare der Gruppe aus; die Gestaltungsweise verbreitet sich erst im 19. Jahrhundert (s. Kat. Nr. 28, 30, 33–35, 38–40).

49 Krünitz, „Klinge", beschreibt ausführlich sogen. Wolfsklingen; zweischneidige Klingen mit der geätzten Darstellung eines Wolfes.
50 Die Zahlen beziehen sich nicht auf den Zeitpunkt der Herstellung, sondern stehen für kabbalistische oder magische Vorstellungen. Rose, ZHWK, Bd. XIV (1935/36), 131–133; Wagner, 1966, S. 65.

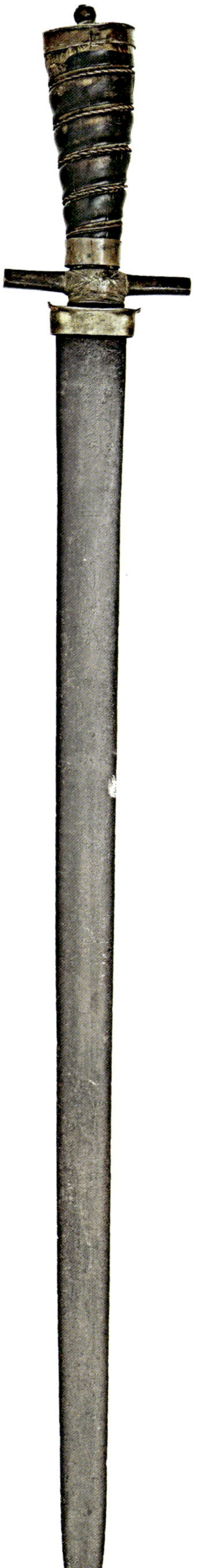
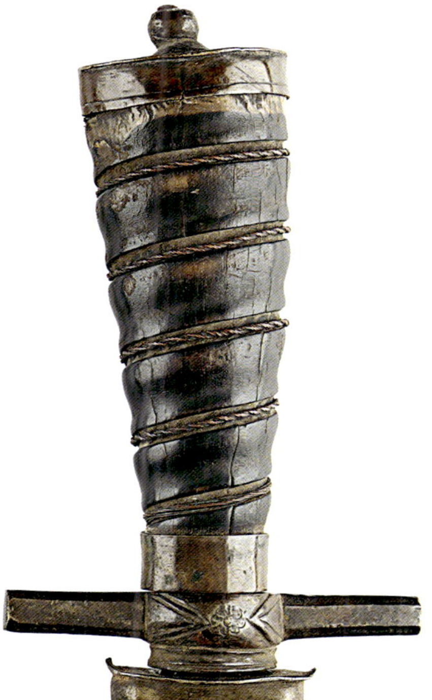

23 Hirschfänger*

Inv. Nr. 001 001 79
L.: 741 / 573, Br.: 34, St.: 6 mm
Gewicht: – / 430 g
Solingen,[51] letztes Viertel des 18. Jahrhunderts

Das zweischneidige Blatt von bikonvexem Querschnitt und 4 mm langer Fehlschärfe ist nicht gekehlt. Tiefgeätzte Wolfsdarstellungen und die Zahl 1616 bilden beidseitig ein sparsames Dekor. Das Gefäß besteht aus vier Buntmetallteilen und der hölzernen Hilze. Auf den Klingenschultern ruht die Stoßplatte mit dem lediglich angedeuteten Stichblatt, darauf die gerade Parierstange. Der Hilzenring und die Knaufplatte mit Vernietknauf fassen die aus Buchs geschnittene Hilze. Terzseitig sind drei Stifte mit ovalen Zierköpfen eingeschlagen.

Die Waffe fügt sich in eine Gruppe von Hirschfängern mit gemeinsamen Merkmalen (vgl. Kat. Nr. 20–22). Während deren Gefäße variieren können, fällt die Einheitlichkeit der ungewöhnlichen, zweischneidigen Blätter mit Wolfsdarstellungen und vierstelligen Ziffern[52] auf.

51 Krünitz, „Klinge", beschreibt ausführlich sogen. Wolfsklingen; zweischneidige Klingen mit der geätzten Darstellung eines Wolfes.

52 Die Zahlen beziehen sich nicht auf den Zeitpunkt der Herstellung, sondern stehen für kabbalistische oder magische Vorstellungen. Rose, ZHWK, Bd. XIV (1935/36), 131–133; Wagner, 1966, S. 65.

Abb. 23 c zeigt die Dekoration der Quartseite.

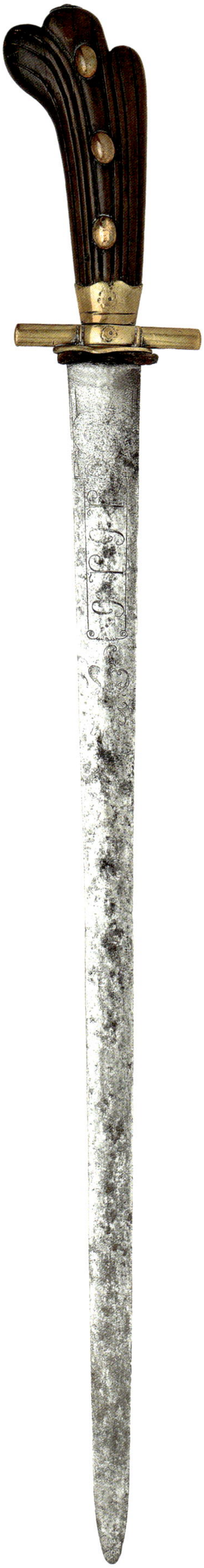

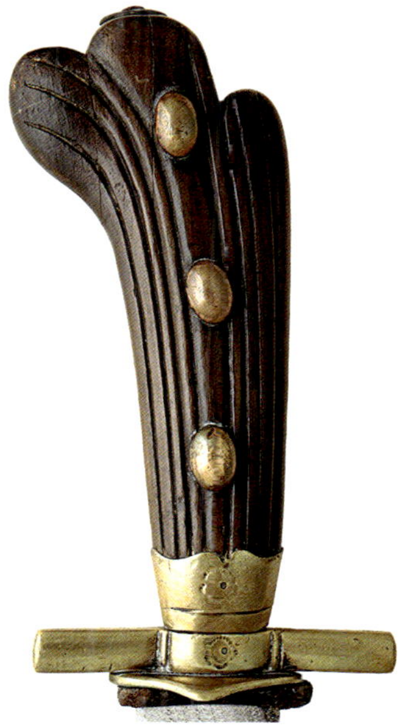

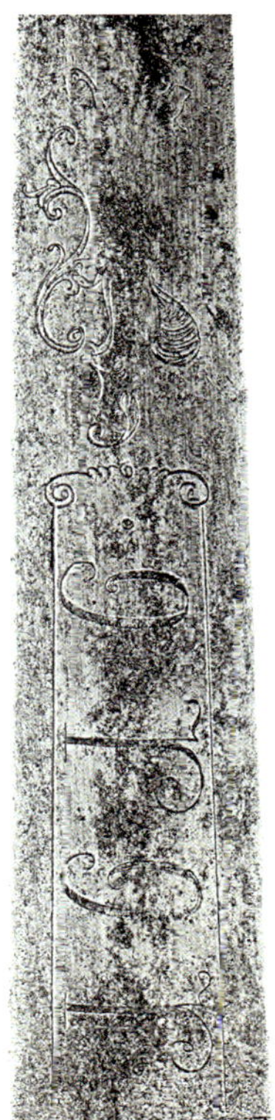

24 Hirschfänger*

Inv. Nr. 001 001 38
L.: 720/565, Br.: 29, St.: 8 mm
Gewicht: –/478 g
Letztes Viertel des 18. Jahrhunderts[53]

Das zweischneidige Blatt zeigt bikonvexen Querschnitt. Tief geätzte Rautenfelder und florales Ornament schmücken beide Seiten.
Das Gefäß besteht aus vier gegossenen, ziselierten und versilberten Buntmetallteilen und der geschnittenen Beinhilze. Auf den Klingenschultern ruht die Stoßplatte mit Überfang. Die Parierstange ist vertikal S-förmig geschweift. Der Hilzenring und die Knaufkappe fassen die Hilze. Diese trägt in spiralig umlaufenden Riefen eine Wicklung verdrillten Buntmetalldrahtes. Auf dem Vernietknauf liegt der Angelniet.

53 Katalog Fischer 373/2000, 89, 93 (Parierstangendekor, um 1770); 376/2001, 192 (Hilze, Parierstangendekor, letztes Viertel des 18. Jahrhundert). Stiegler, 1994, Nr. 18, Nr. 36, mit gleichem Parierstangendekor (Frankreich, 1762–68, Frankreich 1768–74).

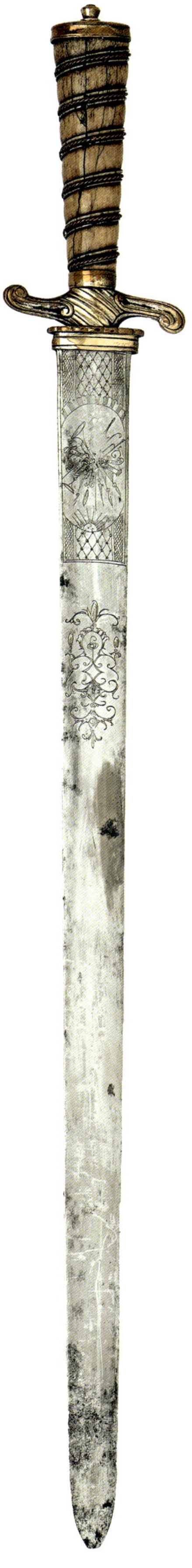

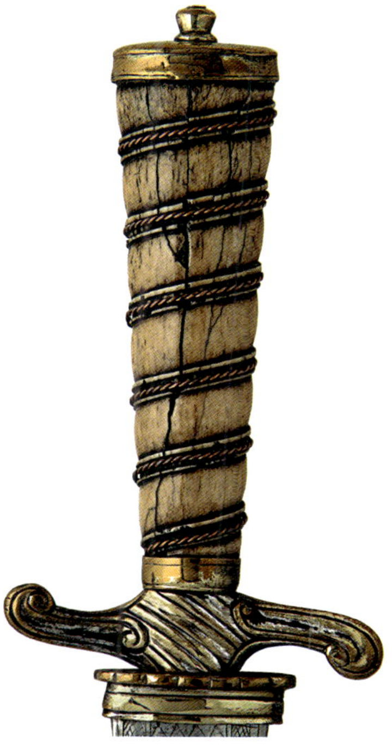

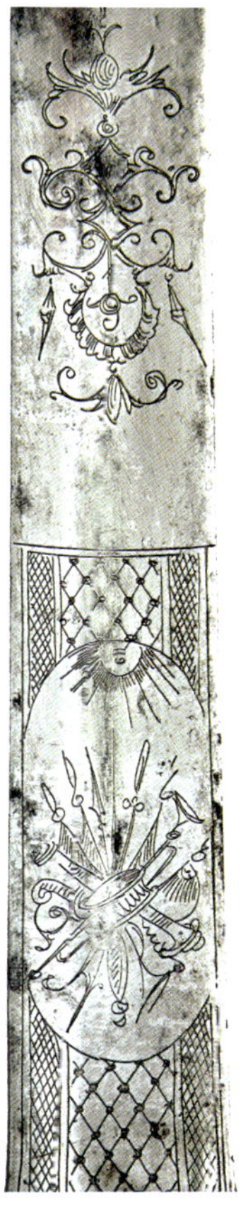

25 Hirschfänger mit Scheide*

Inv. Nr. 001 001 43, Scheide 001 001 55
L.: 613 / 470, Br.: 33, St.: 8 mm
Gewicht: 655 / 512 g
Letztes Viertel des 18. Jahrhunderts[54]

Das Blatt mit 2 mm langer Fehlschärfe trägt einen 148 mm langen, auslaufenden Rückenschliff. Auf der Quartseite sind Marken, ein M und ein Vogel, eingeschlagen.
Das Gefäß besteht aus vier gegossenen und ziselierten silbernen Teilen sowie der Hornhilze. Auf den Klingenschultern ruht die Stoßplatte mit Überfang und einem lediglich angedeuteten Stichblatt. Die Parierstange ist vertikal S-förmig geschweift. Der Hilzenring und die Knaufkappe fassen die Hilze. Diese trägt in geschnittenen, spiralig umlaufenden Riefen eine Wicklung von Lahn sowie zwei verdrillten Drähten.[55] Auf dem Vernietknauf liegt der Angelniet.

Die Scheide ist aus braun beledertem Holz mit zweiteiligem Silberbeschlag gefertigt. Das Mundblech träge eine Messertasche und einen gelöteten Tragehaken.

54 Katalog Fischer 373/2000, 89, 93 (Parierstangendekor, um 1770); 376/2001, 192 (Hilze, Parierstangendekor, letztes Viertel des 18. Jahrhundert).

55 Krünitz, „Hirschfänger": „Gemeinhin erhalten die Couteaux einen Griff von Elfenbein... (darum) schlingt sich eine Windung, in welche man Draht oder Lahn [feine Metallstreifen] wickelt. Man nennt sie französische Griffe."

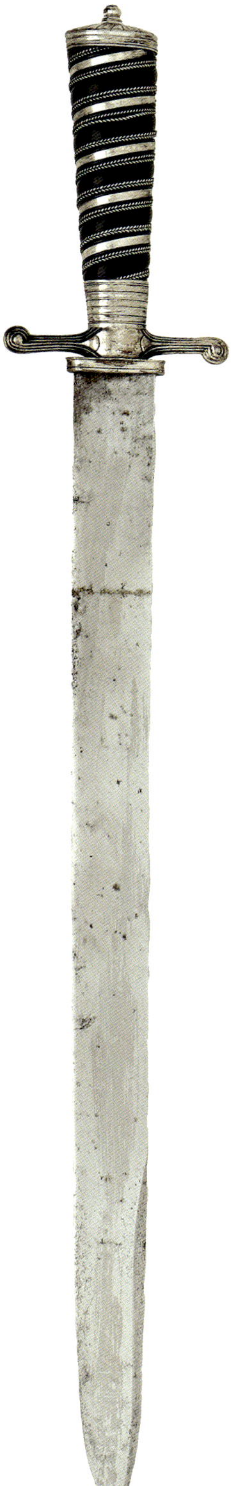

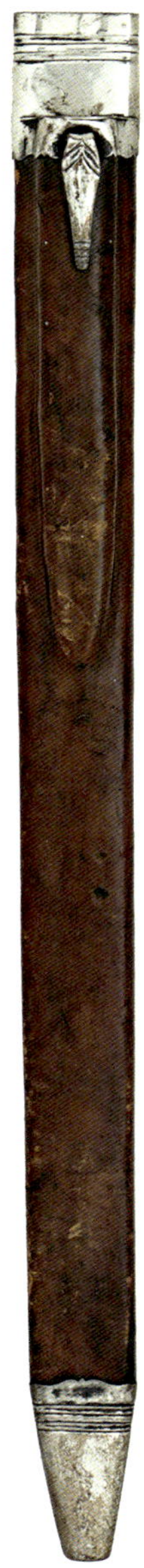

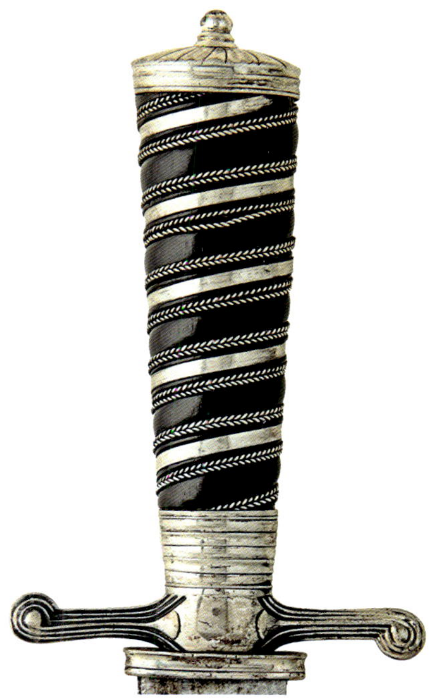

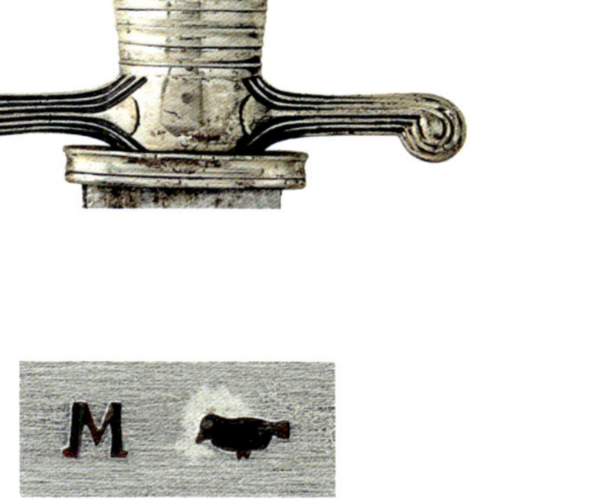
M

26 Plaute*

Inv. Nr. 001 001 14
L.: 728 / 560, Br.: 33, St.: 9 mm
Gewicht: – / 680 g
Letztes Viertel des 18. Jahrhunderts[56]

Das um 13 mm Pfeilhöhe geschwungene Blatt mit 22 mm langer Fehlschärfe trägt einen 180 mm langen, auslaufenden Rückenschliff. Eine beidseitige, schmale Kehle entlang des Rückens läuft bis in den Ort durch.

Das Gefäß besteht aus drei gegossenen und ziselierten Buntmetallteilen sowie der dunklen Hornhilze. Auf den Klingenschultern ruht die Stoßplatte mit Überfang. Die vertikal S-förmig geschweifte Parierstange und der Hilzenring sind in einem Stück gearbeitet. Am schneidenseitigen Parierstangenarm sind Lotüberschüsse einer Reparatur zu erkennen. Die Hilze trägt geschnittene, spiralig umlaufende Riefen. Auf der Knaufkappe ist die Angel direkt vernietet.

56 Katalog Fischer 373/2000, 89, 93 (Parierstangendekor, um 1770); 376/2001, 192 (Hilze, Parierstangendekor, letztes Viertel des 18. Jahrhundert). Stiegler, 1994, Nr. 18, Nr. 36, mit gleichem Parierstangendekor (Frankreich, 1762–68, Frankreich 1768–74).

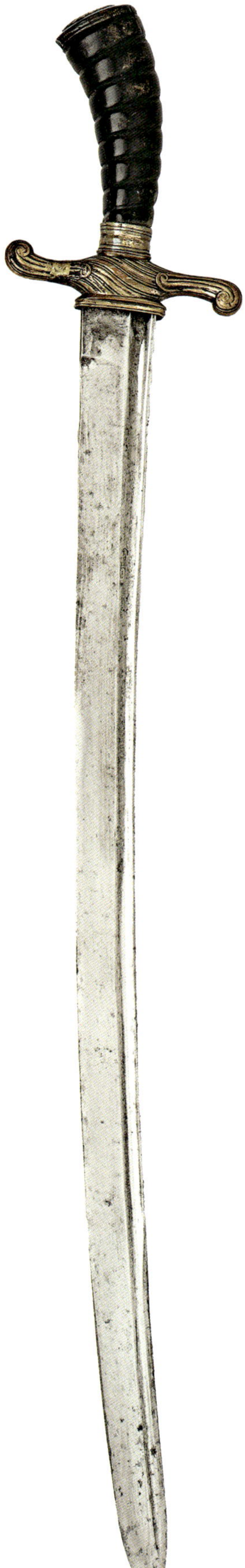

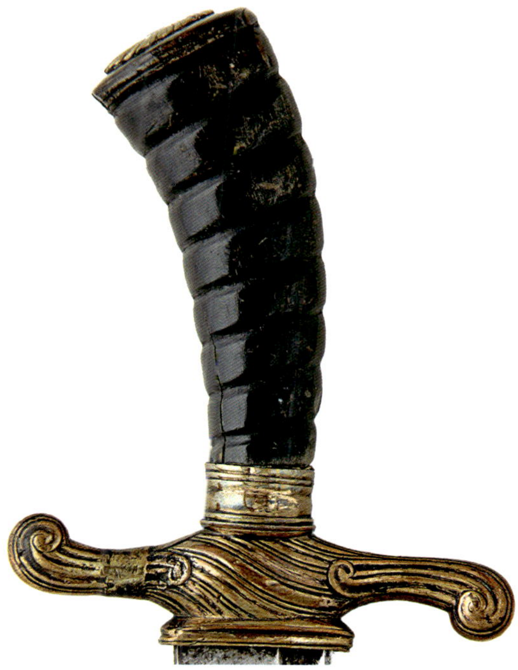

27 Hirschfänger*

Inv. Nr. 001 001 63
L.: 757/ 625 Br.: 31, St.: 6 mm
Gewicht: –/494 g
Letztes Viertel des 18. Jahrhunderts

Das Blatt, zu dessen Fehlschärfe keine Angaben gemacht werden, trägt beidseitige Kehlen und einen 142 mm langen, stufig abgesetzten Rückenschliff. Das Gefäß besteht aus vier gegossenen, ziselierten und vergoldeten Buntmetallteilen und der Geweihhilze. Auf den Klingenschultern ruht die Parierstange, die zugleich als Überfang fungiert. Der Hilzenring und die Knaufplatte, die sich in seitlichen Spangen fortsetzt, fassen die Hilze. Diese trägt geschnittene, mythologische Szenen und die Ziffer 1631. In der Knaufplatte ist die Angel direkt vernietet.

Während die Klingenmorphologie sich im Rahmen des für Hirschfänger geläufigen Bildes hält, ist ein jagdlicher Bezug der Hilzengestaltung nicht zu erkennen.

Die Parierstangengestalt mit integriertem Überfang entspricht einem durch den Louis Seize-Stil geprägten Typus, der in zahlreichen Varianten auftritt (s. auch Kat. Nr. 31).

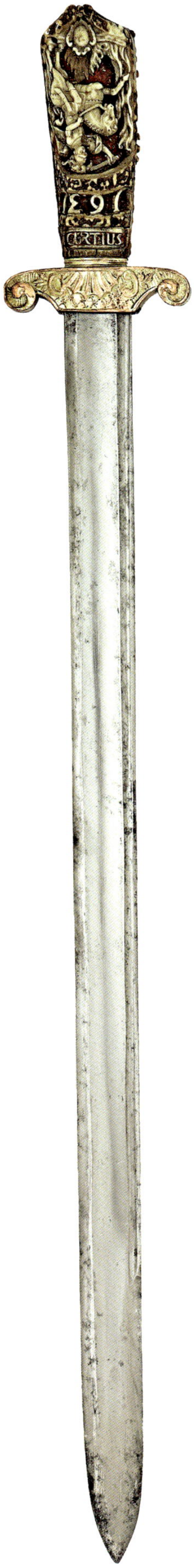
CURTIUS

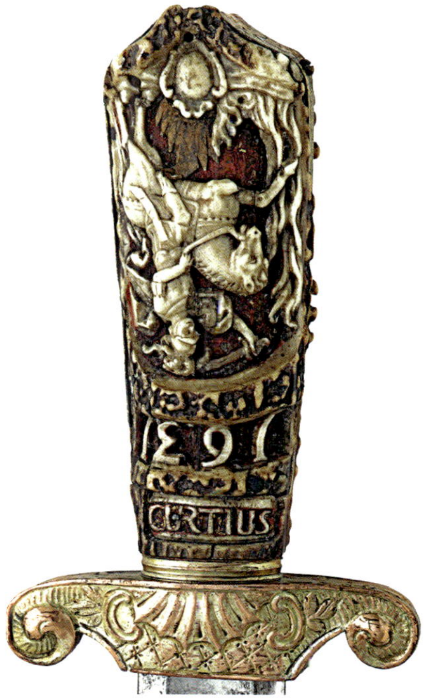
CURTIUS

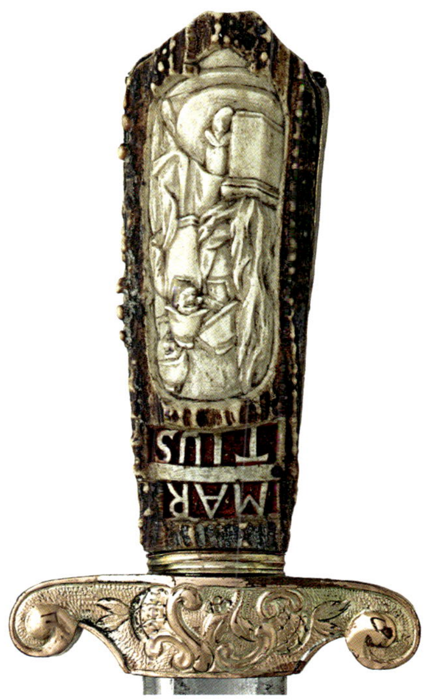

28 Hirschfänger mit Scheide

Inv. Nr. 001 001 16
L.: 760 / 611, Br.: 44, St.: 7 mm
Gewicht: 818 / 604 g
Letztes Viertel des 18. Jahrhunderts

Das zweischneidige Blatt von bikonvexem Querschnitt zeigt eine 9 mm lange Fehlschärfe. Hoch geätztes Bandelwerk sowie tief geätzte Hirschdarstellungen in Medaillons zieren beide Seiten.

Das Gefäß besteht aus vier eisernen Teilen und der Hilze. Direkt auf dem kräftigen, braunen Stoßleder der Klingenschultern ruht die gerade Parierstange. Der Hilzenring und die Knaufkappe fassen die dekorierte Beinhilze. Auf dem Vernietknauf liegt der Angelniet.

Die Scheide ist aus schwarz beledertem Holz mit dreiteiligem Eisenbeschlag gefertigt. Am Mundblech ist ein Trageknopf angelötet.

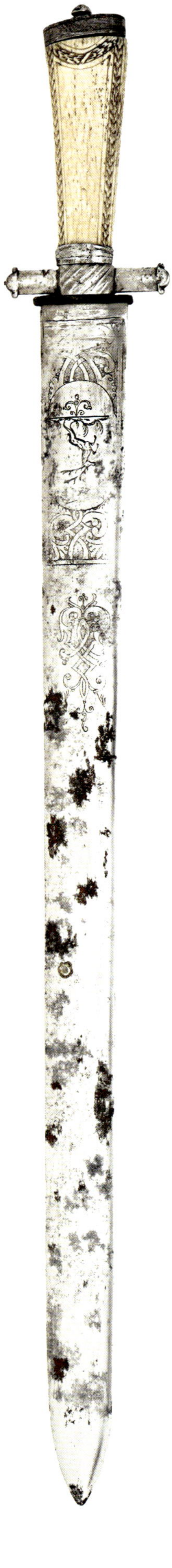

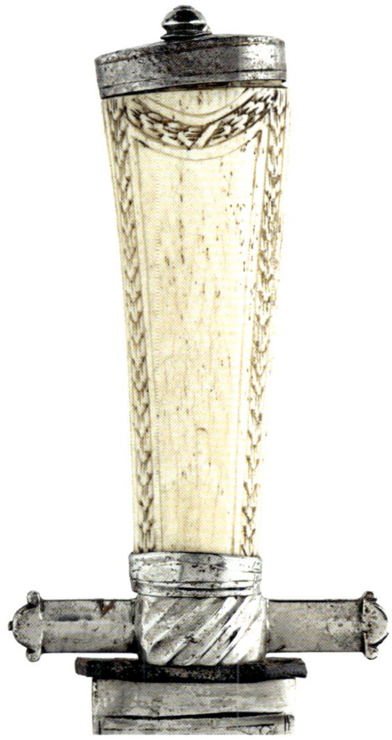

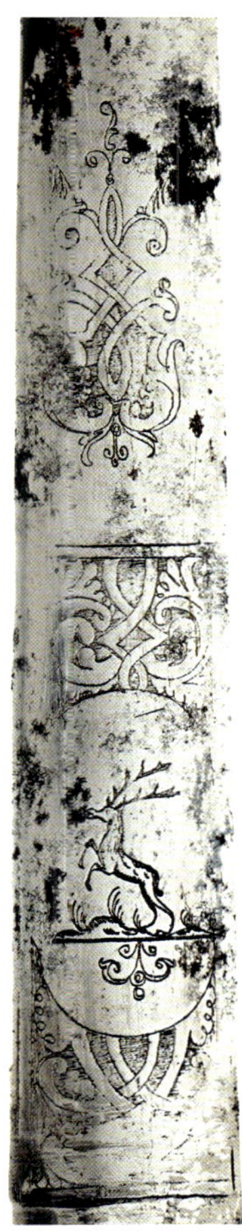

29 Hirschfänger mit Scheide

Inv. Nr. 001 001 27
L.: 772/ 622, Br.: 36, St.: 9 mm
Gewicht: 1096 / 844 g
Erstes Viertel des 19. Jahrhunderts

Das Blatt mit 7 mm langer Fehlschärfe trägt 24 mm breite, beidseitige Kehlen und einen 230 mm langen, auslaufenden Rückenschliff.
Das Gefäß besteht aus sechs gegossenen und ziselierten Buntmetallteilen und der Geweihhilze. Auf den Klingenschultern ruht die Stoßplatte mit Überfang, darauf die gerade Parierstange. Der Hilzenring und die Knaufkappe in Gestalt eines Keilerhauptes fassen die Hilze sowie deren seitliche Spangen. Eine Öse des Keilerhauptes hält eine Faustkette, die in der gleichen Weise an der Parierstange befestigt ist.
Die Scheide ist aus braun beledertem Holz mit dekoriertem, zweiteiligem Buntmetallbeschlag gefertigt. Das Mundblech mit Bestecktasche trägt eine gelötete Öse mit Ring.

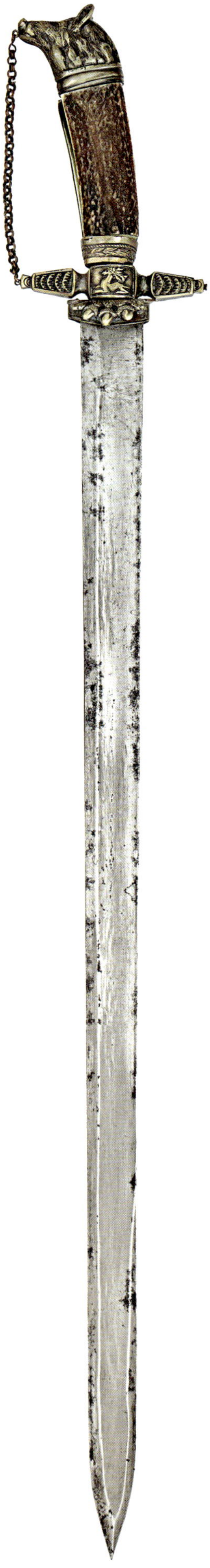

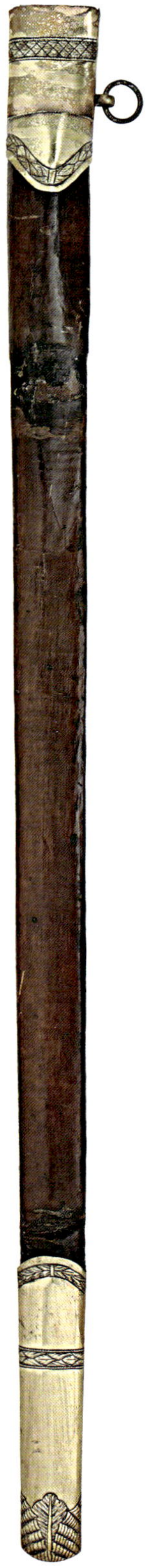

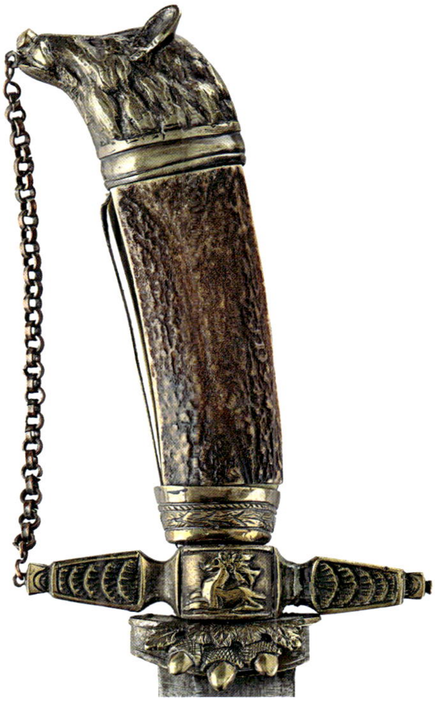

30 Hirschfänger

Inv. Nr. 001 001 33
L.: 600 / 444, Br.: 36, St.: 8 mm
Gewicht: – / 646 g
Erstes Viertel des 19. Jahrhunderts[57]

Das Blatt mit 5 mm langer Fehlschärfe trägt einen 148 mm langen, auslaufenden Rückenschliff. Tief geätzte, flächig feuervergoldete Ornamente auf gebläutem Grund zieren beide Seiten, darunter das Wappen[58] und das gekrönte Monogramm „G R III“[59] (vgl. das nachfolgend beschriebene Exemplar). Auf dem Rücken erscheinen Blütenmotive.

Das Gefäß besteht aus fünf Buntmetallteilen und der Geweihhilze. Auf den Klingenschultern ruht die Stoßplatte mit Stichblatt, darauf eine Scheibe mit gezahntem Rand. Die gerade Parierstange und der Hilzenring sind in einem Stück gearbeitet. Die Hilze trägt eine Wicklung von gezwirntem Buntmetalldraht. Auf dem Vernietknauf der Knaufkappe ist die Angel vernietet.

Die Waffe entspricht dem Muster der Hannoverschen Hirschfänger für Forstbedienstete um 1800.[60]

57 Große Löscher, 2005, Heft 2, S. 163, Abb.18 a, 18 b.
58 Umschrift: HONI SOIT QUI MAL Y PENSE; altfranzösisch, auch Aufschrift des englischen Hosenbandordens (Ein Schelm, wer Böses dabei denkt). Unterschrift: DIEU ET MON DROIT; Wahlspruch der britischen Monarchen (Für Gott und mein Recht).
59 König George III. von Großbritannien und Irland, Kurfürst von Hannover (1738–1820, reg. ab 1760).
60 Große Löscher, 2005, Heft 2, S. 150.

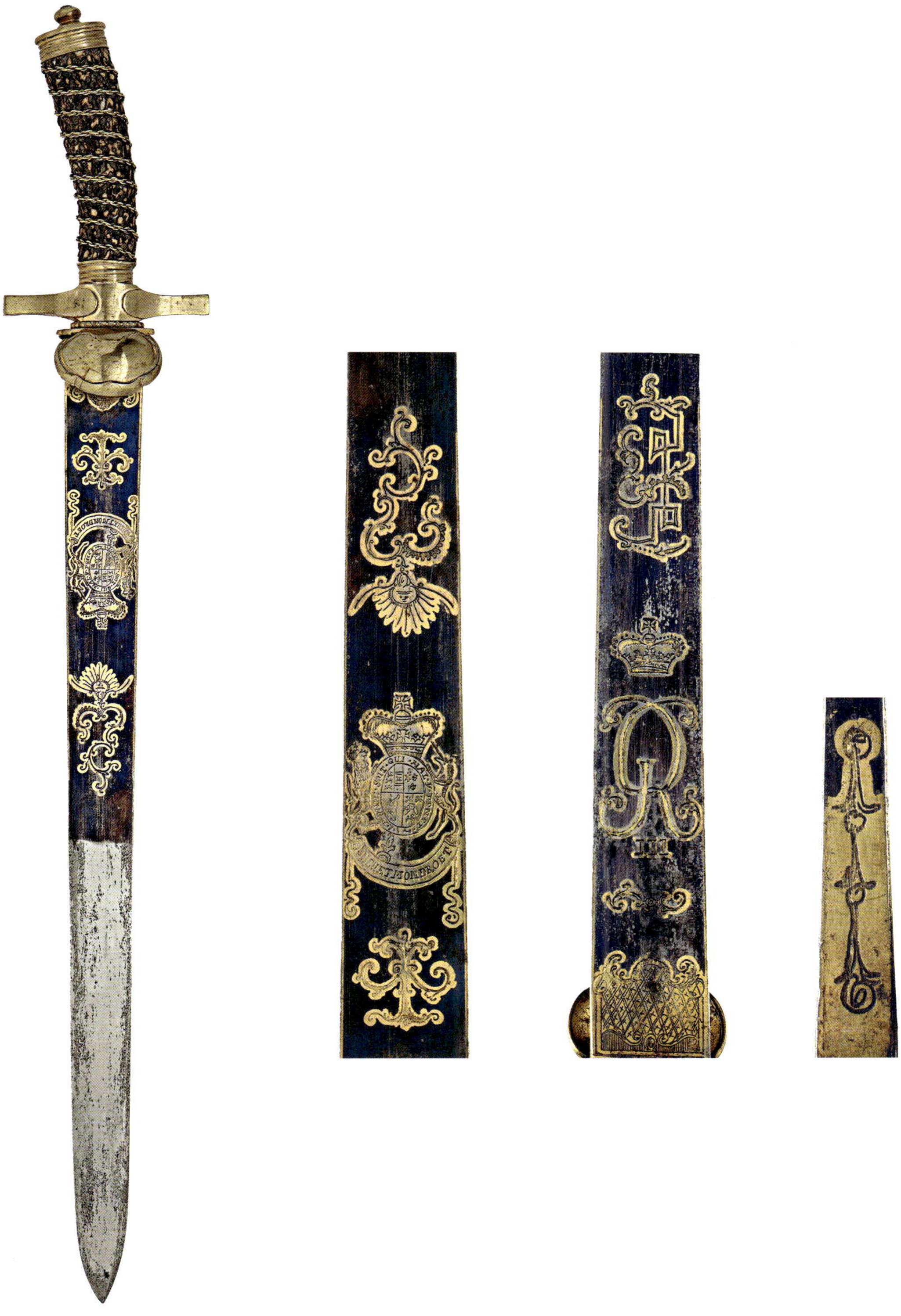

31 Hirschfänger mit Scheide

Inv. Nr. 001 001 32, Scheide 001 001 57
L.: 614 / 534, Br.: 38, St.: 9 mm
Gewicht: 847 / 684 g
Erstes Viertel des 19. Jahrhunderts

Das Blatt mit 2 mm langer Fehlschärfe trägt einen 160 mm langen, auslaufenden Rückenschliff. Tief geätzte, flächig feuervergoldete Ornamente auf gebläutem Grund zieren beide Seiten, darunter terzseitig das gekrönte Monogramm „G R III“[61] und auf der Gegenseite das Staatswappen.[62] Auf dem Rücken erscheint eine Ranke. Motive des Klingendekors treten auch an dem vorab beschriebenen Exemplar sowie in einem Musterbuch[63] auf.

Das Gefäß besteht aus drei versilberten Buntmetallteilen und der Beinhilze. Auf den Klingenschultern ruht die Parierstange, die zugleich den Überfang bildet. Der Hilzenring und die Knaufplatte mit dem Angelniet fassen die Hilze und die Spangen der Schmalseiten. Beidseitig sind drei Stifte mit Zierköpfen eingeschlagen.

Die Scheide ist aus braun beledertem Holz mit zweiteiligem Buntmetallbeschlag gefertigt. Die ursprünglich am Mundblech verlötete Tragevorrichtung fehlt.

Das Blattdekor der Waffe entspricht dem Muster der Hannoverschen Hirschfänger für Forstbedienstete um 1800.[64]

61 König George III. von Großbritannien und Irland, Kurfürst von Hannover (1738–1820, reg ab 1760).

62 Umschrift: HONI SOIT QUI MAL Y PENSE; altfranzösisch, auch Aufschrift des englischen Hosenbandordens (Ein Schelm, wer Böses dabei denkt). Unterschrift: DIEU ET MON DROIT; Wahlspruch der britischen Monarchen (Für Gott und mein Recht).

63 Musterbuch des Deutschen Klingenmuseums Solingen, MB 18, Bl. 24.

64 Große Löscher, 2005, Heft 2, S. 150.

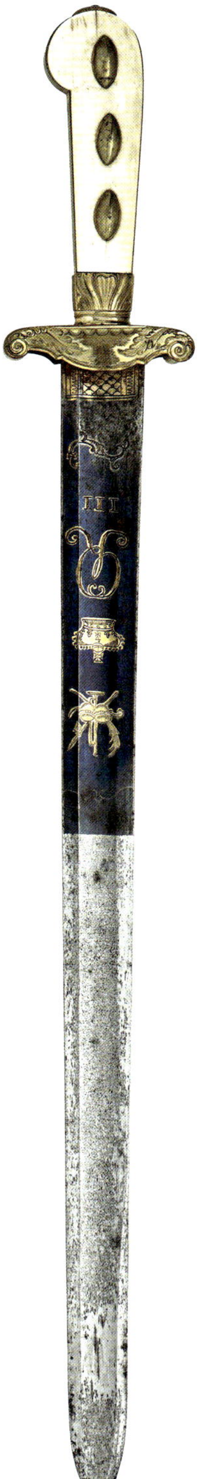

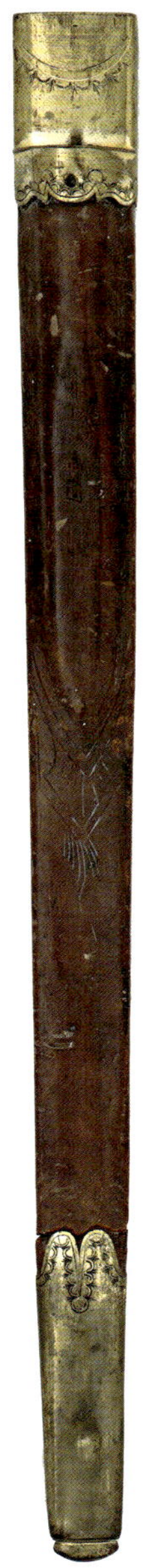

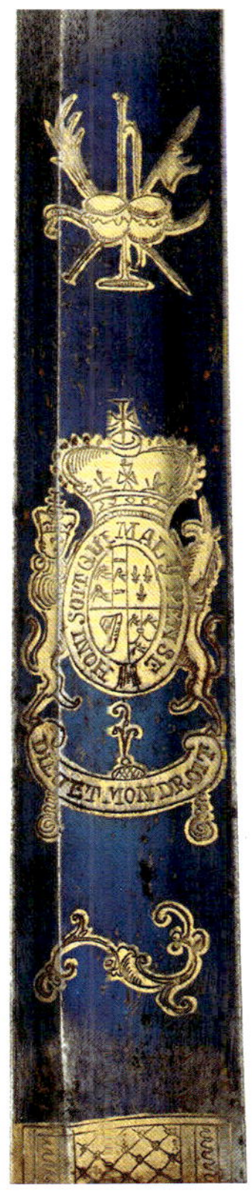

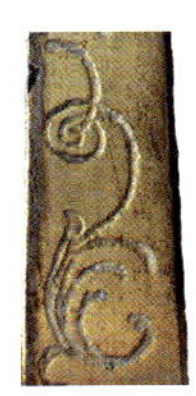

32 Hirschfänger mit Scheide*

Inv. Nr. 001 001 10, Scheide 001 001 44
L.: 774 / 613, Br.: 32, St.: 9 mm
Gewicht: 987 / 794 g
Erstes Viertel des 19. Jahrhunderts

Das Blatt mit 7 mm langer Fehlschärfe trägt einen 230 mm langen, auslaufenden Rückenschliff.
Das Gefäß besteht aus sechs gegossenen, ziselierten und versilberten Buntmetallteilen und der geschnittenen Hornhilze. Auf den Klingenschultern ruht die Stoßplatte mit Überfang, darauf eine weitere Platte mit dem Stichblatt. Die Parierstange ist vertikal S-förmig geschwungen. Der Hilzenring und die Knaufkappe fassen die Hilze sowie deren seitliche Spangen. Je drei Stifte mit Zierköpfen (Oliven) sind auf den Seiten eingeschlagen. Eine möglicherweise sekundär eingesetzte Schraube fixiert die Angel.
Im Zentrum der Parierstange erscheint quartseitig ein *„L"*,[65] auf der Gegenseite eine Krone. Die Buchstaben *„EL"*[66] auf dem Stichblatt sind, wohl sekundär, appliziert.
Die Scheide ist aus schwarz beledertem Holz mit zweiteiligem, versilbertem Buntmetallbeschlag gefertigt. Der Vergleich mit der älteren, zeichnerischen Dokumentation zeigt, dass der Tragering des Mundbleches sowie das Mittelband mit dem zweiten Tragering heute fehlen.
Mit der unter Kat. Nr. 10 dargestellten Saufeder liegt ein vergleichbarer Fall vor. Während ihre Anfertigung wohl 1726 erfolgte, verweist die sekundäre Kennzeichnung auf Großherzog Ernst Ludwig.
Möglicherweise wurden auf diese Weise Einzelstücke des Bestandes gekennzeichnet, deren persönliche Verwendung sich der Jagdherr vorbehielt.

65 Die Zeitstellung der Waffe legt einen Bezug zu Landgraf Ludwig X., als Ludwig I. Großherzog ab 1806, nahe.
66 EL- Ernst Ludwig, 1868–1937, Großherzog von Hessen und bei Rhein, reg. 1892–1918.

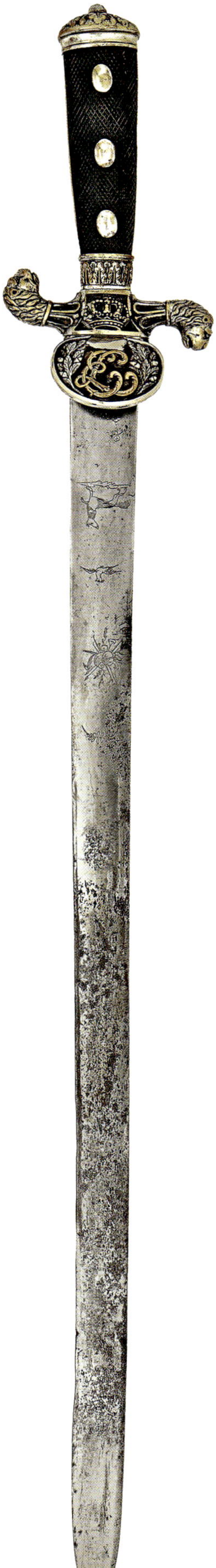

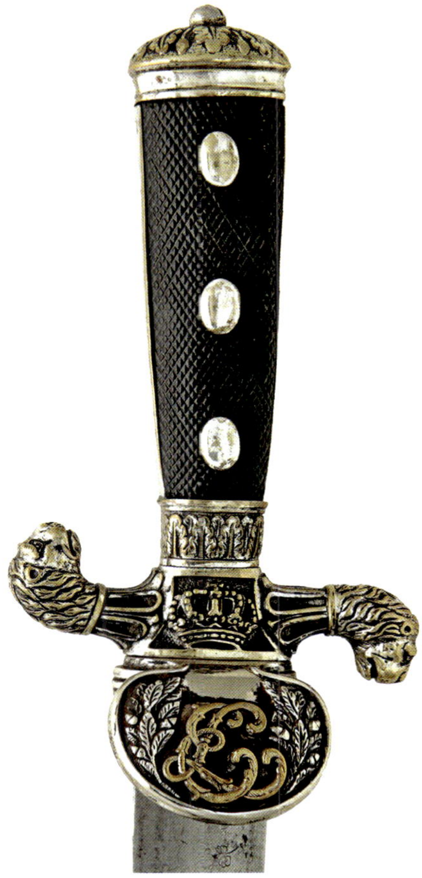
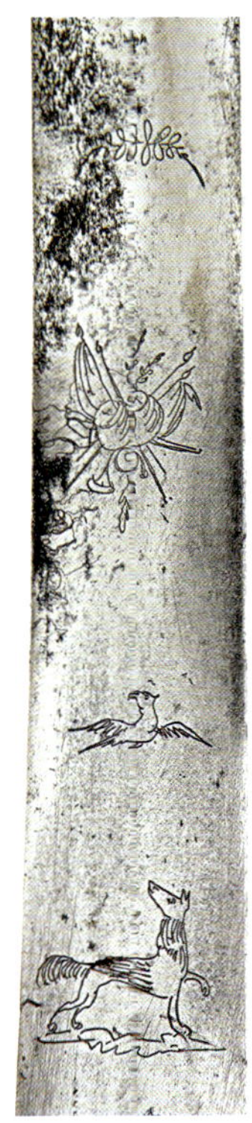

33 Hirschfänger

Inv. Nr. 001 001 25
L.: 691 / 538, Br.: 31, St.: 9 mm
Gewicht: – / 854 g
Erstes Viertel des 19. Jahrhunderts[67]

Das Blatt mit 8 mm langer Fehlschärfe trägt einen 162 mm langen, auslaufenden Rückenschliff. Tief geätzte, flächig vergoldete Ornamente und Bläuung erstrecken sich über 400 mm Länge. Die Bläuung läuft mit einer Ranke aus. In kursiver Schrift ist auf der Terzseite der Herstellername, *„P. Küll"*, auf der Gegenseite der Herstellungsort, *„Solingen"*[68] graviert.

Das Gefäß besteht aus vier gegossenen und ziselierten silbernen Teilen sowie den Beingriffschalen. Auf den Klingenschultern ruht die Stoßplatte mit Überfang. Die gerade Parierstange trägt eine Eichenlaubranke und im Zentrum der Terzseite ein gekröntes M.[69] Der Hilzenring fasst den Rahmen und die Griffschalen. Beidseitig verdecken drei Stifte mit halbrunden Zierköpfen die Niete der Griffschalen, auf der Terzseite ist wegen eines verlorenen Zierkopfes die Bördelung des buntmetallen Hohlniets zu erkennen.

Die Gefäßmorphologie der Waffe gleicht der des nachfolgend beschriebenen Exemplars.

Der weit verbreitete Typ entspricht dem Muster Hannoverscher Hirschfänger für adelige Jagd- und Forstbedienstete um 1800.[70]

67 Braunmiller, 2003, Kat. Nr. 7 (Deutsch, Solingen, Mitte 19. Jahrhundert). Es ist ein zugehöriges Beimesser abgebildet.

68 Schlesinger, 1978, S. 371, Peter Franz Küll, 1819/1820 genannt.

69 Wohl Maximilian Josef I, 1756–1825, ab1806 König von Bayern.

70 Große Löscher, 2005, Heft 2.

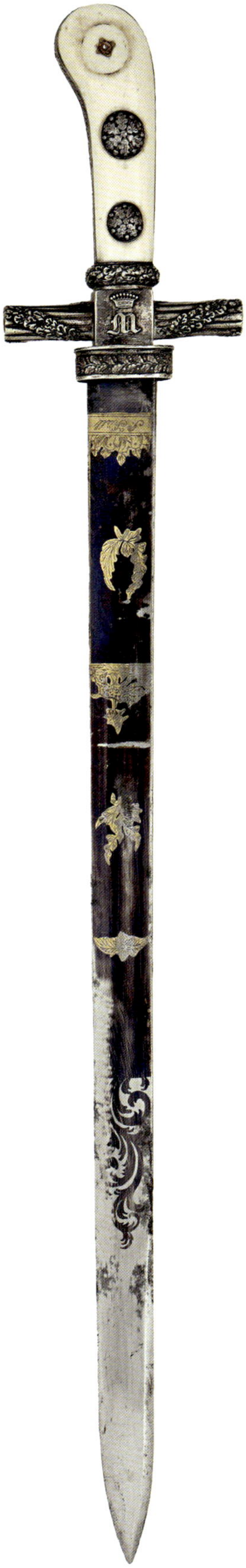

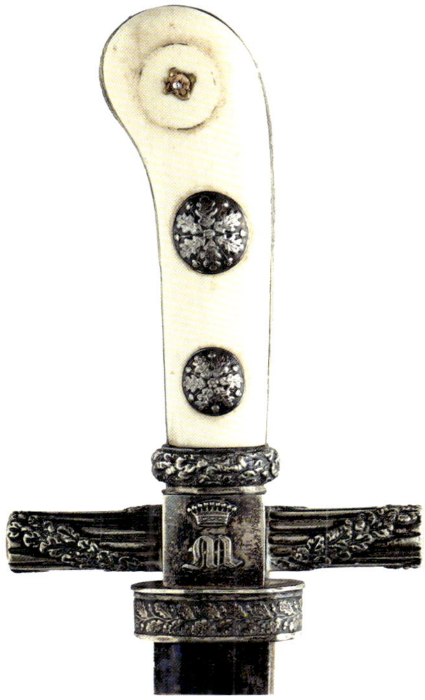

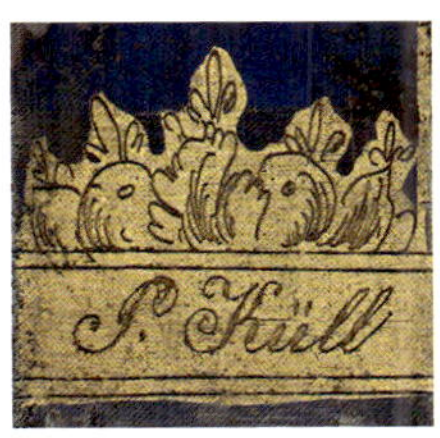
P. Küll

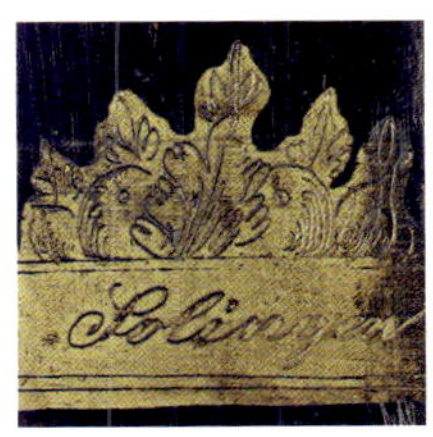

34 Hirschfänger mit Scheide und Beimesser

Inv. Nr. 001 001 2
L.: 667 / 521, Br.: 34, St.: 8 mm
Gewicht: 994 / 666 g
Erstes Viertel des 19. Jahrhunderts

Das Blatt mit 10 mm langer Fehlschärfe und 96 mm langem Rückenschliff ist nicht gekehlt.
Das Gefäß besteht aus vier reich dekorierten, vergoldeten Buntmetallteilen und den Elfenbeingriffschalen. Auf den Klingenschultern ruht eine ovale Stoßplatte mit Überfang. Die gerade Parierstange wie der Hilzenring tragen Eichenlaubranken und gehen in den Rahmen über. Im Knaufbereich der Schneidenseite ist eine Lochung für die Öse des ursprünglich hier befestigten Portepees vorhanden. Der Griffschalenbeschlag besteht aus sechs dekorierten, ovalen Zierstiften.
Die schwarz belederte, hölzerne Scheide trägt zweiteiligen, glatten Buntmetallbeschlag. Am Mundblech mit Messertasche ist ein Trageknopf verlötet.
Das 201 mm lange Beimesser mit Elfenbeingriffschalen zeigt einen einseitigen Beschlag in Gestalt einer Eichel. Die ursprüngliche Zugehörigkeit ist unsicher.
Die Waffe entspricht dem Muster Hannoverscher Hirschfänger für adelige Jagd- und Forst-bedienstete um 1800.[71]

71 Große Löscher, 2005, Heft 2, S. 150.

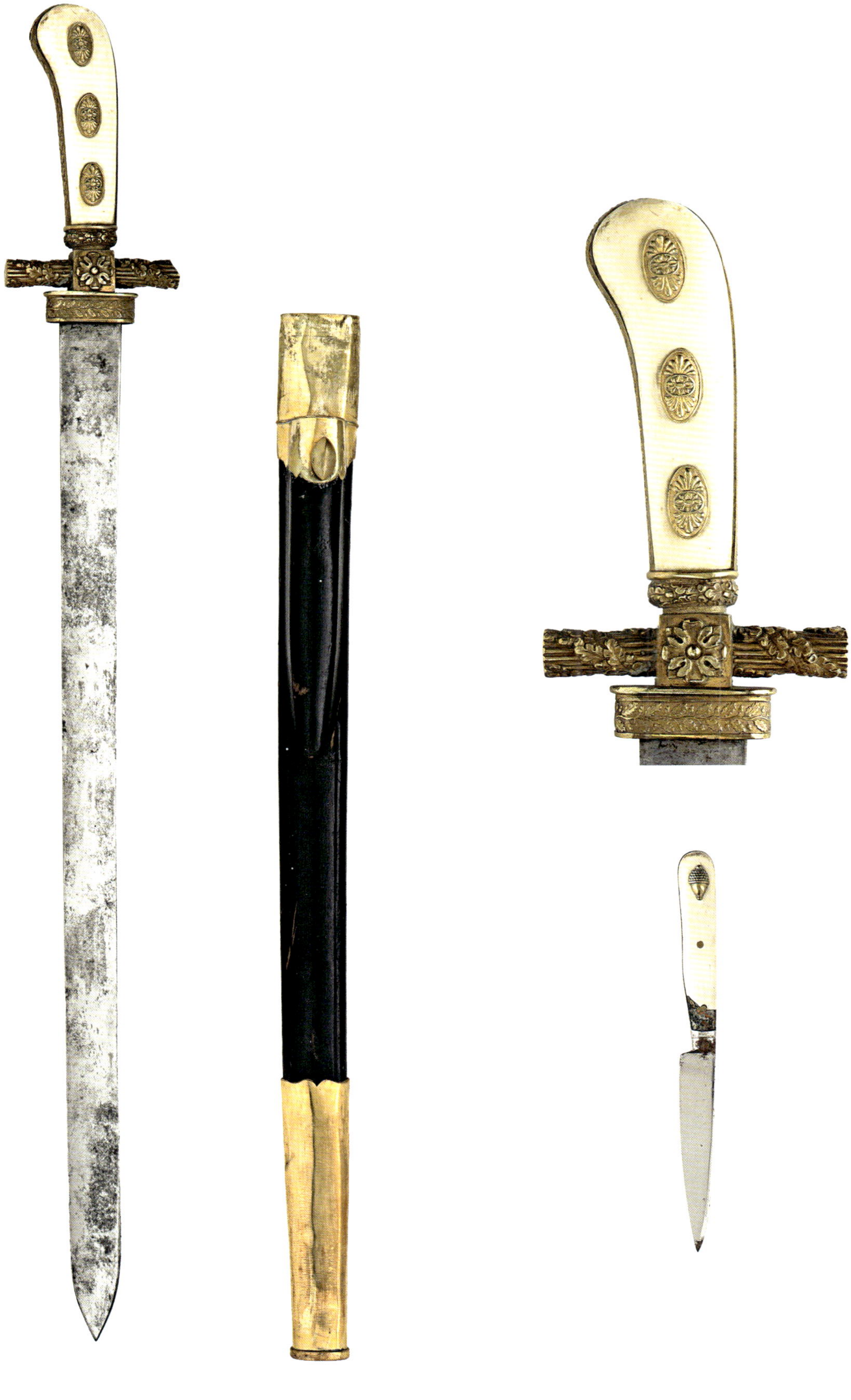

35 Hirschfänger mit Scheide*

Inv. Nr. 001 001 17
L.: 692/564, Br.: 39, St.: 8 mm
Gewicht: 940/728 g
18./erstes Viertel des 19. Jahrhunderts[72]

Das Blatt mit 8 mm langer Fehlschärfe trägt einen 138 mm langen, auslaufenden Rückenschliff. Zwei Kehlen setzen an der Fehlschärfe an, zwei weitere in der Blattmitte. Fragmente tief geätzter Darstellungen und Inschriften lassen auf der Terzseite noch *„Pro“* [Gloria] *„et“* [Patria] und auf der Gegenseite neben einer Reiterfigur [Vi] *„vat“* erkennen. Damit dürfte die gekürzte Klinge eines österreichischen Kavalleriedegens[73] vorliegen.
Das Gefäß besteht aus zwei gegossenen Buntmetallteilen sowie den Geweihgriffschalen. Auf den Klingenschultern ruht die Stoßplatte mit Überfang und Stichblatt, darauf die Parierstange mit Sockel und Rahmen. Beidseitig verdecken vier Stifte mit halbrunden Zierköpfen die Niete der Griffschalen.

Die Scheide ist aus schwarz beledertem Holz mit dreiteiligem Buntmetallbeschlag gefertigt. Der Tragering des Mundbleches ist horizontal, der des Mittelbandes vertikal orientiert.

72 Braunmiller, 2003, Kat. Nr. 6 (Deutsch, Klinge und Messer Anfang 18. Jahrhundert , Griff 19. Jahrhundert). Die Deutung der Schriftfragmente als Prod….f. EL (Produziert für Ernst Ludwig) ist wohl nicht zutreffend.

73 Waffen dieses Typ in ihrem ursprünglichen Zustand zeigt Wagner, 1966, S. 364 (Pallasch, Anfang 18. Jh.), 369, (Pallasch, bis 1740 gebräuchlich).

74 Mit freundlicher Genehmigung von G. Große Löscher, Göttingen.

Abb. 35c zeigt aus einer älteren zeichnerischen Dokumentation des Kranichsteiner Bestandes (Blatt 62) eine vergleichbare Waffe in ursprünglichem Zustand.[74]

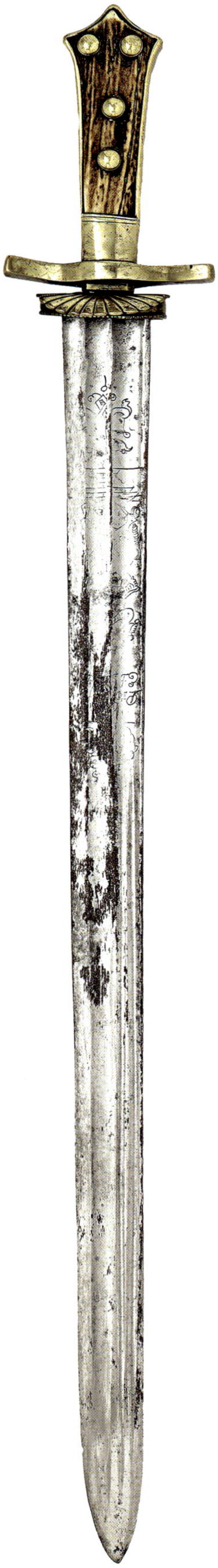

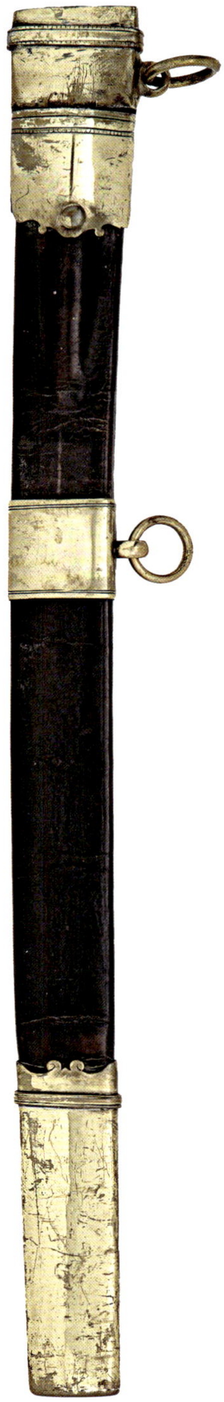

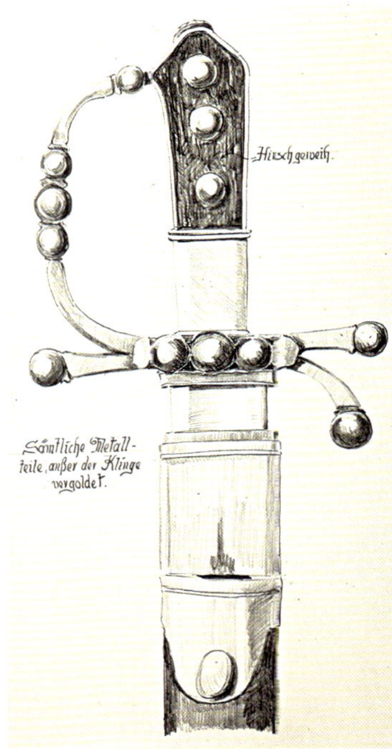
Hirschgeweih.
Sämtliche Metallteile, außer der Klinge vergoldet.

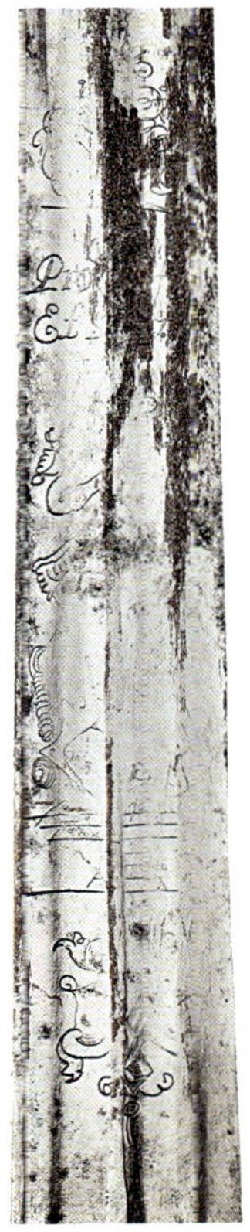

36 Hirschfänger mit Scheide

Inv. Nr. 001 001 19
L.: 736 / 573, Br.: 31, St.: 6 mm
Gewicht: 634 / 414 g
Frankreich, zweites Viertel des 19. Jahrhunderts

Das zweischneidige Blatt trägt beidseitig zwei Kehlen und eine 5 mm lange Fehlschärfe. Tief geätzte und vergoldete Trophäen und florales Ornament dekorieren beide Seiten.
Das Gefäß besteht aus vier gegossenen und z.T. dekorierten silbernen Teilen sowie der geschnittenen Ebenholzhilze. Auf den Klingenschultern ruht die Stoßplatte mit Überfang, darauf die gerade Parierstange mit Abschlüssen in Gestalt von Hundeköpfen; im Zentrum erscheint ein Keilerhaupt und auf der Gegenseite ein Hirschhaupt. Der Hilzenring und der Vernietknauf fassen die Hilze.

Die Scheide ist aus schwarzem Leder mit zweiteiligem Silberbeschlag gefertigt. Am Mundblech wurde ein Trageknopf in Gestalt eines Keilerhauptes verlötet.
Waffen dieser Art sind aus Frankreich bekannt; insbesondere die Beliebtheit zweischneidiger Klingen sowie die Verwendung von Ebenholz und Silber gelten als kennzeichnend.[75]

75 Krünitz „Härten“, beschreibt eine Klingenprobe, bei der man die härtesten Holzarten... „Franzosen- oder Eben-Holz“, ...damit hauen kann.

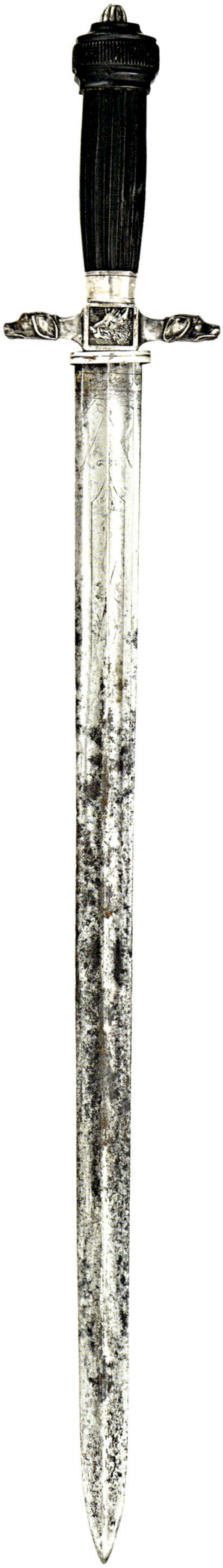

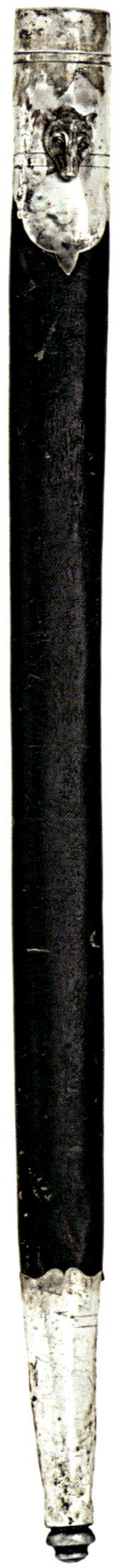

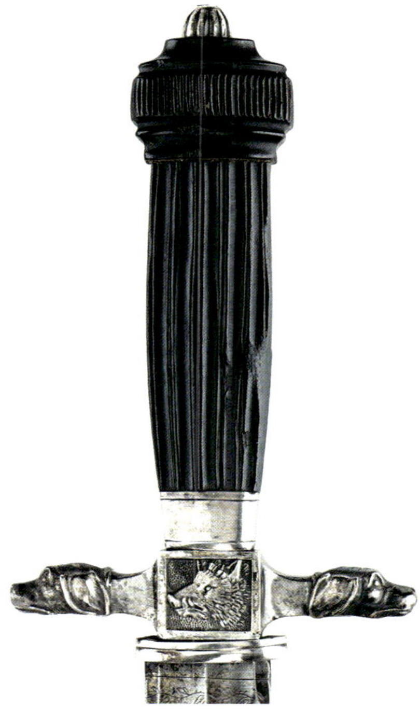

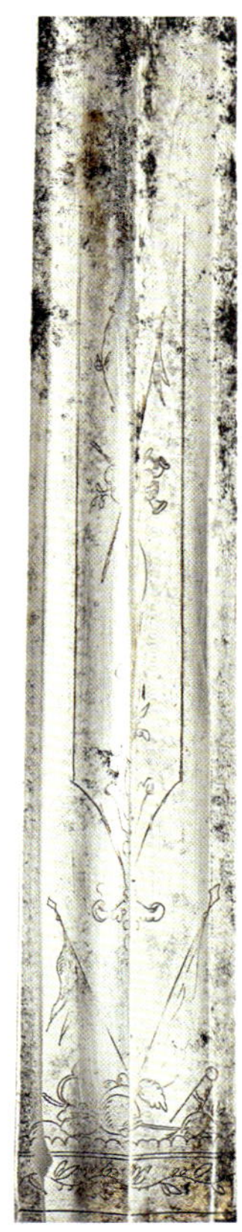

37 Hirschfänger

Inv. Nr. 001 001 40
L.: 647 / 486, Br.: 32, St.: 8 mm
Gewicht: – / 512 g
Wohl Frankreich, zweites Viertel des 19. Jahrhunderts

Das zweischneidige Blatt von rautenförmigem Querschnitt trägt eine 11 mm lange Fehlschärfe. Ein tief geätztes florales Ornament der Terzseite bildet eine sparsame Dekoration.

Das Gefäß besteht aus sechs gegossenen und dekorierten silbernen Teilen sowie der geschnittenen Hornhilze. Auf den Klingenschultern ruht die Stoßplatte mit Überfang, darauf die Parierstange mit Saudarstellungen im Zentrum und gegen das Blatt gerichteten Armen. Der Hilzenring und die Knaufkappe in Gestalt eines Löwenkopfes fassen die Hilze. Diese zeigt den Querschnitt eines Quadrats mit gebauchten Seiten. Entlang der Kanten hat man vier Leisten mit Perlstabmuster eingebettet. Auf dem Vernietknauf liegt der Angelniet.

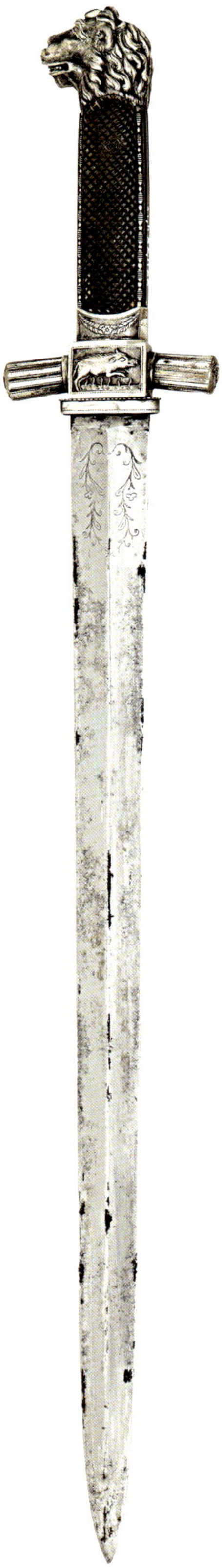

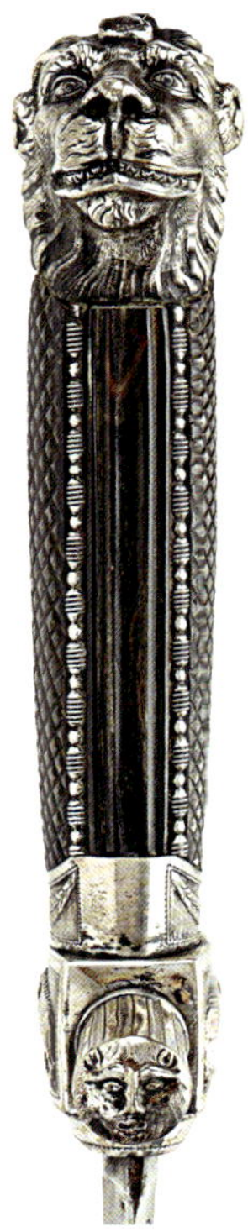

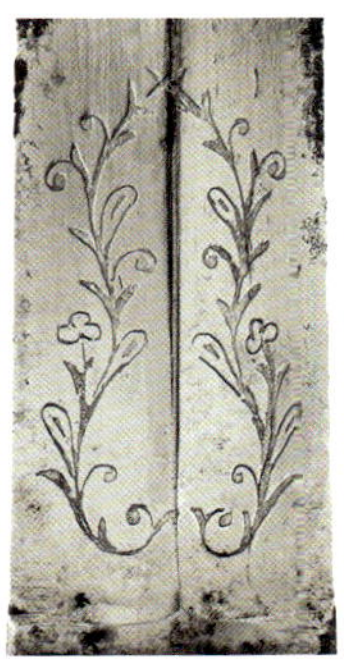

38 Hirschfänger mit Scheide und Beimesser

Inv. Nr. 001 001 6
L.: 799 / 636, Br.: 37, St.: 8 mm
Gewicht: 1284 / 988 g
Zweites Viertel des 19. Jahrhunderts

Das ohne Fehlschärfe ansetzende Blatt mit leicht gerundetem Rücken trägt einen zweifach gestuften Rückenschliff von 183 bzw. 210 mm Länge. Geätztes Dekor schmückt beidseitig die gesamte Länge. Dargestellt sind Damastmuster, die allerdings keine geschweißten Strukturen hervorheben, sondern lediglich vortäuschen. Im gleichen Zuge wurden gekrönte Spiegelmonogramme, „*L*",[76] geätzt.

Das Gefäß besteht aus vier gegossenen Neusilberteilen sowie der Geweihhilze. Auf den Klingenschultern ruht die Stoßplatte mit dem Stichblatt; der in einem Stück mit der Parierstange gearbeitete Hilzenring ist von oktogonalem Querschnitt. Auf der Knaufkappe liegt der Vernietknauf, darauf der Angelniet.

Die Scheide ist aus schwarz beledertem Holz mit zweiteiligem Neusilberbeschlag gefertigt. Aus dem Mundblech wurde eine Bestecktasche gearbeitet und daran ein Tragehaken verlötet.

Das 220 mm lange Beimesser trägt Geweihgriffschalen und eine Neusilberkappe. Sein Blatt ist in gleicher Weise wie das der Waffe geätzt; auch die Spiegelmonogramme treten wieder auf.

76 Wohl Ludwig II. (1777–1848, reg. ab 1830), Großherzog von Hessen und bei Rhein.

Abb. 38 d zeigt das geätzte Monogramm der Quartseite, Abb. 38 e das des Beimessers.

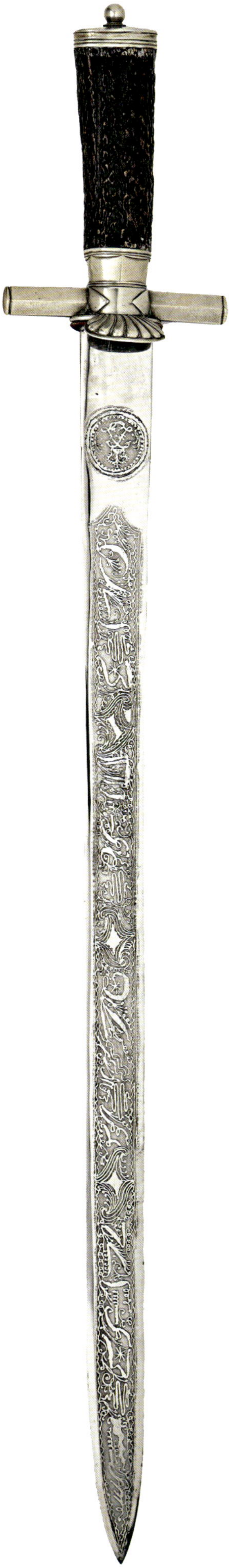
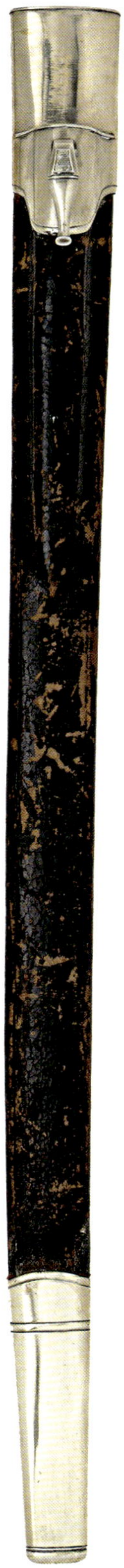
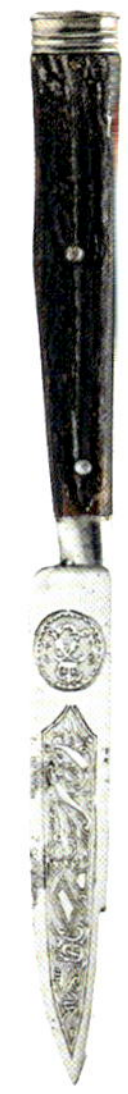
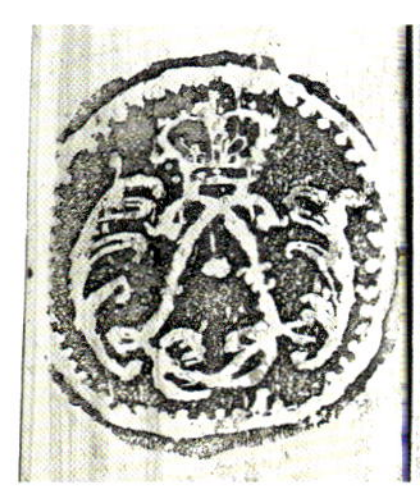
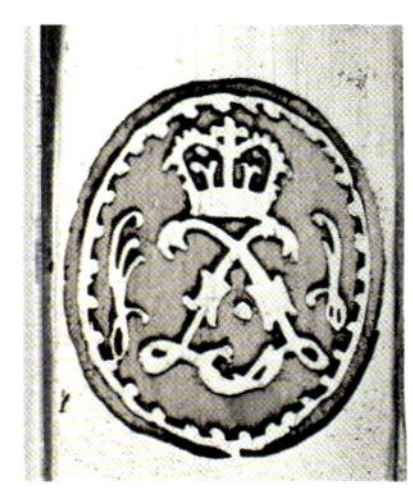

39 Hirschfänger mit Scheide

Inv. Nr. 001 001 42, Scheide 001 001 53
L.: 642 / 500, Br.: 35, St.: 8 mm
Gewicht: 842 / 688 g
Zweites Viertel des 19. Jahrhunderts

Das Blatt mit leicht gerundetem Rücken trägt eine 3 mm lange Fehlschärfe und einen zweifach gestuften Rückenschliff von 126 bzw. 154 mm Länge. Auf der Terzseite ist eine nicht gedeutete Marke in einem rechteckigen Feld eingeschlagen. Das Gefäß besteht aus vier gegossenen silbernen Teilen sowie der Beinhilze. Auf den Klingenschultern ruht die Stoßplatte mit Überfang. Der in einem Stück mit der Parierstange gearbeitete Hilzenring ist von oktogonalem Querschnitt. Auf der Knaufkappe liegt der Vernietknauf, darüber der Angelniet. Die grün gebeizte Hilze trägt Fischhautschnitt. Terzseitig sind drei Stifte mit silbernen Zierköpfen eingeschlagen.
Die Scheide wurde aus schwarzem Leder mit zweiteiligem Silberbeschlag gefertigt. Aus dem Mundblech wurde eine Besteckstasche gearbeitet und daran ein Tragehaken verlötet. Die Mundblechrückseite zeigt ein graviertes Monogramm: *„L“*.[77]

77 Wohl Ludwig II. (1777–1848, reg. ab 1830), Großherzog von Hessen und bei Rhein.

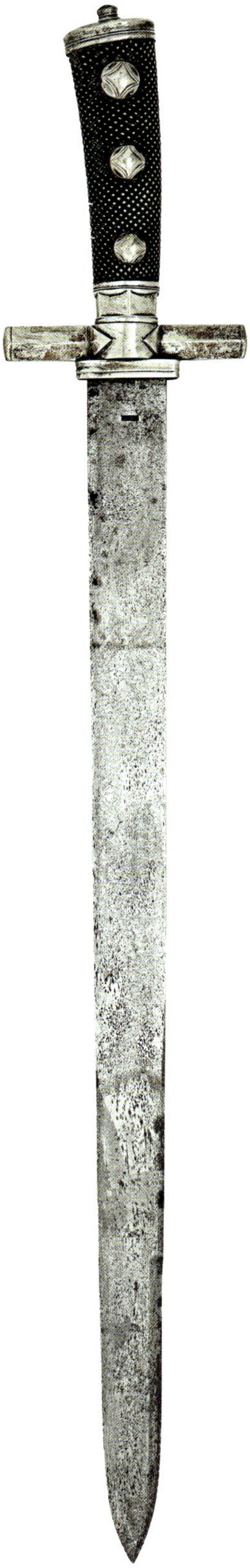

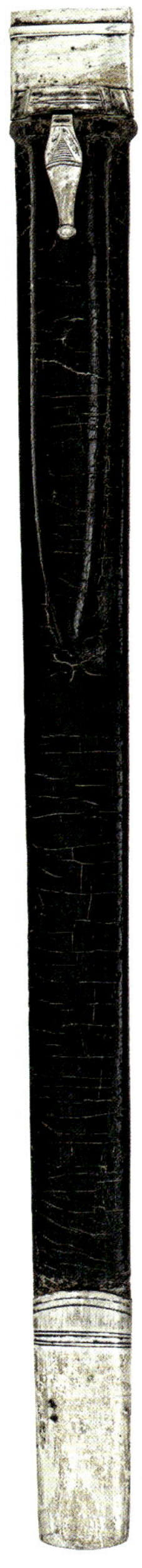

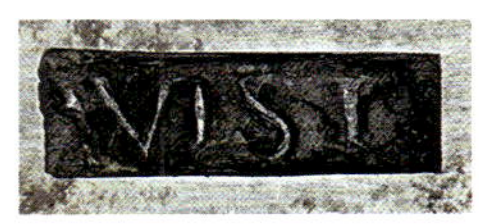

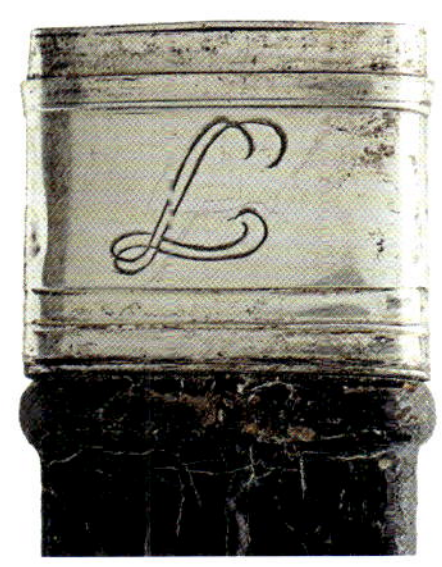

40 Hirschfänger mit Scheide und Beimesser*

Inv. Nr. 001 001 37, Scheide 001 001 59
L.: 523 / 393, Br.: 33, St.: 7 mm
Gewicht: 806 / 558 g
Zweites Viertel des 19. Jahrhunderts

Das ohne Fehlschärfe ansetzende Blatt trägt einen 139 mm langen, auslaufenden Rückenschliff.
Das Gefäß besteht aus drei gegossenen Buntmetallteilen und der Geweihhilze. Auf den Klingenschultern ruht die schlichte, gerade Parierstange mit Hilzenring. Die Knaufkappe fasst das Ende der mit drei Zierstiften beschlagenen Hilze. Darauf liegt der Vernietknauf mit dem Angelniet.

Die Scheide ist aus schwarzem Leder mit zweiteiligem Buntmetallbeschlag gefertigt. Das Mundblech mit Bestecktasche trägt einen gelöteten Trageknopf.
Das 181 mm lange Beimesser mit Buntmetallkappe und genieteten Geweihgriffschalen zeigt quartseitig eine schwarz geschlagene Marke; ein Messer mit einem Herzen.

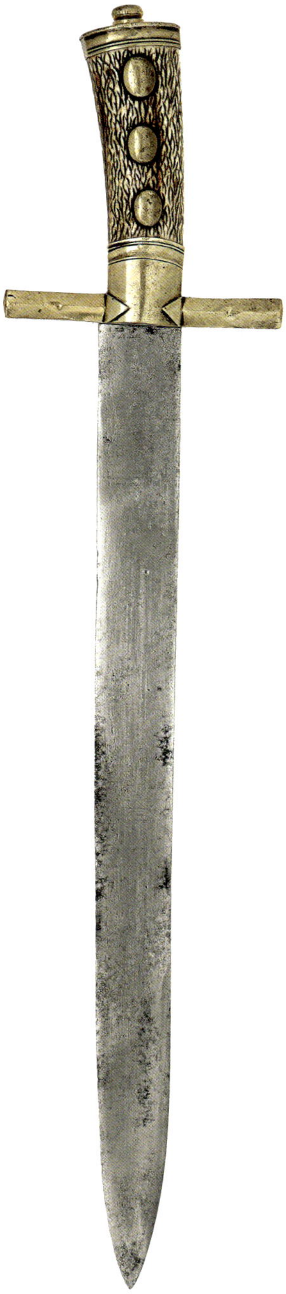
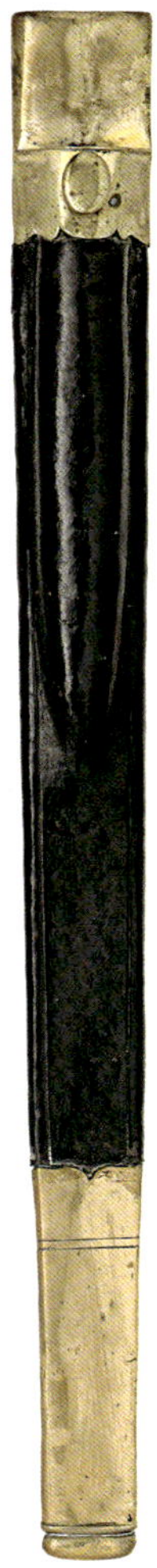
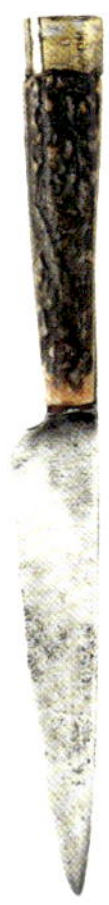
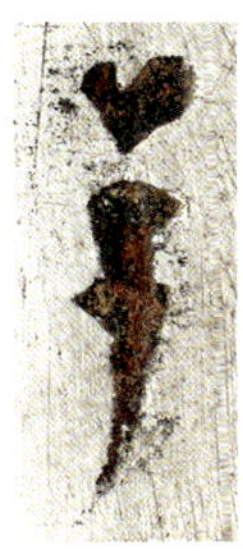

41 Hirschfänger

Inv. Nr. 001 001 41
L.: 718 / 562, Br.: 34, St.: 7 mm
Gewicht: – / 786 g
Zweites Viertel des 19. Jahrhunderts

Das Blatt mit leicht gerundetem Rücken trägt eine knappe Fehlschärfe und einen 149 mm langen, auslaufenden Rückenschliff.

Das Gefäß besteht aus drei, ursprünglich vier gegossenen, silbernen Teilen sowie der aus schwarzem Holz gefertigten Hilze. Auf den Klingenschultern ruht die Stoßplatte mit Überfang, darauf die Parierstange. Eine umlaufende Spange ist durch Stifte befestigt. Im Scheitelpunkt der Spange liegt der Angelniet, und an der ursprünglich zur Schneidenseite weisenden Partie ist eine Öse für die heute fehlende Faustkette erhalten. Vier Stifte mit silbernen Zierköpfen (Oliven) zierten ursprünglich beide Seiten der Hilze, auf der Terzseite ging einer verloren.

Die Waffe zeigt Gemeinsamkeiten mit in der Veste Coburg aufbewahrten Exemplaren.[78]

Die Klinge wurde neu montiert und dabei nicht korrekt orientiert, nämlich mit dem Rücken zur ursprünglichen Schneidenseite gewandt.

78 Kunstsammlungen der Veste Coburg, Inv. Nr. II D 48, II D 49.

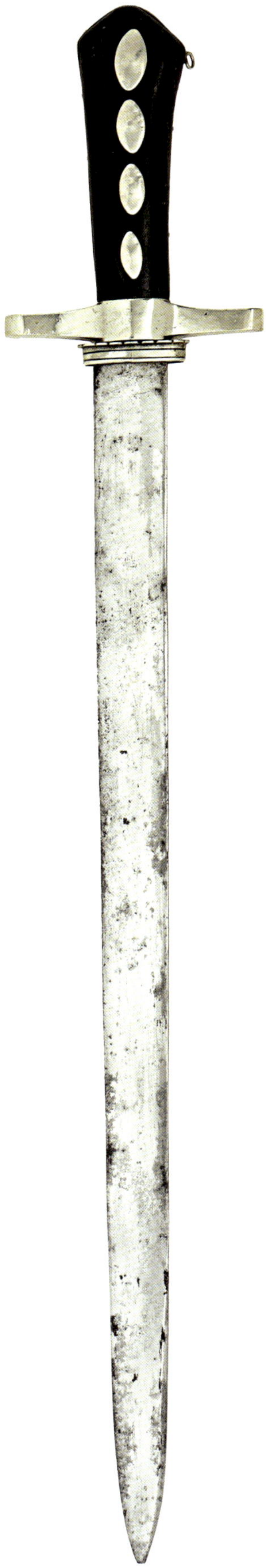

42 Plaute / Hirschfänger mit Scheide *

Inv. Nr. 001 001 18
L.: 770 / 646, Br.: 32, St.: 10 mm
Gewicht: 930 / 678 g
Zweites Viertel des 19. Jahrhunderts

Das um 2 mm Pfeilhöhe geschwungene Blatt mit 9 mm langer Fehlschärfe trägt eine beidseitige breite Mittelkehle. Der auslaufende Rückenschliff ist 174 mm lang. Tief geätzte, vergoldete Ornamente zieren beide Seiten, darunter das gekrönte „*L*"[79] Monogramm. Nahe der Fehlschärfe findet sich terzseitig die in kursiver Schrift gravierte Herstellersignatur „*Schimmelbusch & Sohn*" und auf der Gegenseite „*in Solingen*".[80]

Das Gefäß besteht aus zwei Teilen gegossenen, ziselierten Buntmetalls und den Griffschalen. Auf den Klingenschultern ruht die Stoßplatte mit Stichblatt. Die vertikal S-förmig geschweifte Parierstange, der Sockel und der Rahmen sind aus einem Stück gefertigt. Drei Hohlniete fixieren dunkle Horngriffschalen und werden durch sechs runde Buntmetallzierköpfe verdeckt.

Die Scheide wurde aus schwarz beledertem Holz und dreiteiligem, dekoriertem Buntmetallbeschlag gefertigt. Am Mundblech und am Mittelband sind Ösen mit Trageringen verlötet.

Die Gefäßgestalt spiegelt das Erscheinungsbild bayrischer Hirschfänger in der ersten Hälfte des 19. Jahrhunderts.[81] Es handelt sich jedoch um einen langlebigen Typ; noch gegen 1900 wurden derartige Waffen hergestellt.[82]

79 Wohl Ludwig II. (1777–1848, reg. ab 1830), Großherzog von Hessen und bei Rhein. Monogramme gleichen Stils treten noch an Kranichsteiner Feuerwaffen jüngerer Zeitstellung auf: Weitz, 2003, S. 14, 16, 22, 30, 32. Zudem kennzeichnen sie zahlreiche weitere Zier- und Gebrauchsgegenstände des Kranichsteiner Museumsbestandes.

80 Schlesinger, 1978, S. 385, 1848 und 1853 genannt.

81 Katalog Deutsches Jagdmuseum, Nr. 2170 (Bayern, um 1810), Katalog Hermann Historica, 36/1998, Nr. 918 (Bayern, 1825–48).

82 Katalog Weyersberg, No. 172 zeigt ein Exemplar als „Bayrischer Gala-Hirschfänger".

Die terzseitige Herstellersignatur konnte zwar gelesen, jedoch nicht in einer befriedigenden Qualität fotografiert werden, da das eng anliegende Stichblatt sie verdeckt.

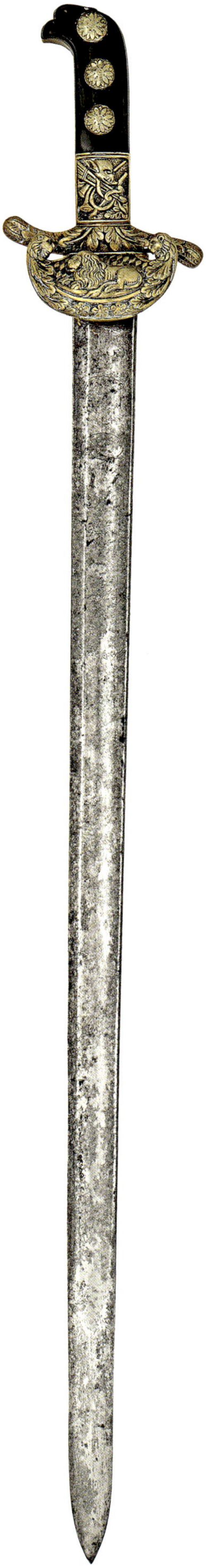

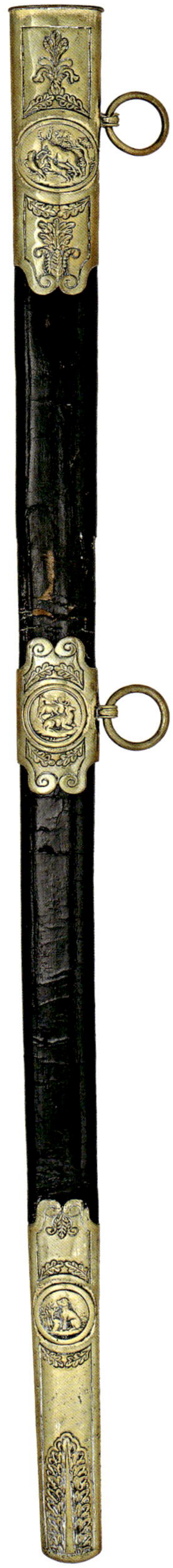

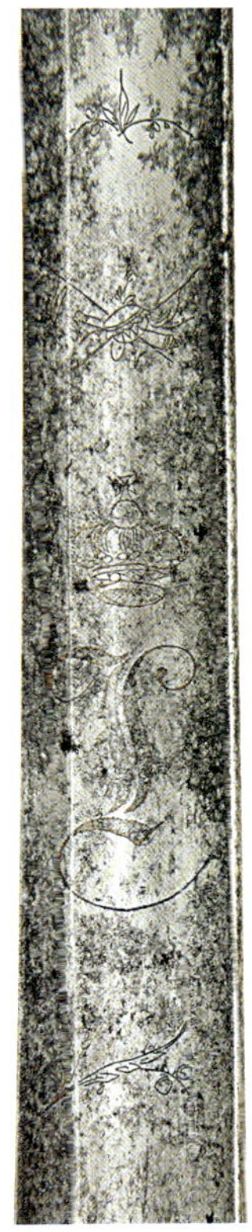

43 Hirschfänger mit Scheide

Inv. Nr. 001 001 66
L.: 645 / 509, Br.: 26, St.: 9 mm
Gewicht: 764 / 668 g
Zweites Viertel des 19. Jahrhunderts[83]

Das Blatt zeigt eine 25 mm lange Fehlschärfe und einen auslaufenden, 56 mm langen Rückenschliff. Eine schmale Kehle verläuft beidseitig entlang des Rückens.
Das Gefäß besteht aus drei Buntmetallteilen und den Griffschalen. Auf den Klingenschultern ruht die Stoßplatte mit dem Stichblatt, darauf die gesockelte, in den Faustbügel übergehende Parierstange. Aus dem Sockel erhebt sich der Rahmen. Drei Hohlniete fixieren eine terzseitige Beingriffschale und, offenbar reparaturbedingt, eine grün gebeizte, hölzerne Griffschale der Gegenseite. Die Niete sind durch fünf, ursprünglich sechs, runde Stifte mit Zierköpfen verdeckt.
Die Scheide ist aus schwarzem Leder gefertigt. Der ursprüngliche, zweiteilige Beschlag fehlt.
Es handelt sich um die Waffe eines wohl beamteten Jägers oder Försters. Ihre Gefäßgestalt ist an zahlreichen Dienstwaffen bis in unsere Zeit etabliert.

83 Seifert, 1973, Abb. 77, 78, zeigt ein vergleichbares Gefäß (1. Hälfte des 19. Jahrhunderts).

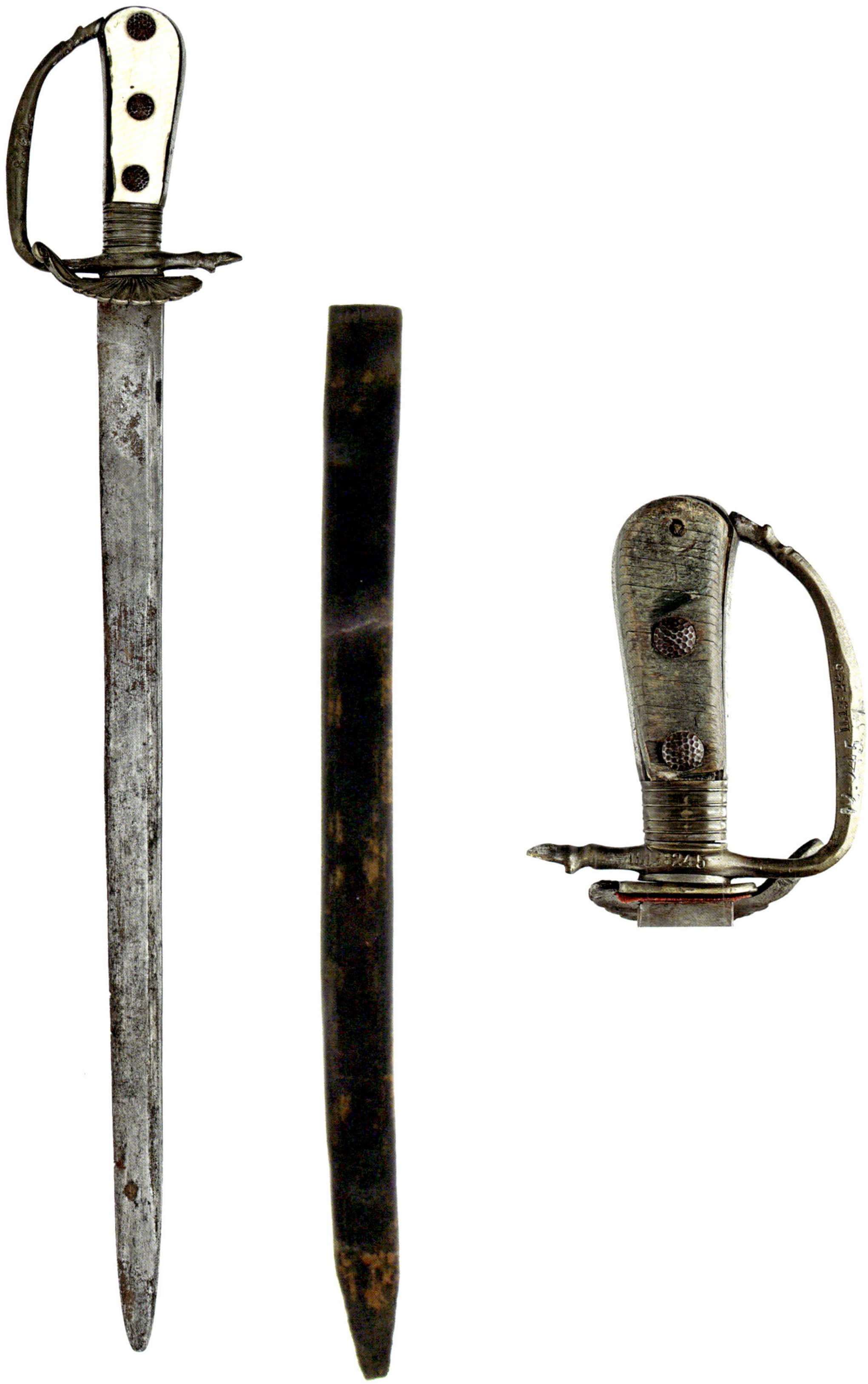

44 Praxe mit Scheide und Besteck*

Inv. Nr. 001 002 2
L.: 529 / 368, Br.: 58 / 72, St.: 11 mm
Gewicht: 2615 / 2185 g
Zweites Viertel des 19. Jahrhunderts[84]

Das Blatt mit 6 mm langer Fehlschärfe ist um 6 mm Pfeilhöhe geschwungen. Die Terzseite trägt eine nahe des Rückens verlaufende, kräftige Kehle.
Das Gefäß besteht aus zwei geschnittenen eisernen Teilen und farbigen Einlagen. Die Parierstange mit schneidenseitigem Arm bildet mit dem Rahmen ein Konstruktionsteil. Im Zentrum des Griffstückes sind terzseitig Felder schwarzen Holzes schachbrettartig in Perlmutt-Untergrund eingelegt, auf der Gegenseite ist es umgekehrt. Den hohl gearbeiteten, als Adlerkopf gestalteten Knaufteil durchbricht eine Rosette (vgl. Kat. Nr. 45). Das Stichblatt mit wellenförmigem Stützarm ist eingeschraubt und zeigt ebenfalls eine Rosette in Durchbruchstechnik.
Die Scheide wurde aus braun beledertem Holz mit dreifach gegliedertem, aufwendig dekoriertem Eisenbeschlag gefertigt. Dieser ist aus einem Stück gearbeitet, entlang der Schneidenseite gebogen und an der Innenseite entlang des Rückens verlötet. Zwei genietete Ösen auf der Rückseite des Mundbleches stellen Durchzüge für den Trageriemen dar.
Vom Besteck sind ein 178 mm langes, im Stil der Waffe gestaltetes Messer und eine 182 mm lange, ebensolche Netznadel / Feile erhalten. Eine Seite der Nadel ist durch Kreuzhieb, die andere durch Raspelhieb bearbeitet.
Wie im Fall der nachfolgend beschriebenen Waffe, jedoch auch weiterer Praxen, vermischen sich Merkmale der Heft- und Rahmenkonstruktion in offenbar zeittypischer Weise miteinander.
Das Auftreten einer Löwenfigur der Parierstange dürfte ebenso wenig wie an der nachfolgend gezeigten Praxe als bloßer Schmuck aufzufassen sein; vielmehr spielt wohl der heraldische Hintergrund des hessischen Löwen eine Rolle.

84 Braunmiller, 2003, Kat. Nr. 4 (Deutsch, Anfang 19. Jahrhundert).

Abb. 44 f zeigt die Schlagmarke der Netznadel.

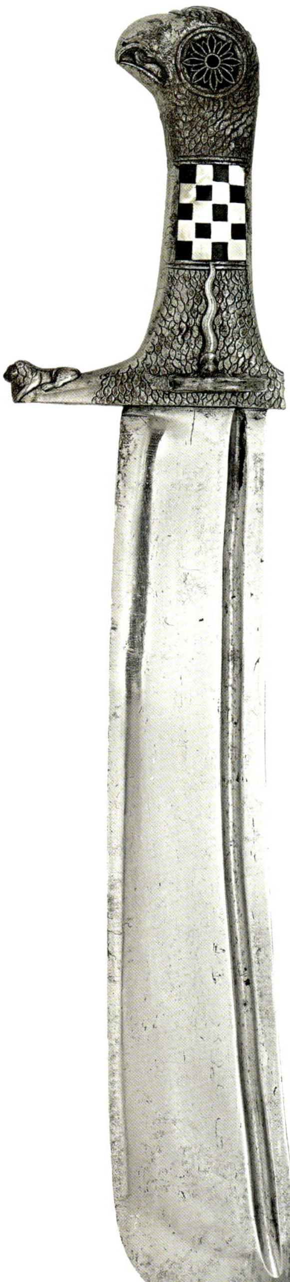
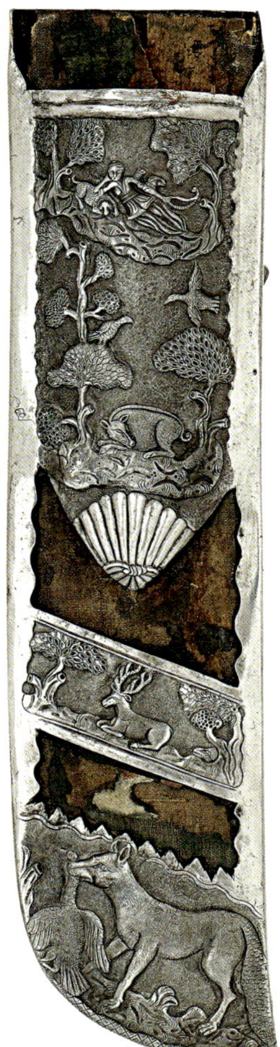
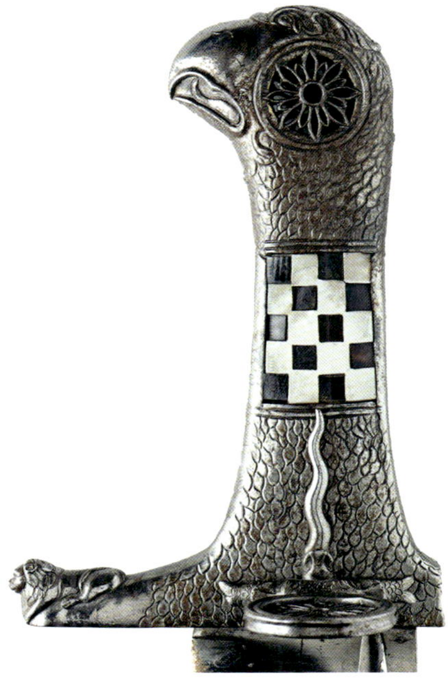
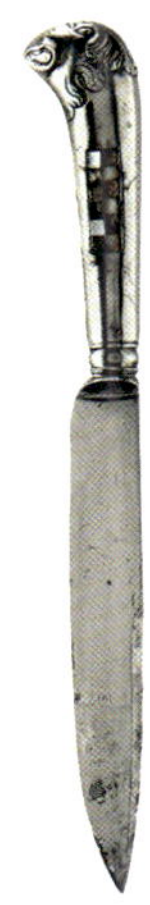
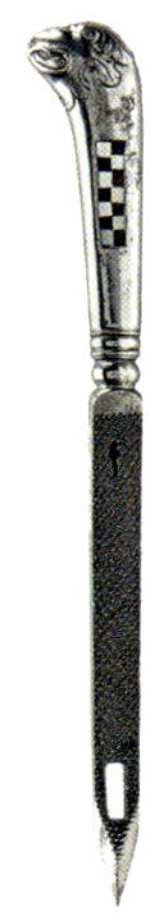
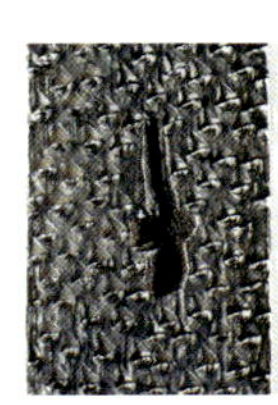

45 Praxe mit Scheide und Besteck*

Inv. Nr. 001 002 1[85]
L.: 550/367, Br.: 61/74, St.: 12 mm
Gewicht: 3525/2815 g
1835

Das Blatt mit 5 mm langer Fehlschärfe ist um 7 mm Pfeilhöhe geschwungen. Die Terzseite trägt eine nahe des Rückens verlaufende, kräftige, 9 mm breite Kehle. Das auffallend hohe Gewicht erklärt sich vor allem aus der kaum abnehmenden Stärke des Blattes, die noch in der Ortpartie 10 mm beträgt. Tief geätzte Darstellungen von Jagdszenen dekorieren flächendeckend beide Seiten des Blattes. Auf der Quartseite erscheint die Besitzersignatur, ein gekröntes „*L*", und die Umschrift: „ERBGROSSHERZOG VON HESSEN 1835".[86]

Das Gefäß besteht aus vier gegossenen und ziselierten Buntmetallteilen sowie dem Geweihgriffstück. Auf den Klingenschultern ruht die Stoßplatte mit Überfang, darauf die massige Parierstange mit einer Löwenfigur. Der Hilzenring und die hohl gegossene Knaufkappe fassen das Griffstück. Ein horizontal eingesetzter Niet fixiert die von einer Rosette durchbrochene Adlerkopfknaufkappe. Der Angelstumpf der Klinge ragt daher zwar in den Knaufteil hinein, führt jedoch nicht hindurch. Wie im Fall der vorab beschriebenen Praxe vermischen sich Merkmale der Heft- und Rahmenkonstruktion miteinander.

Die Scheide ist aus braun beledertem Holz mit einem durch eine umlaufende Schiene verbundenen zweiteiligen, schlichten Buntmetallbeschlag gefertigt. Zwei genietete Ösen auf der Rückseite des Mundbleches stellen Durchzüge für den Trageriemen dar. Eine Abdeckung aus Buntmetall lässt Taschen für drei Besteckteile offen, von denen zwei erhalten sind.[87]

Der Pfriem mit breiter Spitze ist 205 mm, die Netznadel mit Feilenhieb 188 mm lang. Beide sind im Stil der Waffe gearbeitet und tragen Geweihgriffschalen. Der Pfriem ist durch eine Schlagmarke, „WAGNER", gekennzeichnet.

Das Auftreten einer Löwenfigur der Parierstange dürfte ebenso wenig wie an der vorab gezeigten Praxe als bloßer Schmuck aufzufassen sein; vielmehr spielt wohl der heraldische Hintergrund des hessischen Löwen eine Rolle.

---

85 Braunmiller, 2003, Kat. Nr. 5.

86 Großherzog Ludwig III. (1806–1877); vor Regierungsantritt (1848). Monogramme gleichen Stils treten noch an Kranichsteiner Feuerwaffen jüngerer Zeitstellung auf: Weitz, 2003, S. 14, 16, 22, 30, 32. Zudem kennzeichnen sie zahlreiche weitere Zier- und Gebrauchsgegenstände des Kranichsteiner Museumsbestandes.

87 Eine ältere Dokumentation zeigt noch drei Teile; der dort gezeichnete, schlanke Pfriem ist länger.

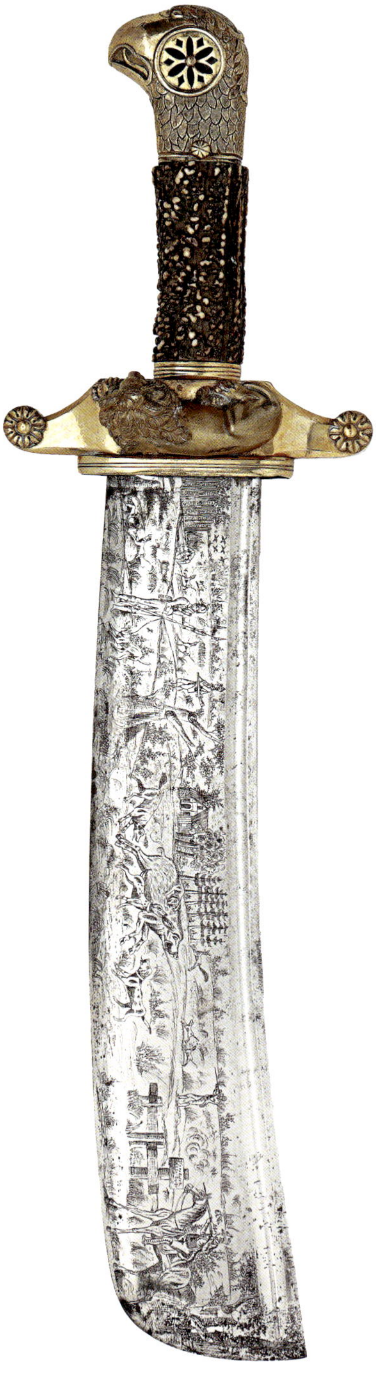

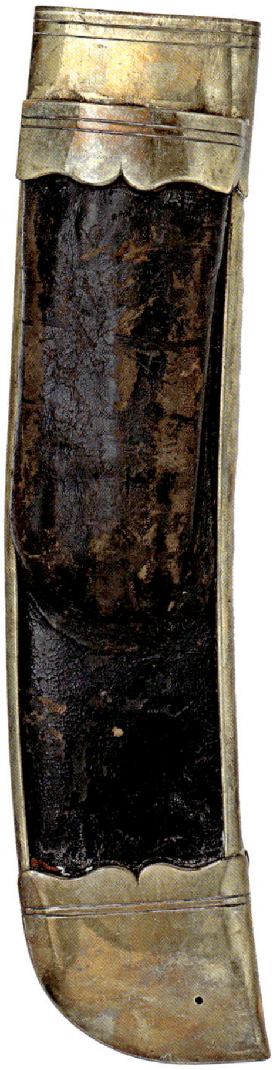

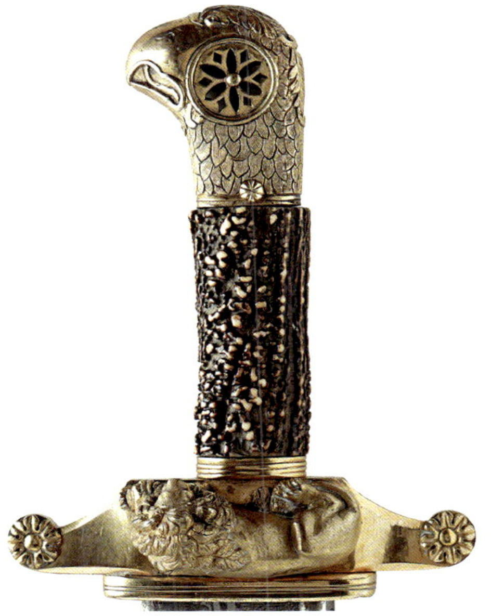

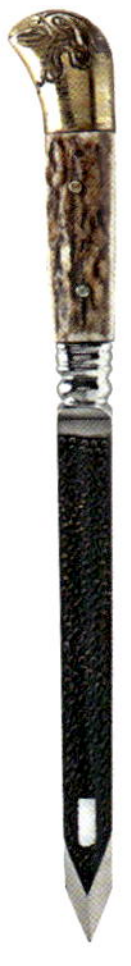

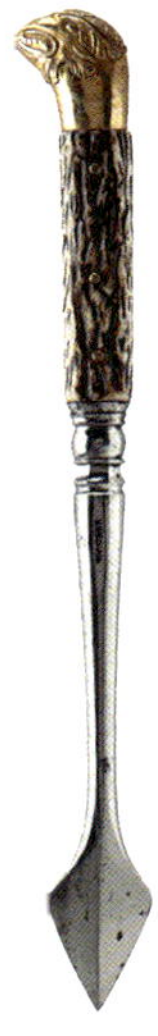

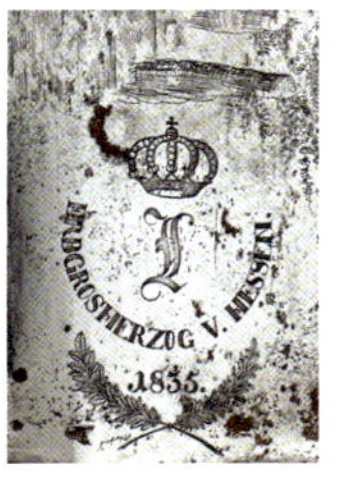
GROSHERZOG V. HESSEN
1835.

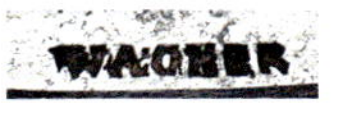
WAGNER

46 Hirschfänger*

Inv. Nr. 001 001 80 (a)
L.: 786/648, Br.: 32, St.: 9 mm
Gewicht: –/784 g
Mitte des 19. Jahrhunderts

Das Blatt mit 13 mm langer Fehlschärfe trägt einen 163 mm langen Rückenschliff und beidseitig eine zentrale Kehle. Hoch geätzte jagdliche Motive schmücken etwa zwei Drittel der Länge. Terzseitig erscheint zudem das großherzogliche „*L*“[88] und auf der Gegenseite das gekrönte hessische Löwenwappen. In kursiver Schrift findet sich nahe der terzseitigen Fehlschärfe die Herstellersignatur: „*P Knecht*“,[89] auf der Gegenseite „*in Solingen*“; außerdem auf der Fehlschärfe geschlagen: „SOLINGEN“.

Das Gefäß besteht aus drei dekorierten Buntmetallteilen und der Beinhilze. Auf den Klingenschultern ruht die in den Faustbügel übergehende Parierstange mit dem Stichblatt. Der Hilzenring und die als Löwenkopf gestaltete Knaufkappe fassen die Hilze, an deren Schmalseiten Spangen eingebettet sind. Terzseitig hat man drei Stifte mit Zierköpfen eingeschlagen.

Die ursprüngliche Zugehörigkeit eines grün-goldenen Portepees ist fraglich.

Die Waffe ist bis auf geringfügige, durch die individuell-handwerkliche Fertigung bedingte Abweichungen identisch mit der unter Kat. Nr. 47 beschriebenen. Offenbar zählen beide, wohl gemeinsam mit Kat. Nr. 48, die durch geringere Blattdimensionen und Blattdekor abweicht, zu einem Ensemble.

Der Hirschfängertyp taucht noch in einem um 1900 erschienenen Katalog, allerdings mit Standard-Ätzung, auf.[90]

88 Wohl das Monogramm des Großherzogs Ludwig III. (1806–1877), der ab 1848 regierte. Monogramme gleichen Stils treten noch an Kranichsteiner Feuerwaffen jüngerer Zeitstellung auf: Weitz, 2003, S. 14, 16, 22, 30, 32. Zudem kennzeichnen sie zahlreiche weitere Zier- und Gebrauchsgegenstände des Kranichsteiner Museumsbestandes.

89 Cronau, 1885, Taf. 11, Die Firma existierte von 1822–1850 (freundliche Mitteilung Lutz Hoffmeister, Solingen).

90 Katalog Weyersberg, No. 246 (Hessischer Oberförster-Hirschfänger).

Die Abb. 46a zeigt die Waffe ohne Portepee.
Die terzseitige Herstellersignatur konnte zwar gelesen, jedoch nicht in einer befriedigenden Qualität fotografiert werden, da das eng anliegende Stichblatt sie verdeckt.

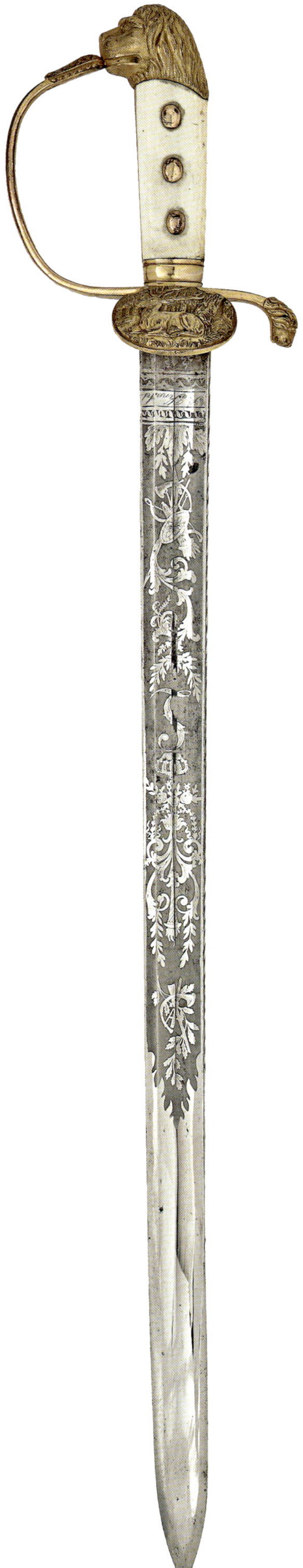

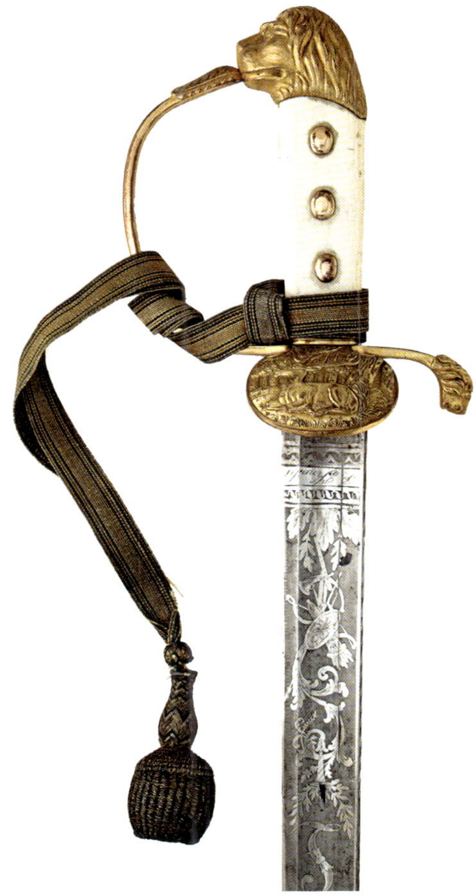

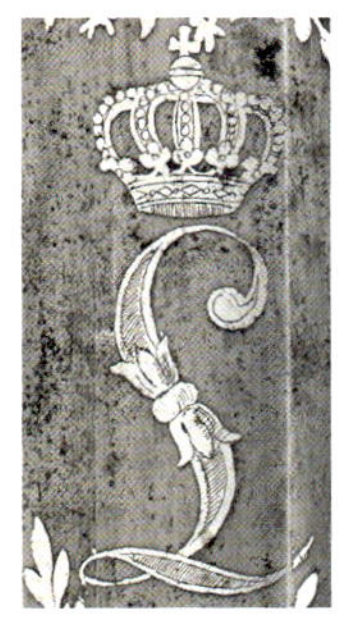

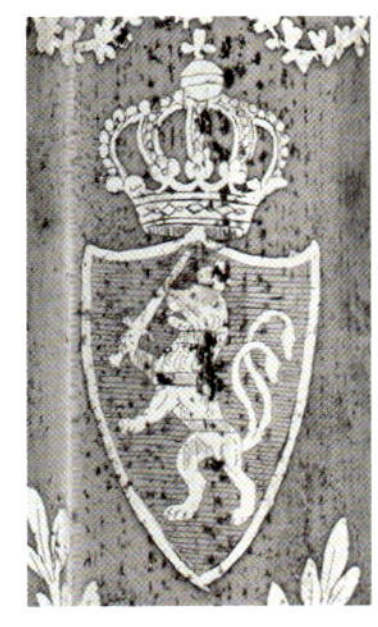

47 Hirschfänger mit Beimesser

Inv. Nr. 001 001 80
L.: 787 / 650, Br.: 33, St.: 10 mm
Gewicht: – / 802 g
Mitte des 19. Jahrhunderts[91]

Das Blatt mit 9 mm langer Fehlschärfe trägt einen 160 mm langen Rückenschliff und beidseitig zentrale Kehlen. Hoch geätzte jagdliche Motive schmücken etwa zwei Drittel der Länge. Terzseitig erscheint zudem das großherzogliche *„L"*[92] und auf der Gegenseite das gekrönte hessische Löwenwappen. In kursiver Schrift findet sich nahe der terzseitigen Fehlschärfe die Herstellersignatur: *„P Knecht"*, auf der Gegenseite *„in Solingen"*; außerdem auf der Fehlschärfe geschlagen: „SOLINGEN".[93]
Das Gefäß besteht aus drei dekorierten Buntmetallteilen und der Beinhilze. Auf den Klingenschultern ruht die in den Faustbügel übergehende Parierstange mit dem Stichblatt. Der Hilzenring und die als Löwenkopf gestaltete Knaufkappe fassen die Hilze, an deren Schmalseiten Spangen eingebettet sind. Terzseitig hat man drei Stifte mit Zierköpfen eingeschlagen.
Obwohl die Scheide fehlt, ist ein zugehöriges, im Stil der Waffe gehaltenes Beimesser von 203 mm Länge erhalten. Seine Quartseite trägt den Stempel: „KNECHT".
Die ursprüngliche Zugehörigkeit eines grüngoldenen Portepees ist fraglich, doch fällt auf, dass es zu zwei gleichartigen Waffen erhalten ist (s. Kat. Nr. 46).
Die Waffe ist bis auf geringfügige, durch die individuell-handwerkliche Fertigung bedingte Abweichungen identisch mit der vorab beschriebenen. Offenbar zählen beide, wohl gemeinsam mit der nachfolgend gezeigten, die durch geringere Blattdimensionen und im Blattdekor abweicht, zu einem Ensemble.
Der Hirschfängertyp taucht noch in einem um 1900 erschienenen Katalog, allerdings mit Standard-Ätzung, auf.[94]

91 Braunmiller, 2003, Kat. Nr. 9 (Deutsch, Solingen, 2. Hälfte 19. Jahrhundert), zeigt die Waffe mit Portepee und Beimesser, jedoch ohne Scheide.
92 Wohl das Monogramm des Großherzogs Ludwig III. (1806–1877), der ab 1848 regierte. Monogramme gleichen Stils treten noch an Kranichsteiner Feuerwaffen jüngerer Zeitstellung auf: Weitz, 2003, S. 14, 16, 22, 30, 32. Zudem kennzeichnen sie zahlreiche weitere Zier- und Gebrauchsgegenstände des Kranichsteiner Museumsbestandes.
93 Cronau, 1885, Taf. 11, Die Firma existierte von 1822–1850 (freundliche Mitteilung Lutz Hoffmeister, Solingen).
94 Katalog Weyersberg, No. 246 (Hessischer Oberförster-Hirschfänger).

Die Herstellersignatur der Terzseite konnte zwar gelesen, jedoch nicht in einer befriedigenden Qualität fotografiert werden, da das eng anliegende Stichblatt sie verdeckt.

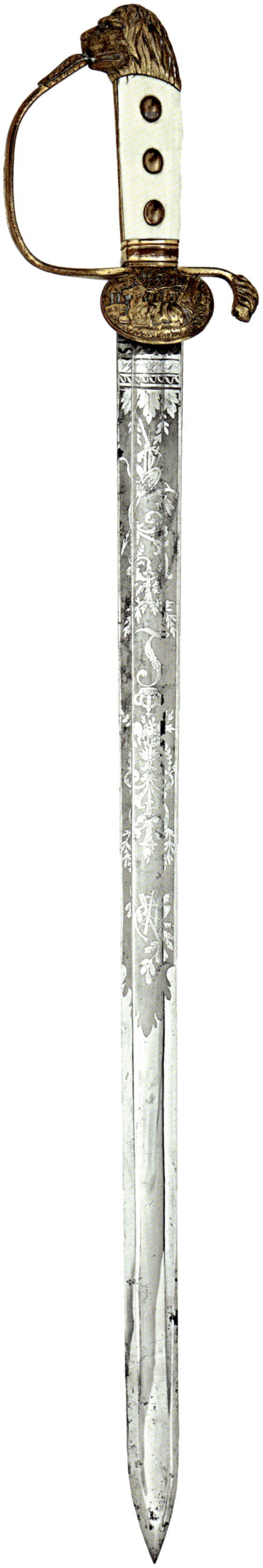

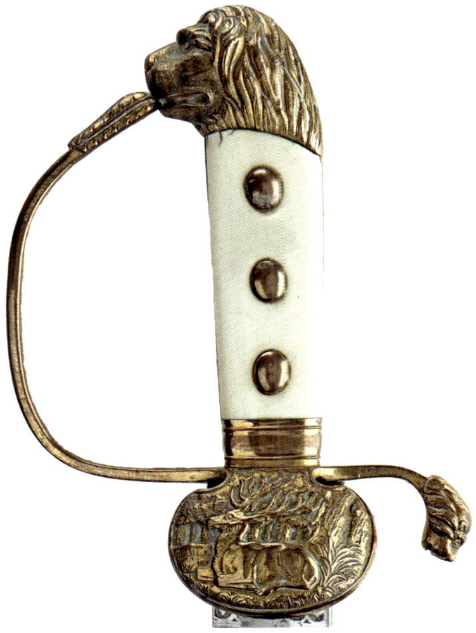

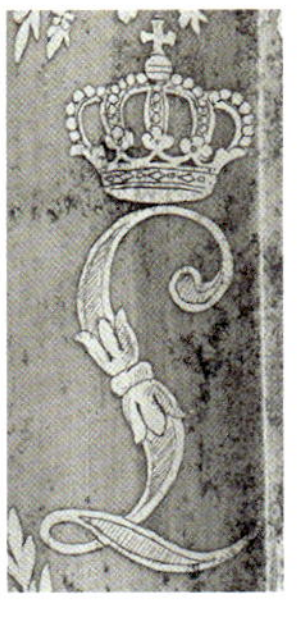

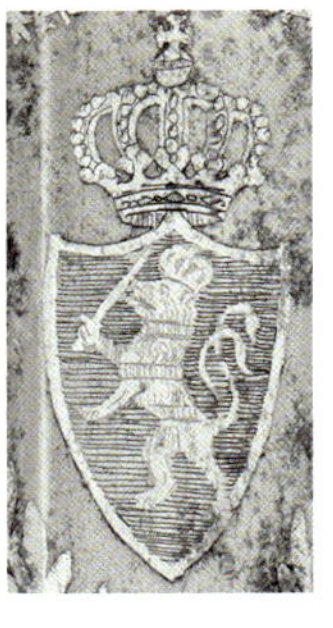

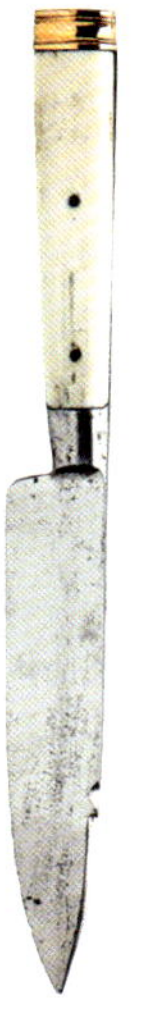

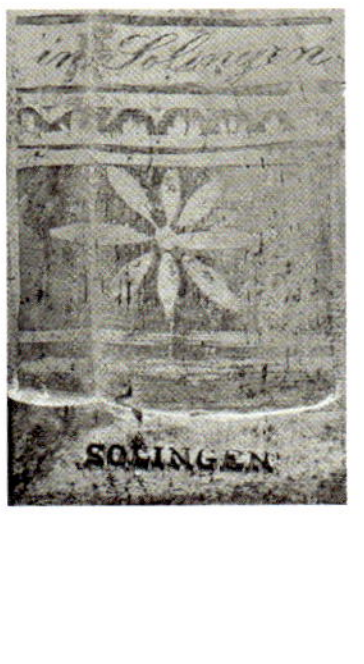
SOLINGEN

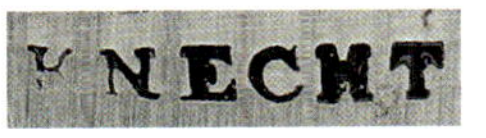
NECHT

48 Hirschfänger

Inv. Nr. 001 001 83
L.: 678 / 535, Br.: 30, St.: 9 mm
Gewicht: – / 716 g
Zweites Viertel des 19. Jahrhunderts

Das Blatt mit 13 mm langer Fehlschärfe trägt einen 170 mm langen Rückenschliff und beidseitig eine zentrale Kehle. Hoch geätzte, gebläute, florale Motive schmücken etwa drei Viertel der Länge.

Das Gefäß besteht aus drei dekorierten Buntmetallteilen und der Beinhilze. Auf den Klingenschultern ruht die in den Faustbügel übergehende Parierstange mit dem Stichblatt. Der Hilzenring und die als Löwenkopf gestaltete Knaufkappe fassen die Hilze, an deren Schmalseiten Spangen eingebettet sind. Terzseitig hat man drei Stifte mit Zierköpfen eingeschlagen.

Das Gefäß der Waffe ist bis auf geringfügige, durch die individuell-handwerkliche Fertigung bedingte Abweichungen identisch mit denen der beiden vorab beschriebenen Hirschfänger. Obgleich Blattdimensionen und Dekor abweichen, ist von einem Ensemble auszugehen.[95]

Der Hirschfängertyp taucht noch in einem um 1900 erschienenen Katalog, allerdings mit Standard-Ätzung, auf.[96]

95 Eine ältere zeichnerische Dokumentation (Bl. 10) erfasste ein weiteres Exemplar mit identischem Gefäß und gebläuter Klinge aus der Produktion der Gebr. Weyersberg, Solingen. Nach einem Vermerk wurde die Waffe von dem Leibjäger Menger getragen.

96 Katalog Weyersberg, No. 246 (Hessischer Oberförster-Hirschfänger).

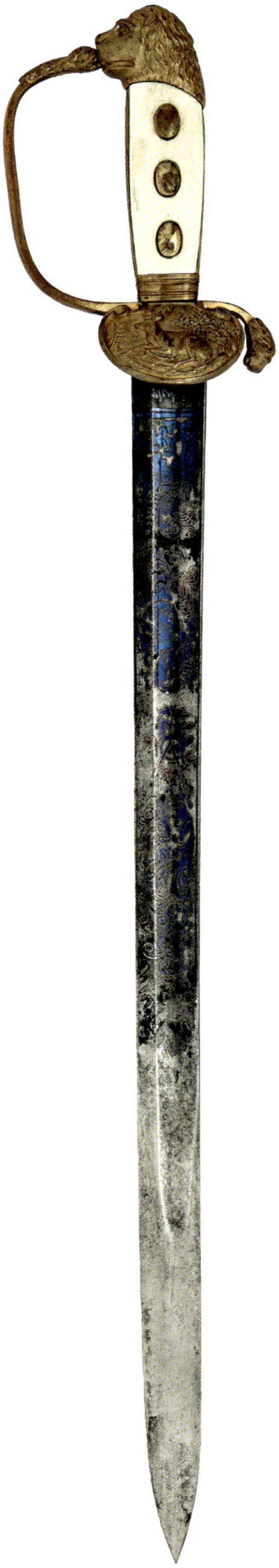

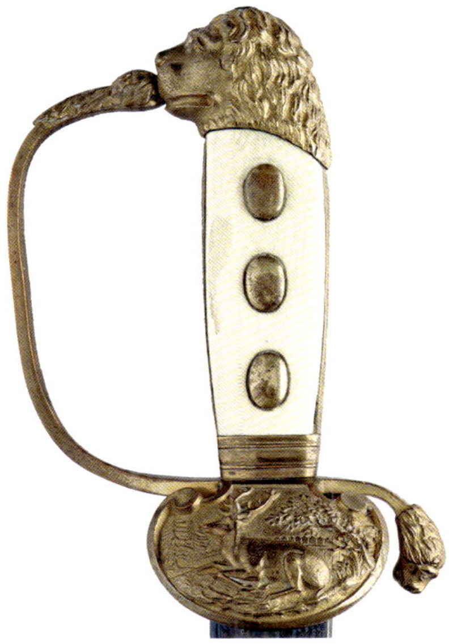

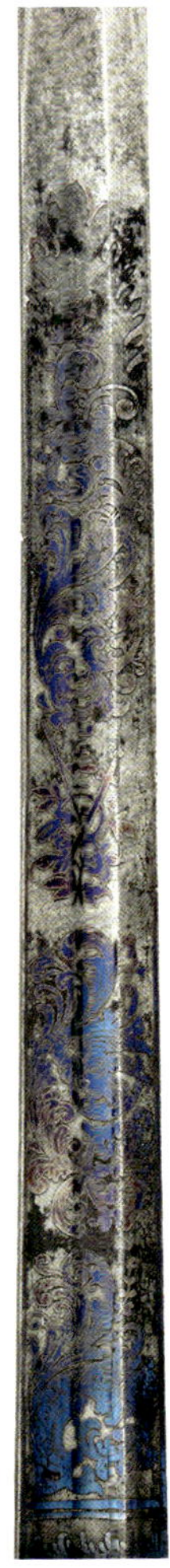

49 Hirschfänger mit Scheide*

Inv. Nr. 001 001 8
L.: 688 / 554, Br.: 34, St.: 7 mm
Gewicht: 808 / 684 g
Mitte des 19. Jahrhunderts

Das Blatt mit 8 mm langer Fehlschärfe trägt einen 180 mm langen, auslaufenden Rückenschliff. Auf der Quartseite findet sich eine schwarz geschlagene Marke, die ein Krummschwert unter einer Krone darstellt.

Das Gefäß besteht aus zwei eisernen Teilen mit Silberapplikationen sowie den grün gebeizten Geweihgriffschalen. Die Parierstange geht in den Faustbügel über, der in einer Aussparung der Knaufpartie rastet. Die Art der Schulterplattenbefestigung ist ungeklärt. Drei Silberapplikationen zieren das Parierelement; in der Bügelmitte und am Parierstangenabschluss wurden sie genietet, im Parierstangenzentrum gelötet. Drei ungleich große Niete mit terzseitigen Zierköpfen führen durch die Hohlniete der Griffschalen. Sie tragen das gravierte hessische Löwenwappen.

Die Scheide ist aus schwarzem Leder mit zweiteiligem Silberbeschlag gefertigt. Das Mundblech trägt eine gelötete Öse mit Tragering.

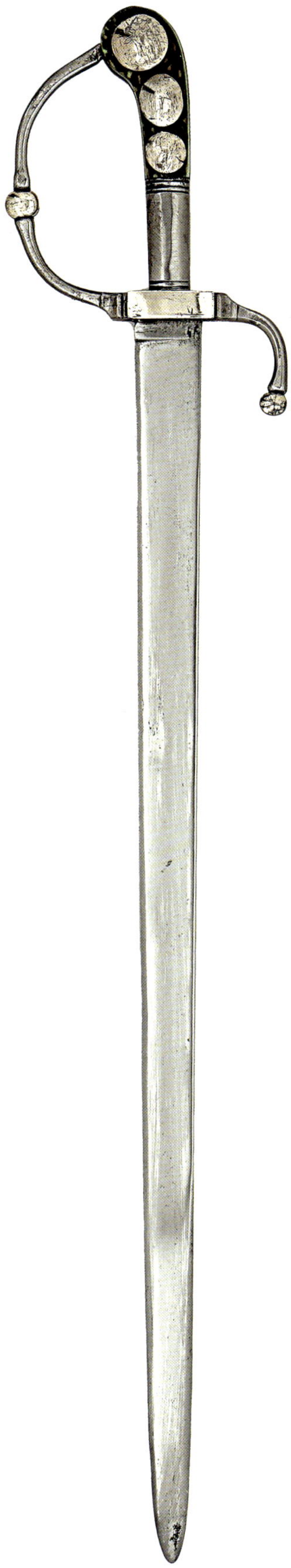

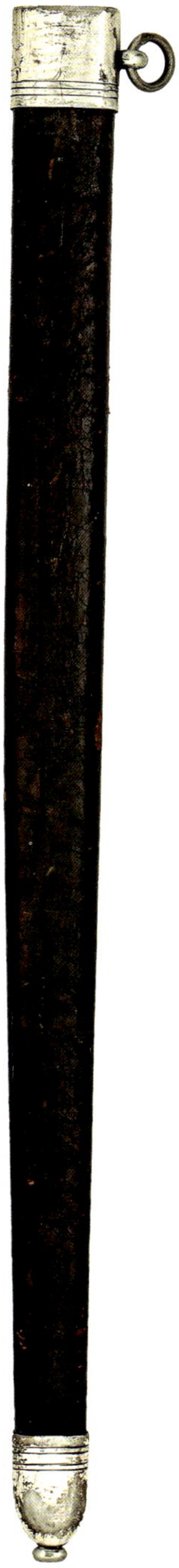

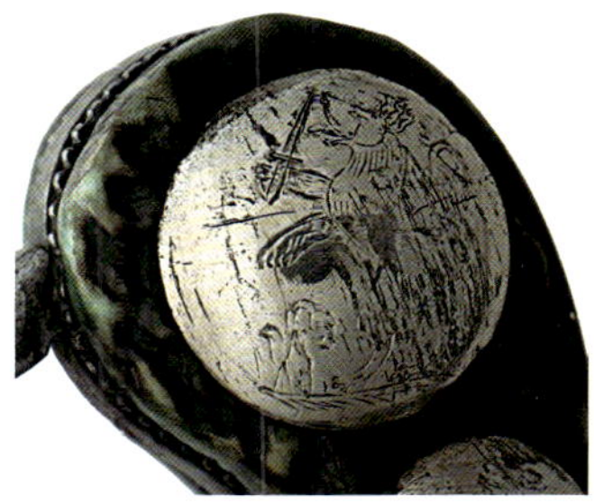

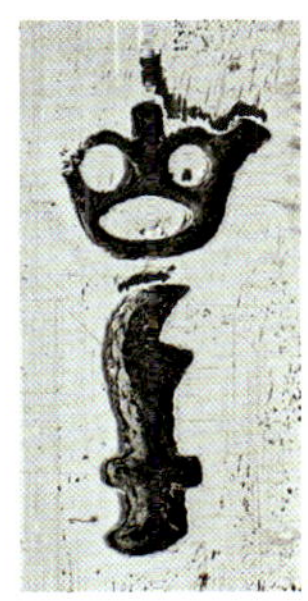

50 Hirschfänger mit Scheide

Inv. Nr. 001 001 31, Scheide 001 001 69
L.: 702/587, Br.: 31, St.: 8 mm
Gewicht: 848/742 g
Mitte des 19. Jahrhunderts

Das Blatt mit 14 mm langer Fehlschärfe trägt einen 162 mm langen, auslaufenden Rückenschliff und beidseitige, zentrale Kehlen. Terzseitig erscheint ein tief geätztes, gekröntes „*L*“[97] (das Ätzmotiv siehe auch auf den unter Kat. Nr. 46 und 47 beschriebenen Klingen), auf der Gegenseite das motivisch von jenen abweichende gekrönte hessische Löwenwappen. Die Schlagmarke der Fehlschärfe zeigt einen gekrönten Wappenschild mit einer Wolfsangel.[98]

Das Gefäß besteht aus zwei Buntmetallteilen. Auf den Klingenschultern ruht die vertikal S-förmig geschwungene Parierstange. Die Hilze ist mitsamt dem angedeuteten Hilzenring und dem Zierkopfbeschlag der Terzseite aus einem Stück gegossen. Im Scheitelpunkt liegt der Angelniet.

Die Scheide wurde aus schwarzem Leder mit ursprünglich zweiteiligem Buntmetallbeschlag gefertigt, dessen Ortband fehlt. Am Mundblech ist ein Tragehaken verlötet.

Ob es sich bei der Waffe um ein für den jagdlichen Gebrauch bestimmtes Exemplar oder um einen militärischen Hirschfänger handelt, ist ungeklärt.

---

97 Wohl das Monogramm des Großherzogs Ludwig III. (1806–1877), der ab 1848 regierte.

98 Cronau, 1885, Taf. II, Nr.190 (Die Marke der Firma H. W. Lang, Solingen,1854).

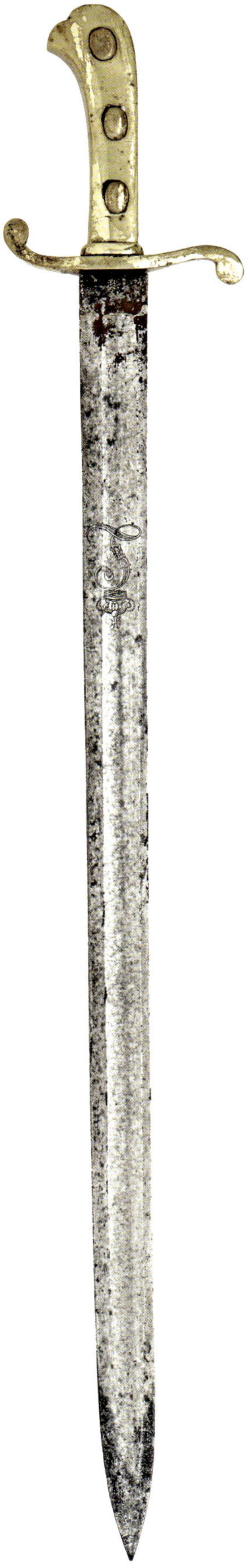

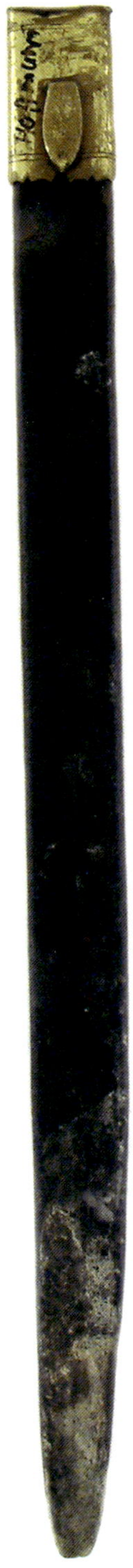

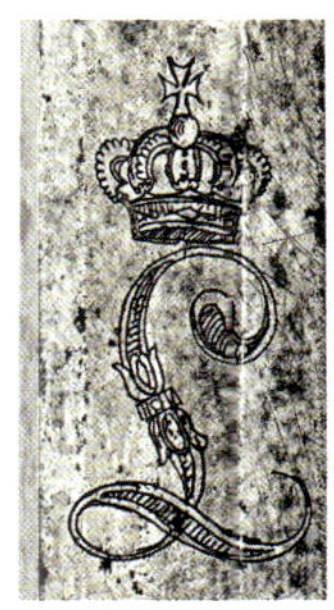

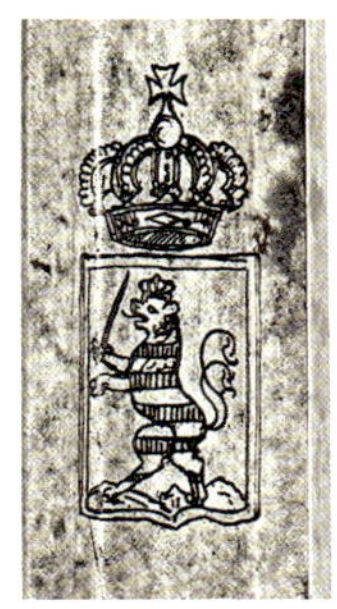

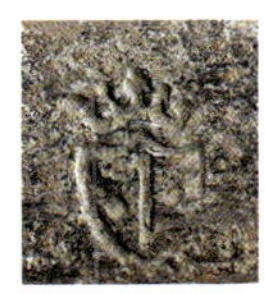

51 Hirschfänger mit Scheide

Inv. Nr. 001 001 36, Scheide 001 001 46
L.: 625 / 587, Br.: 28, St.: 8 mm
Gewicht: 655 / 536 g
Mitte des 19. Jahrhunderts

Das Blatt mit 13 mm langer Fehlschärfe trägt einen 135 mm langen, auslaufenden Rückenschliff. Die Schlagmarke der Fehlschärfe zeigt einen gekrönten Wappenschild mit einer Wolfsangel[99] (vgl. die Marke der vorab beschriebenen Waffe).

Das Gefäß besteht aus vier sparsam dekorierten Buntmetallteilen sowie der Geweihhilze. Auf den Klingenschultern ruht die Stoßplatte mit dem Stichblatt, darauf die vertikal S-förmig geschwungene Parierstange mit dem Hilzenring. Die Knaufkappe trägt ein vierteiliges Blattdekor. Auf dem Vernietknauf liegt der Angelniet.

Die Scheide wurde aus schwarzem Leder mit zweiteiligem Buntmetallbeschlag gefertigt. Am Mundblech ist ein Trageknopf verlötet.

99 Cronau, 1885, Taf. II, Nr.190 (Die Marke der Firma H. W. Lang, Solingen,1854).

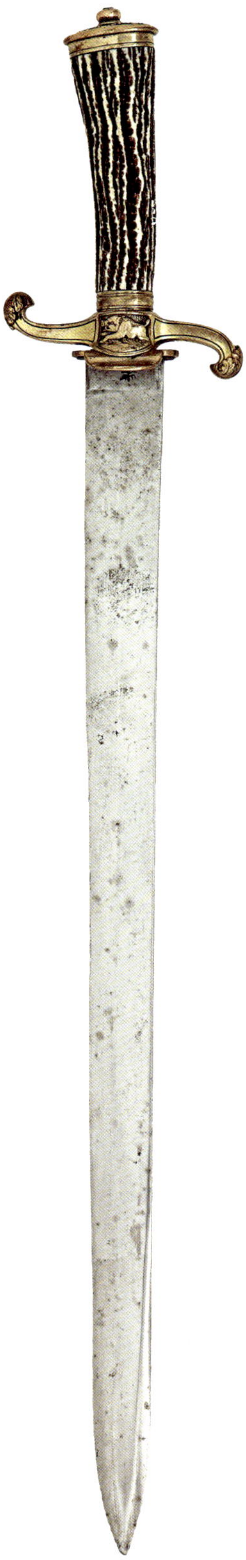
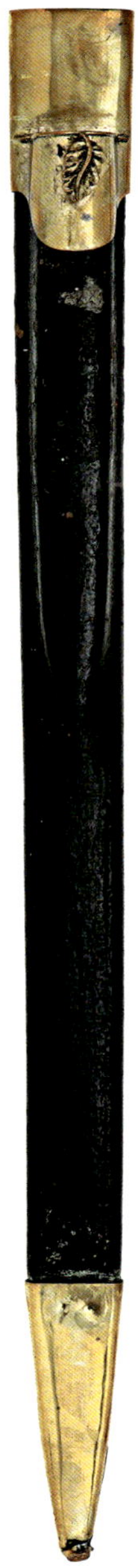
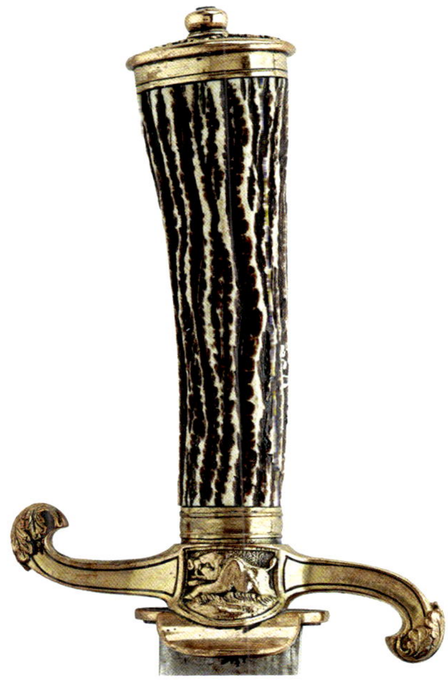
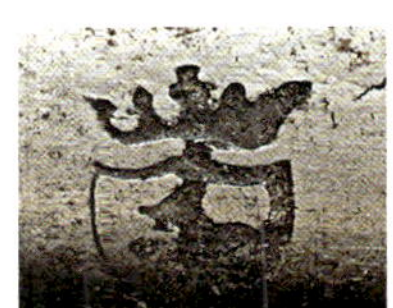

52 Hirschfänger mit Scheide

Inv. Nr. 001 001 15, Scheide 001 001 48
L.: 709 / 548, Br.: 34, St.: 8 mm
Gewicht: 908 / 720 g
Mitte des 19. Jahrhunderts

Das Blatt mit 5 mm langer Fehlschärfe trägt einen 120 mm langen, auslaufenden Rückenschliff. Durch Korrosion und Reinigungsversuche beeinträchtigte Schablonen-Hochätzungen schmücken beide Seiten.
Das Gefäß besteht aus vier Buntmetallteilen und der geschnittenen Ebenholzhilze. Auf den Klingenschultern ruht die Stoßplatte mit Stichblatt, darauf die gerade Parierstange mit Abschlüssen in Hundekopfgestalt. Auf der als Keilerhaupt geformten Knaufkappe liegt der Vernietknauf mit dem Angelniet.
Die Scheide wurde aus schwarzem Leder mit dreiteiligem Buntmetallbeschlag und ursprünglich zwei Trageringen gefertigt, Am Mundblech ist außerdem ein Trageknopf verlötet.

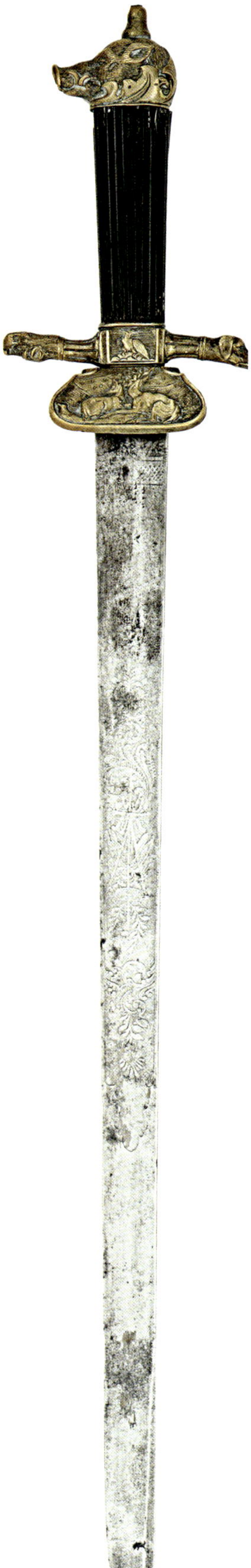

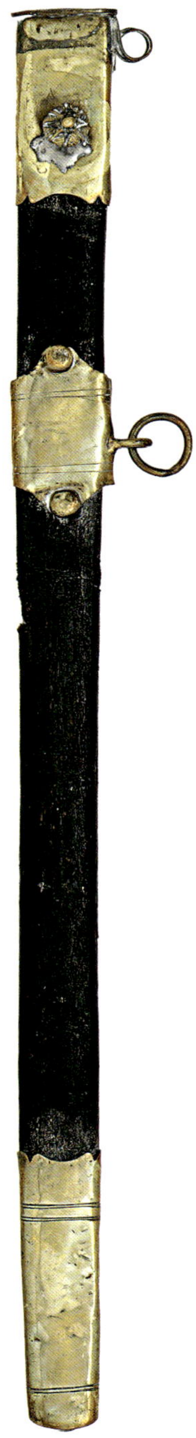

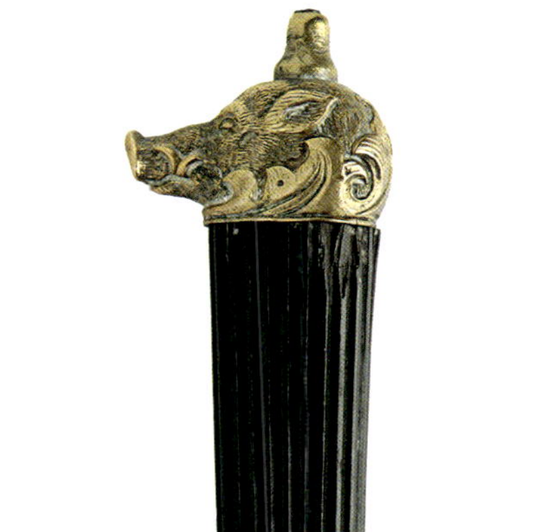

53 Hirschfänger mit Scheide und Beimesser*

Inv. Nr. 001 001 7
L.: 675 / 526, Br.: 35, St.: 9 mm
Gewicht: 991 / 768 g
Mitte des 19. Jahrhunderts[100]

Das Blatt mit 8 mm langer Fehlschärfe trägt einen 124 mm langen, auslaufenden Rückenschliff. Schablonen-Hochätzungen mit Jagdmotiven schmücken beide Seiten. Auf den Rücken ist in kursiver Schrift die Herstellerkennzeichnung graviert: *„Schimmelbusch & Sohn in Solingen"*.[101]
Das Gefäß besteht aus vier Buntmetallteilen und der Ebenholzhilze. Auf den Klingenschultern ruht die Stoßplatte mit Stichblatt, darauf die gerade, in den Faustbügel übergehende Parierstange. In der als Löwenkopf gestalteten Knaufkappe ist der Angelniet eingesenkt.

Die Scheide wurde aus schwarzem Leder mit zweiteiligem Buntmetallbeschlag gefertigt. Am Mundblech ist ein Trageknopf in Gestalt einer Eichel verlötet.
Das Beimesser ist im Stil der Waffe gestaltet, sein Blatt trägt eine schwarz geschlagene Marke, die einen Anker darstellt.

100 Braunmiller, 2003, Kat. Nr. 8 (Deutsch, Solingen, Mitte 19. Jahrhundert). Die Waffe ist mit Portepee und Scheide abgebildet.

101 Schlesinger, 1978, S. 385, zeigt die zwischen 1848 und 1853 eingetragene Marke.

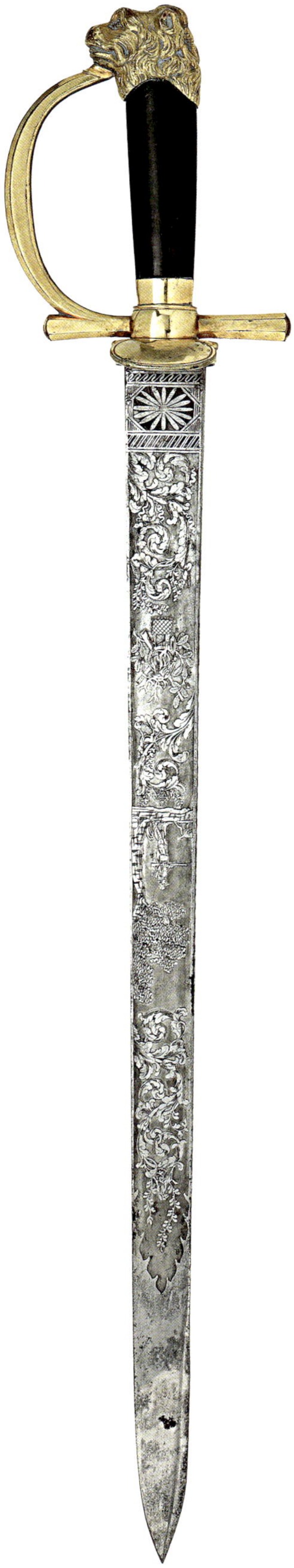
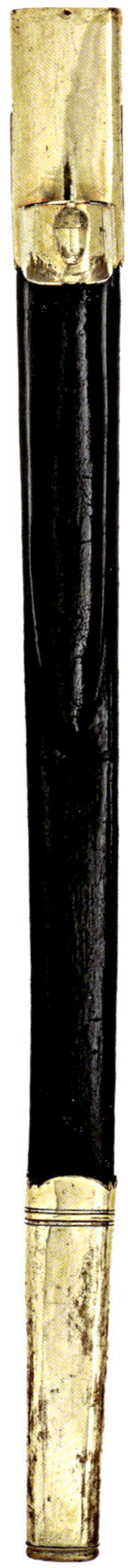
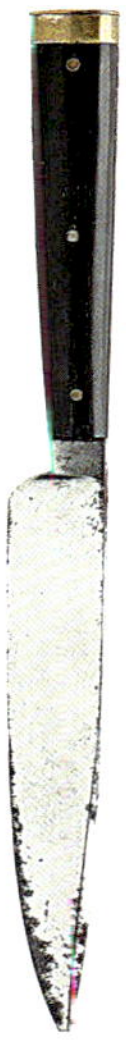
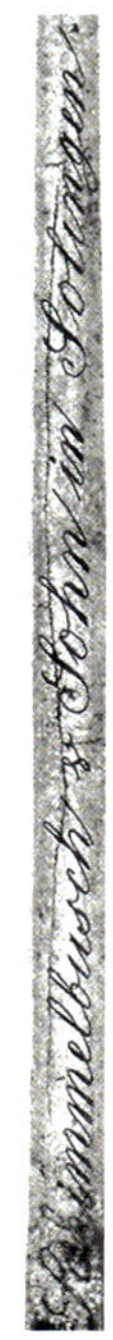
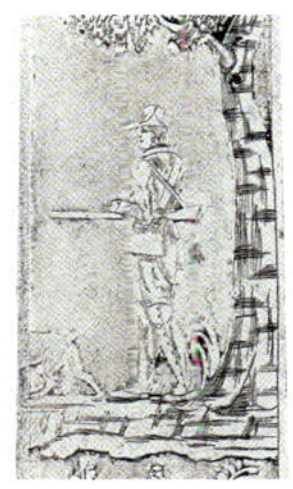
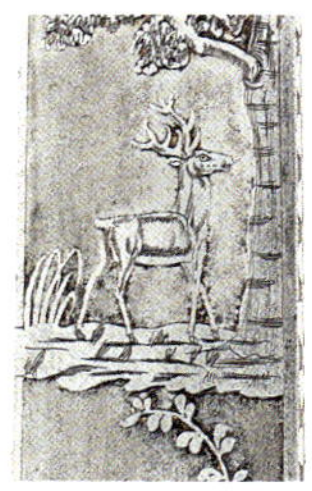

54 Hirschfänger (?) mit Scheide

Inv. Nr. 001 001 76
L.: 604/433, Br.: 34, St.: 8 mm
Gewicht: 728/496 g
Mitte des 19. Jahrhunderts

Das zweischneidige, stark verkürzte Blatt, ursprünglich wohl eine Militärklinge, trägt eine 6 mm lange Fehlschärfe und beidseitige Mittelkehlen. Tiefätzungen lassen unter einem gekrönten „*L*“-Monogramm[102] noch Buchstaben erkennen: [H] „ESS“..; bzw. ..“SS“ „I“...[HESSIA?]
Das Gefäß besteht aus vier schlichten Buntmetallteilen und der Hilze. Auf den Klingenschultern ruht die Parierstange. Der Hilzenring und die Knaufplatte fassen die belederte und mit einer Buntmetalldrahtwicklung versehene Hilze. Auf dem Vernietknauf liegt der Angelniet.
Die Scheide ist aus schwarzem Leder mit zweiteiligem Buntmetallbeschlag gefertigt. Am Mundblech sind zwei Ösen mit Trageringen, am Ortband ein Schleppblech[103] verlötet.

Die Waffe entstammt zwar einer handwerklich-professionellen Herstellung, weicht jedoch vom geläufigen gestalterischen Kanon jagdlicher Waffen ab. Ihre Gestaltung ist weder an der der Hirschfänger noch der von Jagdmessern orientiert. Obwohl sich die Dimensionen denen der Hirschfänger jener Zeit annähern, ist es fraglich, ob die Waffe zu jagdlichen Einsatz bestimmt war.

102 Das Monogramm ist wohl kaum auf einen bestimmten Träger des Namens zu beziehen.
103 Schleppbleche zählen zu regulären Bestandteilen längerer Militärwaffenscheiden; an Hirschfängerscheiden sind sie ungewöhnlich.

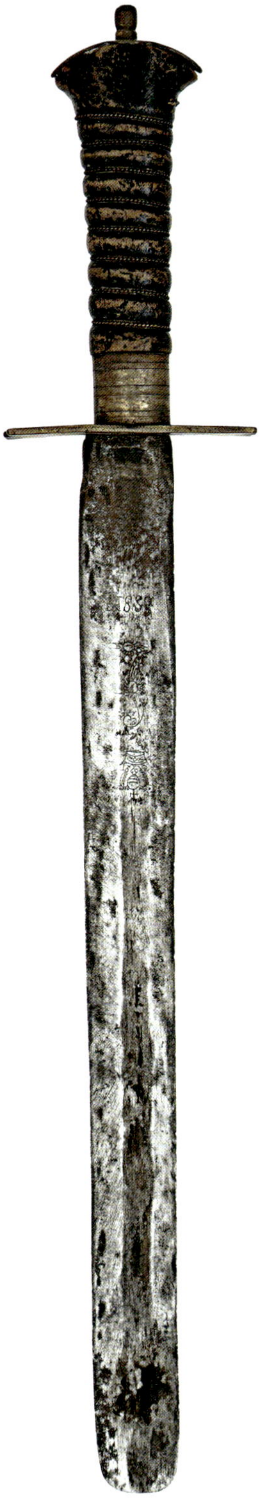

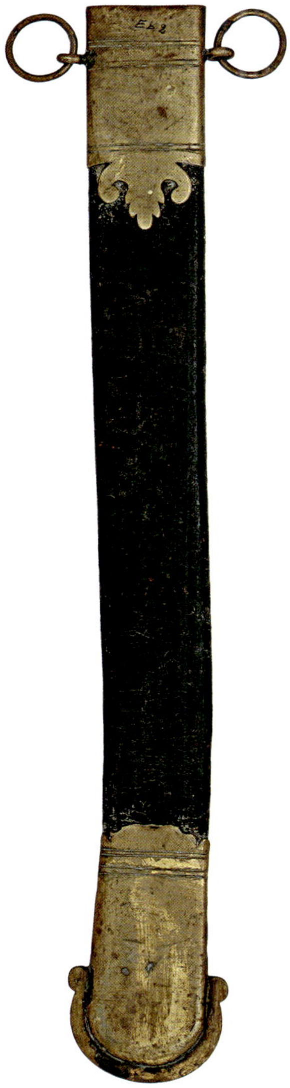

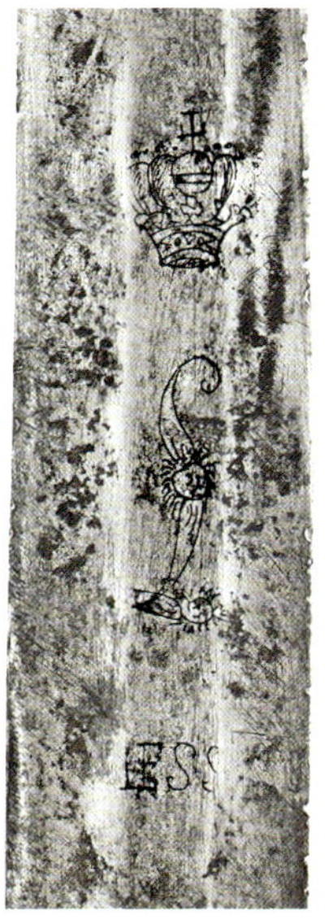

55 Hirschfänger mit Scheide

Inv. Nr. 001 001 11, Scheide 001 001 52
L.: 836 / 701 Br.: 30, St.: 8 mm
Gewicht: 823 / 640 g
Mitte des 19. Jahrhunderts

Das Blatt mit 6 mm langer Fehlschärfe trägt beidseitige Kehlen und einen 90 mm langen, auslaufenden Rückenschliff. Da die Kehle bis in die Spitze durchläuft, könnte es sich um eine gekürzte Klinge handeln.

Das Gefäß besteht aus drei gegossenen silbernen Teilen und der Hilze. Auf den Klingenschultern ruht die in den Faustbügel übergehende Parierstange. Der Hilzenring und die in Gestalt eines Löwenkopfes gearbeitete Knaufkappe fassen die wohl hölzerne Hilze. Diese trägt eine dichte Bewicklung von gezwirntem Silberdraht. In der Knaufkappe wurde die Angel vernietet.

Die Scheide ist aus schwarzem Leder mit zweiteiligem Silberbeschlag gefertigt. Der am Mundblech verlötete Trageknopf zeigt die Gestalt einer Eichel.

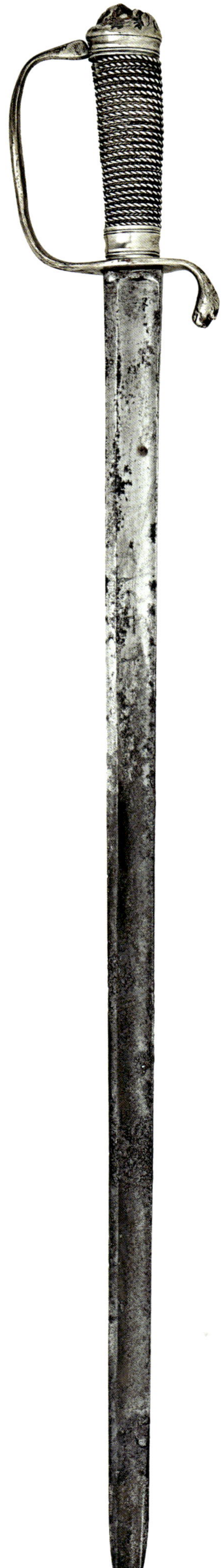
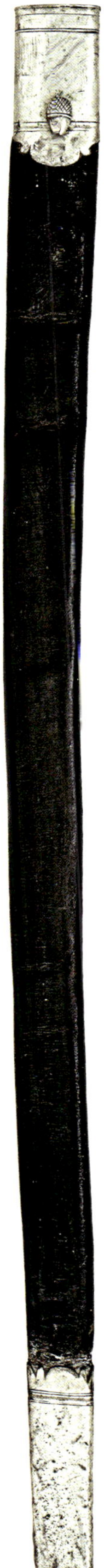

56 Jagdmesser / Standhauer mit Scheide*

Inv. Nr. 001 001 4
L.: 477 / 337 Br.: 35, St.: 5 mm
Gewicht: 648 / 452 g
Letztes Viertel des 19. Jahrhunderts

Das Blatt mit 27 mm langer Fehlschärfe trägt einen 145 mm langen, auslaufenden Rückenschliff. Auf der Fehlschärfe der Quartseite ist eine Herstellersignatur eingeschlagen: „WEILER. DARMSTADT“.[104]
Das Gefäß besteht aus drei gegossenen und reich dekorierten silbernen Teilen sowie der Geweihhilze. Auf den Klingenschultern ruht die in ihrem Zentrum stoßplattenartig verbreiterte Parierstange mit kurzem, schneidenseitigem Arm. Der Hilzenring und die Knaufkappe fassen die Hilze. In der Knaufkappe wurde die Angel vernietet.

Die Scheide ist aus braunem Leder mit zweiteiligem Silberbeschlag gefertigt. Im Dekor der Mundblechsichtseite erscheint ein gekröntes *L*, auf der Gegenseite die gravierte Inschrift: *„Sr. Königl. Hoheit – LUDWIG IV – Grossherzog von Hessen – und bei Rhein*[105] *– Allerunterthänigst – gewidmet und als – erste Lehrlingsarbeit – gefertigt – von – Ludwig Vietor“*.[106]

104 Siehe dazu Beitrag W. Weitz, S. 13.
105 Ludwig IV., 1837–1892, reg. 1877–1892, Großherzog von Hessen und bei Rhein.
106 Siehe dazu Beitrag W. Weitz, S. 13.

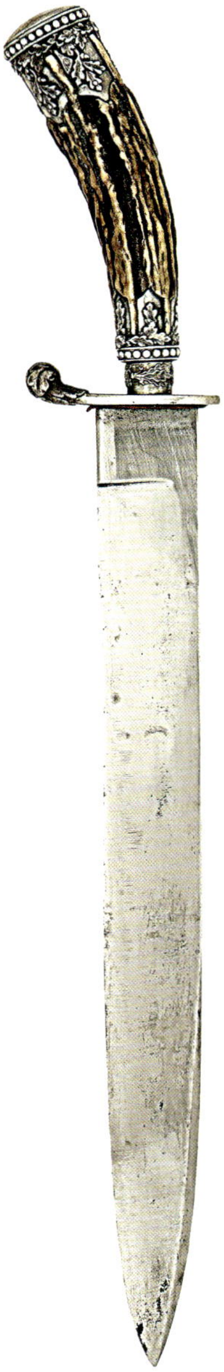

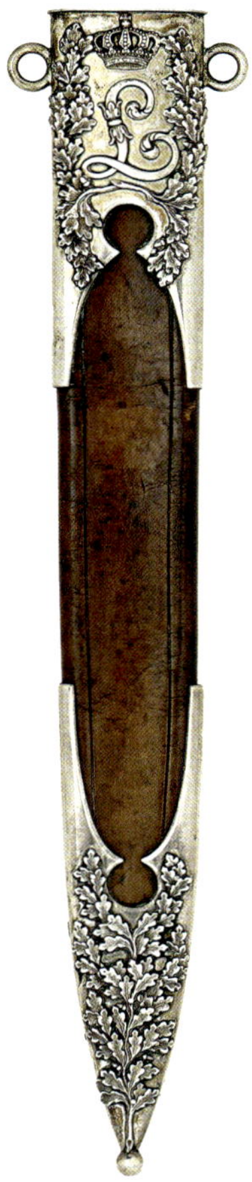

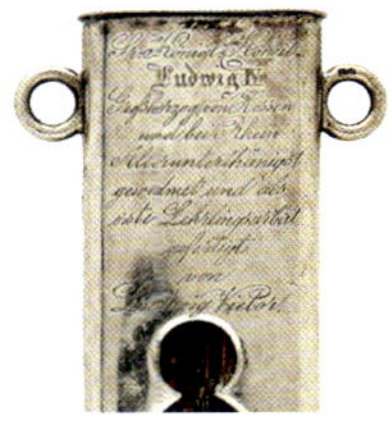

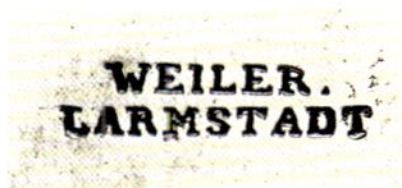
WEILER.

57 Hirschfänger mit Scheide

Inv. Nr. 001 001 5
L.: 575 / 458, Br.: 27, St.: 7 mm
Gewicht: 702 / 490 g
1883

Das zweischneidige, ohne Fehlschärfe ansetzende Blatt trägt beidseitig drei kräftige Kehlen. Hoch geätzte, vergoldete Motive auf gebläutem Grund zieren etwa ein Drittel der Länge. An die Klingenschultern schließen sich auf einer Seite ein gekröntes Spiegelmonogramm „*L*",[107] und auf der Gegenseite die Jahreszahl „1883" an. Die aufwendige Kehlung lässt das Gefüge eines exzellent ausgeführten Stempeldamasts lebendig hervortreten, aus dem das gesamte Blatt geschmiedet ist.

Das Gefäß besteht aus drei Buntmetallteilen. Auf den Klingenschultern ruht die Stoßplatte mit dem Stichblatt. Vollplastische Hundefiguren schmücken die Parierstange, Jagdszenen die Hilze. Im Scheitel der Hilze ist die Angel vernietet.

Die Scheide ist aus braunem Leder mit zweiteiligem, vergoldetem Buntmetallbeschlag gefertigt. Am Mundblech wurde ein Trageknopf verlötet.

107 Ludwig IV., 1837–1892, reg. 1877–1892, Großherzog von Hessen und bei Rhein.

Abb. 57 e zeigt die Damaststruktur der Terzseite.

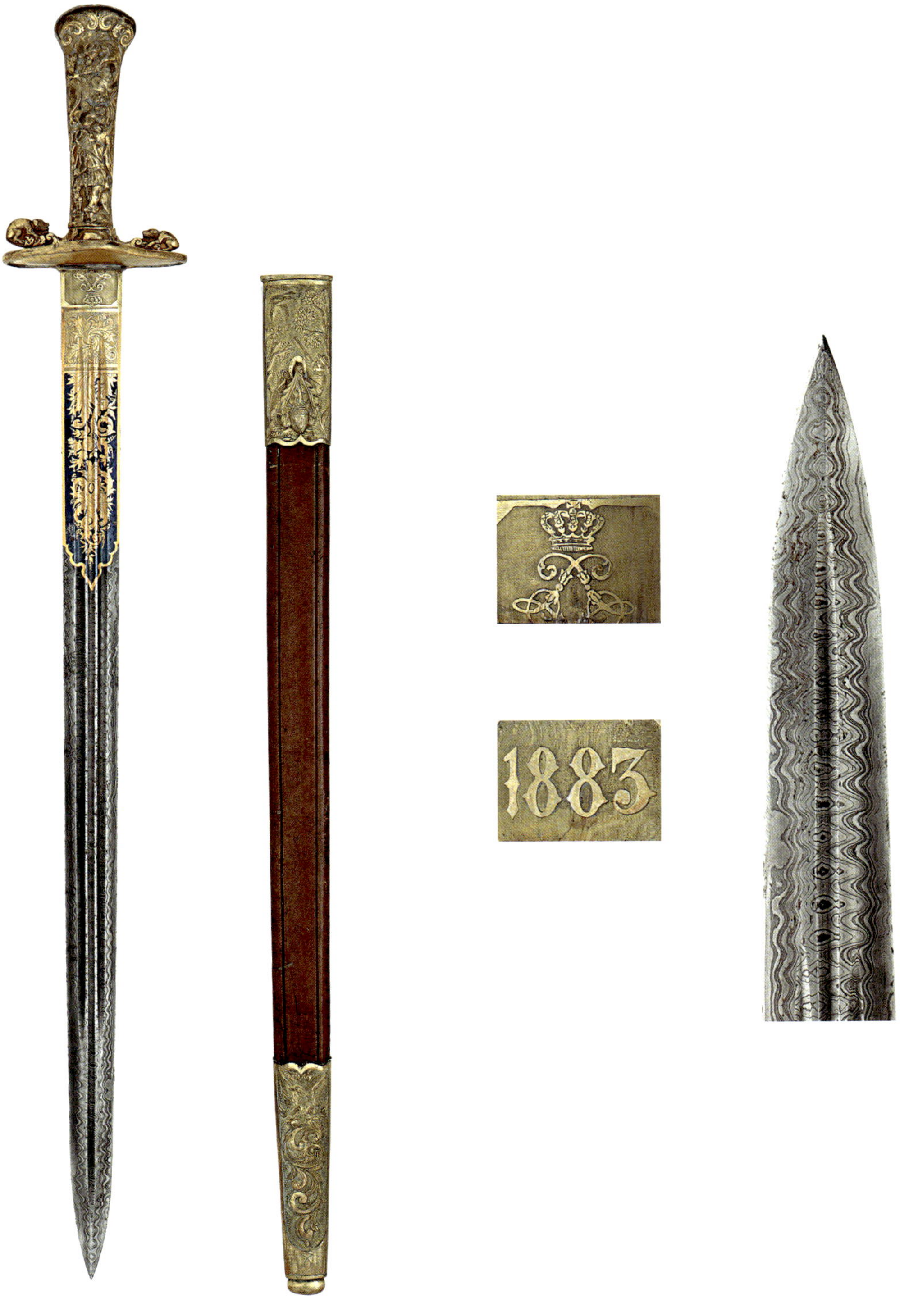
1883

58 Hirschfänger mit Scheide*

Inv. Nr. 001 001 62
L.: 694 / 534, Br.: 40, St.: 5 mm
Gewicht: 1602 / 1204 g
Um 1900

Das zweischneidige, ohne Fehlschärfe ansetzende Blatt zeigt bikonvexen Querschnitt.
Das Gefäß besteht aus einem Stück gegossenen, versilberten Kupfers. Ein Wappenschild mit dem hessischen Löwen, jagdbares Wild und eine Jägerfigur bilden das Dekor. Im Scheitel ist die Angel verschraubt.
Die Scheide wurde aus schwarz beledertem Holz und zweiteiligem, gegossenem, versilbertem Kupferbeschlag gefertigt. Ösen für horizontal orientierte Tragringe sind mit gegossen.
Die Gestaltung der Waffe wie ihr hohes Gewicht weisen darauf hin, dass sie nicht für den jagdlichen Gebrauch bestimmt war, sondern wohl jagdlicher Repräsentation diente.

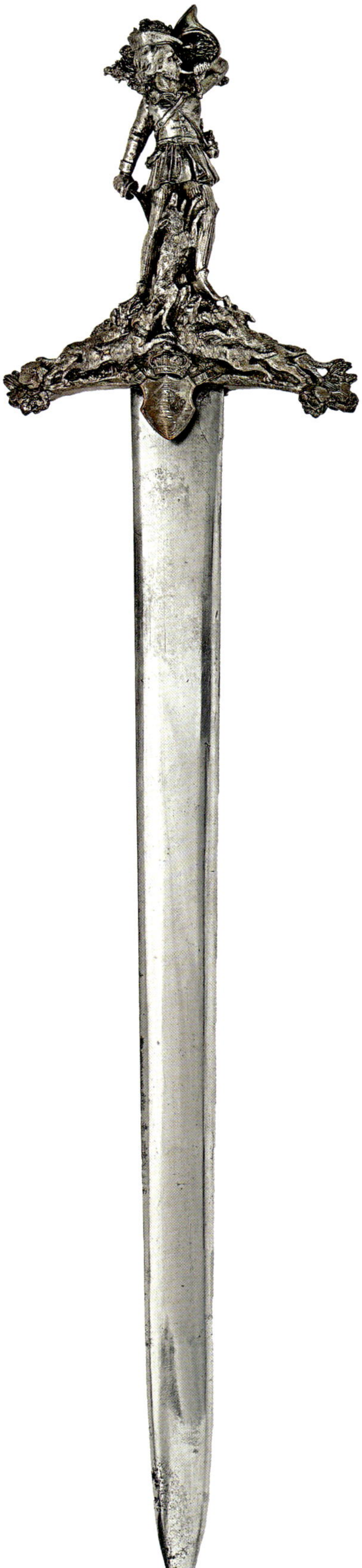
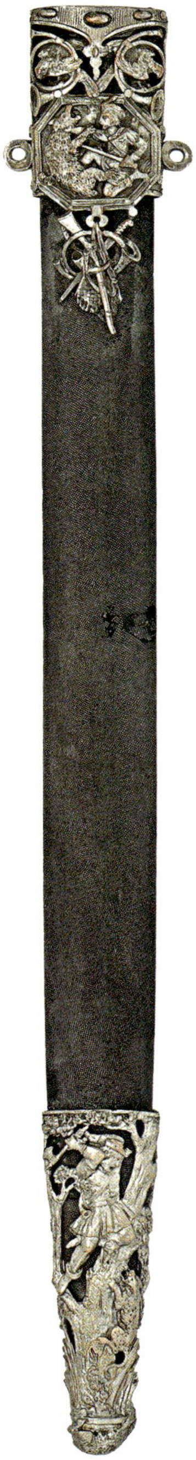
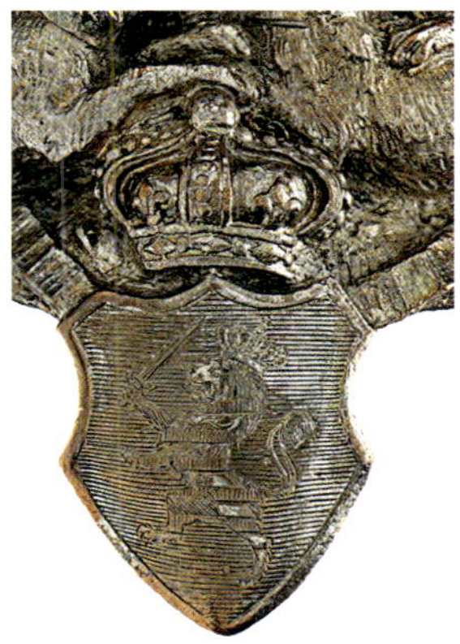

59 Hirschfänger mit Scheide*

Inv. Nr. 001 001 81
L.: 522/380, Br.: 27, St.: 5 mm
Gewicht: 900/736 g (mit Portepee)
Ende des 19. Jahrhunderts[108]

Das Blatt mit 31 mm langer Fehlschärfe trägt einen 170 mm langen Rückenschliff und beidseitig eine zentrale Kehle. Nach Schablonen hoch geätzte jagdliche Motive schmücken etwa zwei Drittel der Länge. Auf der Fehlschärfe der Terzseite ist die Königs/Ritterkopfmarke „W K & C“[109] eingeschlagen, auf der Gegenseite eine Händlersignatur: „MOHR & SPEYER HOFLIEFERANTEN STRASSBURG I/E“.

Das Gefäß besteht aus drei dekorierten, vergoldeten Buntmetallteilen und den Beingriffschalen. Auf den Klingenschultern ruht die Stoßplatte mit dem Stichblatt. In dessen Zentrum sind drei Bohrungen zu erkennen, die ursprüngliche Applikation, ein gekröntes „W“, ist verloren. Es folgen die in den Faustbügel übergehende Parierstange sowie der Rahmen mit dem Adlerkopfknauf. Beidseitig verdecken drei Stifte mit Zierköpfen die Griffschalenniete.

Die Scheide wurde aus schwarzem Leder mit zweiteiligem, dekoriertem und vergoldetem Beschlag gefertigt. Ein Trageknopf in Gestalt einer Eichel ist am Mundblech verlötet.

108 Katalog Weyersberg, um 1900, No. 103 (Oberforstrat-Hirschfänger). Motive der Ätzschablone tauchen auch im Fall der Kat. Nr. 100, 101, 207 und 208 auf.

109 Walter, 1973, S. 177 bildet die Marke ab.

110 Mit freundlicher Genehmigung von G. Große Löscher, Göttingen.

Abb. 59c zeigt eine ältere, zeichnerische Dokumentation des Hirschfängers (Blatt 10) mit der auf Kaiser Wilhelm II. bezogenen Applikation des Stichblattes.[110]

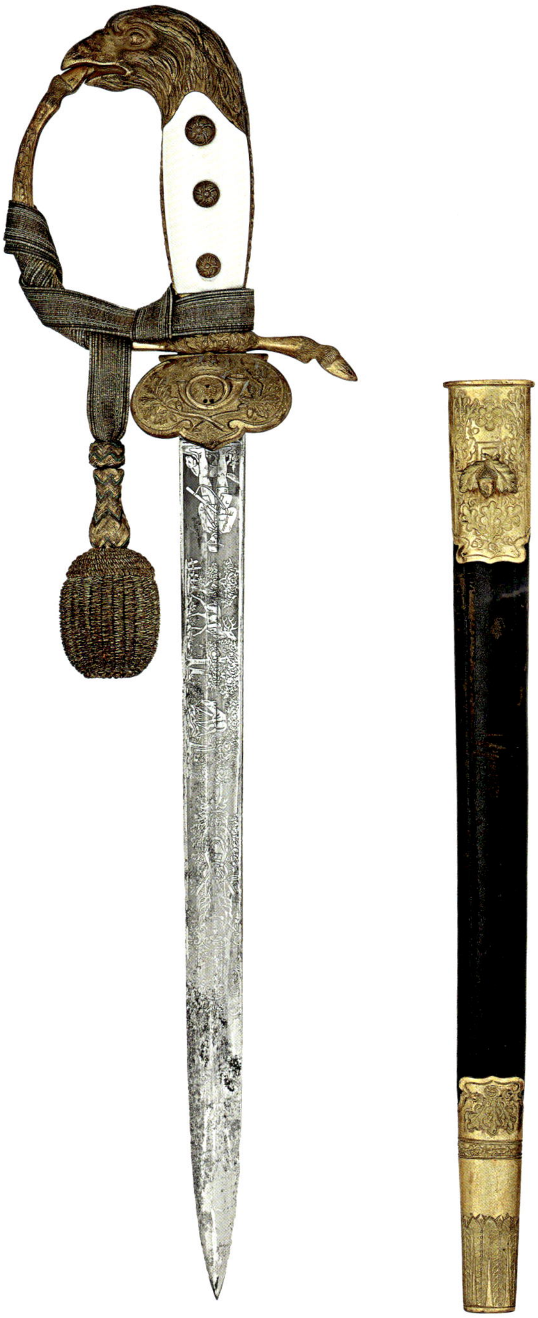

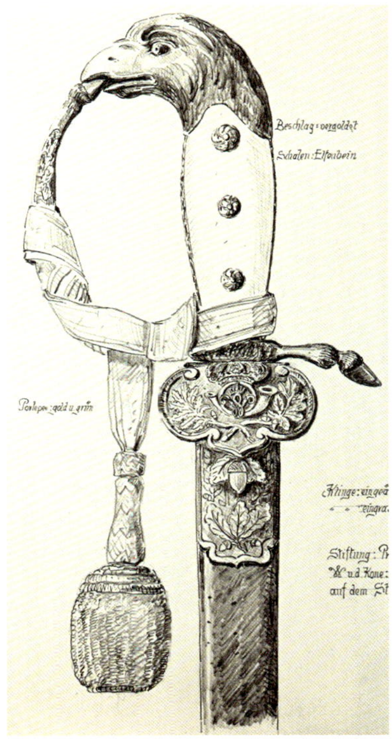
Beschlag: vergoldet
Schalen: Elfenbein
Portepee: gold u. grün

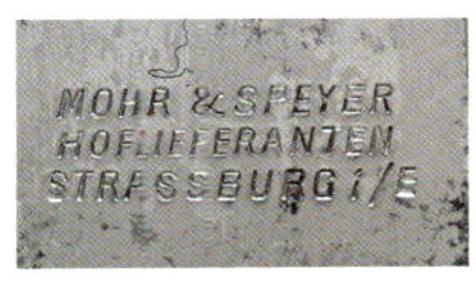
MOHR & SPEYER
HOFLIEFERANTEN
STRASSBURG i/E

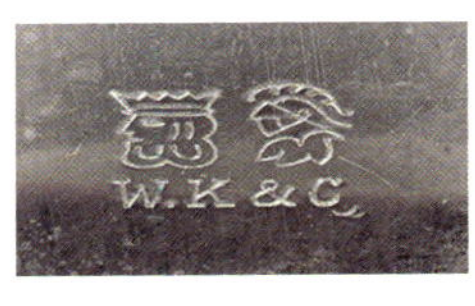
W.K & C

Bedeutung der Seitenwaffen

Zu den ältesten Waffen des Bestandes zählen zwei Jagdschwerter (Kat. Nr. 1, 3) und ein Jagddegen (Kat. Nr. 2). Sie repräsentieren die Waffen und die Jagdarten der Zeit um 1500. Der Aufbau der mit Angeln ausgestatteten Jagdschwerter orientierte sich an der Gestaltung der Militärwaffen jener Zeit. Ihre Blätter konnten Marken tragen; die Gefäße zeigten ausladende Parierstangen. Die Gestalt der vom Pferd aus benutzten Jagdschwerter hielt sich noch während der ersten Hälfte des 16. Jahrhunderts. Die gelegentlich geäußerte Annahme, Schweinsschwerter seien eine Erfindung Maximilians I.,[111] trifft nicht zu, da sie bereits im 14. Jahrhundert beschrieben wurden.[112]
Zeitparallel traten vereinzelt Jagddegen auf, die die Schwerter schließlich ablösten. Mit dem unter Kat. Nr. 2 dargestellten Exemplar liegt eine dieser frühen, von spätgotischen Stilelementen beeinflussten Ausführungen vor. Jagddegen waren leichter, handlicher und wurden abgesessen benutzt. Ihre auf Hefte montierten Eisengefäße zeigten Einflüsse von Jagdmessern und Praxen jener Zeit.
Während des 17. Jahrhunderts dominierte der weiter entwickelte, in der Funktion jedoch unveränderte Jagddegen. Einige seiner Merkmale prägen bis in unsere Zeit das Erscheinungsbild von Hirschfängern, in augenfälliger Weise das gegen das Blatt gekrümmte Muschelstichblatt. Diese Ära war zugleich die Blütezeit einer klassischen Variante der Praxe, die durch Kat. Nr. 4 vertreten ist.
Merkmale des Übergangs vom Jagddegen zum Hirschfänger lässt die unter Kat. Nr. 5 beschriebene, noch vom frühbarocken Stil beeinflusste Waffe erkennen. Ihre Morphologie zitiert die Gestaltungsweise des 17., das gegossene Buntmetall des Gefäßes bereits die Gepflogenheiten des 18. Jahrhunderts.
So wie Jagddegen und Praxen das Jagdgeschehen des 17. Jahrhunderts prägten, dominierte der voll entwickelte, hochbarocke Hirschfänger mit seiner Variante, der Plaute, das des 18. Jahrhunderts.
Eine außergewöhnliche, sehr aufwendig gearbeitete und reich dekorierte Waffe (Kat. Nr. 6) stellt ein Glanzstück des Bestandes dar. Der Stil und die Ausführung seiner Blattdekoration zählen zu den reichsten und qualitätsvollsten Arbeiten des 18. Jahrhunderts.
Die Waffen der ersten Hälfte des 18. Jahrhunderts unterscheiden sich in vielfacher Hinsicht von ihren Vorläufern. Kennzeichnende Veränderungen sind anhand der unter Kat. Nr. Nr. 6–8 beschriebenen Waffen nachvollziehbar: Heftmontagen der Jagddegen hatte man aufgegeben, Angelkonstruktionen waren an ihre Stelle getreten. Blätter trugen kurze Fehlschärfen und die an die Klingenschultern anschließende, etwa 10 cm lange Partie wurde nicht mehr gekehlt. Eine daran anschließende, breite Mittelkehle verlief bis zum Ort, während ein feiner, entlang des Rückens verlaufender Zug am Ansatz des Rückenschliffs endete. Die Dekoration folgte der Morphologie: der ungekehlte Bereich wurde in voller Breite mit Hoch- und Tiefätzungen dekoriert, während sich weitere Dekorationen auf die Breite der Mittelkehle beschränkten. Neben Bandelwerk traten Inschriftkartuschen mit Wahlsprüchen, Wappen oder Besitzerkennzeichnungen auf (Kat. Nr. 7, 8). Hoch wie tief geätzten Dekorationen der Blätter galt besondere Aufmerksamkeit. Einzelne Partien wurden durch Vergoldung betont oder durch gebläuten Hintergrund hervorgehoben. Die Klingenrücken zeigten tief geätzte, auch vergoldete Pfeil- oder Rankenmotive.
An die Stelle der bislang aus Eisen geschmiedeten Gefäße trat gegossenes, gelbes Buntmetall. Der Guss der Gefäßteile erleichterte die Gestaltung plastischer Dekorationen, die durch Ziselieren und Gravieren nachbearbeitet wurden. Auch Vergoldungen oder Versilberungen waren nun einfacher vorzunehmen und traten häufiger auf. Die separat hergestellte, auf den Klingenschultern ruhende Stoßplatte mit dem terzseitigen Muschelstichblatt setzte sich als konstruktive Einheit durch. Ganze Faustbügel waren nun die Regel. Ein eingesteckter Zapfen verband sie mit der

111 Seitz, Bd. I, 1965, S. 302.

112 Das Jagdbuch des Mittelalters (Nachdruck 1994), 60 f. des Anhangs.

Knaufplatte oder der Knaufkappe. Für die Hilzen wählte man exotische und kostbare mineralische oder organische Materialien und kombinierte sie auch miteinander.
Wie mit dem unter Kat. Nr. 6 beschriebenen Hirschfänger sowie der unter Kat. Nr. 8 dargestellten Saufeder belegt, waren Sonderkonstruktionen beliebt; so etwa Hirschfänger mit Schießvorrichtungen (Kat. Nr. 9). Deren praktischer Nutzen war wohl nicht bedeutend, zumal die zusätzlich montierten Teile die Handhabung eher erschwerten. Der Stoßwaffencharakter stand im Vordergrund, da die Feuerwaffen derartiger Hirschfänger keine Visiereinrichtungen zeigen.
Unter dem Einfluss des Rokoko tauchten gegen die Mitte des 18. Jahrhunderts geschwungene Klingen auf; die Plaute wurde beliebt und hielt sich über die zweite Hälfte des Jahrhunderts. In Kranichstein ist eine ansehnliche Zahl von Plauten vertreten (Kat. Nr. 10–14, 16–19). Ihr Blattdekor konnte in herkömmlicher Weise und hoher Qualität (Kat. Nr. 11) gestaltet sein, doch traten daneben Panduren-Darstellungen auf, unter Verzicht auf spezifisch jagdliche Motive (Kat. Nr. 13, 16). Neben den Pfeil- und Ranken- Darstellungen der Rückenätzung kommen Blüten vor. Die Bügel der Gefäße wurden von knappen, vertikal S-förmig geschwungenen Parierstangen abgelöst. Asymmetrische Stichblätter zeigen Drachen- oder Vogelgestalt.
Die Stoßplatten stattete man mit einem Überfang aus, der sich über den Scheidenmund schob, um dem Eindringen von Wasser vorzubeugen. Dem entsprechend, wurde an Scheiden das innen liegende Ortband verwendet, dessen oberer Teil vom Scheidenleder überdeckt war. Das Spektrum der Hilzenmaterialien bzw. das der verstärkt auftretenden Griffschalen der Rahmenkonstruktionen (Kat. Nr. 18, 19) erweiterte man durch Horn, geschnittenes und gefärbtes Bein sowie Kompositmaterialien. Unter den Waffen dieser Ausführung finden sich besonders zierliche, leichte Exemplare.
Zeitparallel trat mit dem dritten Viertel des 18. Jahrhunderts ein Hirschfängertyp auf, der den Rahmen des zuvor wie nachfolgend Beschriebenen überschreitet (Kat. Nr. 20–23, mit Einschränkungen 24). Die Waffen sind in Kranichstein überproportional häufig vertreten, jedoch durchaus nicht ohne Beispiel. Sie tragen zweischneidige Klingen, ein für Hirschfänger des deutschen Sprachraums ganz ungewöhnliches Merkmal. Vier der Blätter sind oder waren gleichartig dekoriert, nämlich mit einem tief geätzten Schriftband, in dem eine vierstellige Ziffer erscheint und der Darstellung eines Wolfs. Krünitz[113] beschreibt sog. Wolfsklingen als herausragende Solinger Produkte. Der Umstand, dass er sie unter Degenklingen anführt, weist darauf hin, dass sie nicht primär für Hirschfänger gedacht waren. Aus demselben Grunde wie ältere, aptierte Degenklingen wählte man sie wohl wegen ihrer Qualität.[114]
Die Einheitlichkeit ihrer Blätter gilt nicht in gleichem Maße für die Gefäße. Sie bestehen aus Buntmetall mit kurzen, geschwungenen oder, gegen Ende des Jahrhunderts, geraden Parierstangen. Hilzen fertigte man aus geschnittenem Horn oder Holz. Belederte Hilzen trugen Unterwicklungen aus Schnur. In den Windungen wurden Stränge verdrillten Buntmetalldrahtes angebracht.
Einen Trend jener Zeit deuteten diese Waffen bereits an, denn gegen Ende des 18. Jahrhunderts wurden geschwungene Klingen insgesamt seltener. Auch auf die feine Rückenkehle, die Klingen der Hirschfänger und Plauten während des 18. Jahrhunderts gekennzeichnet hatte, verzichtete man weitgehend. Hirschfänger mit geraden Rückenklingen konnten jedoch noch die gleichen Dekorationen der geschwungenen Parierstangen zeigen (Kat. Nr. 24, 25). Unter dem Einfluss des Louis Seize–Stils, gestaltete man kompakt wirkende Parierstangen mit gegen das Blatt gerichteten Voluten. Ihre offene Unterseite bildete zugleich den Überfang (Kat. Nr. 27, 31).
Mit insgesamt strengeren Gefäßformen erschienen mit der Wende zum 19. Jahrhundert Beispiele des Empire oder dadurch beeinflusster Formen (Kat. Nr. 28–30). Zu dieser Zeit mehrte sich die Anzahl aufwendig dekorierter Klingen (Kat. Nr. 30, 31, 33). Reiche Vergoldungen, die sich über große Teile des Blattes erstreckten, lagen auf gebläutem Grund. An jüngeren Exemplaren, hier durch die unter Kat. Nr. 33 beschriebene Waffe vertreten, endete die Bläuung mit einem Rankenmotiv.[115] Waffen dieser Art sind vor allem als Diensthirschfänger hannoverscher Förster bekannt.[116]

113 Krünitz,- „Klinge", Während er den Ursprung auf ihren vermeintlichen „Erfinder namens Wolf, welcher um das Jahr 1414 lebte", zurückführt, nennt er Solinger Meister seiner Zeit, die Wolfsklingen herstellen: Abraham und Johann Berg, Teschen und Sohn, Peter Mumm, Beyersberg und Abraham Martens. Schlesinger, 1978, erwähnt diese Schmiede und Händler zwischen 1770–80 mit Ausnahme von Martens.

114 Das Auftauchen der Wolfsdarstellung in einem der Solinger Musterbücher bestätigt Krünitz´ Angabe der Solinger Herkunft.

115 Musterbücher des Nathanael Melchiors (1805–1820), sowie des Wilhelm Melchiors (1822–1824), Deutsches Klingenmuseum Solingen, MB 18, Blatt 1, 12, 13; MB 19, Blatt 44, 48 zeigen das variierte Motiv.

116 Große Löscher, 2005, Heft 2, S. 150.

Französischer Einfluss war auch nach der napoleonischen Ära spürbar. Er äußerte sich in zweischneidigen, sparsam geätzten Klingen (Kat. Nr. 36, 37), die jedoch in reich dekorierte Gefäße montiert wurden. Diese bestanden idealtypisch aus Silber und geschnittenen Ebenholzhilzen.
Die Klingenmorphologie wurde während der ersten Jahrzehnte des 19. Jahrhunderts schlichter. Man gestaltet breite, zentrale Kehlen oder verzichtete ganz auf Kehlungen. Hochätzungen der Blätter (Kat. Nr. 38, 46, 47) verbreiteten sich rasch. Sie lösten die herkömmlichen, individuellen Strichätzungen zwar nicht unmittelbar ab, setzten sich aber schließlich durch.
Gefäße des zweiten Viertels sind zwar gelegentlich in Silber gearbeitet, zeigen jedoch schlichte, gerade Parierstangen. Exotische Hilzenmaterialien wurden durch herkömmliche, wie Geweih, Bein oder Holz abgelöst (Kat. Nr. 38–43). An langen, schweren Diensthirschfängern mit hoch geätztem Klingendekor kamen wieder repräsentative Bügelgefäße vor. Die unter Kat. Nr. 46–48 dargestellten Exemplare bildeten ein Ensemble. Im Blattdekor erschienen Wappen und Monogramme. Das Bügelgefäß der Kat. Nr. 49 erinnert an Jagddegengefäße des späten 17. Jahrhunderts; sein Griffschalenbeschlag zeigt wie die vorab genannten Exemplare das hessische Löwenwappen. Die Hirschfänger mit den Kat. Nr. 42 und 43 entsprechen wiederholt auftretenden Typen, im ersten Fall ein bayrisches, im zweiten ein weiter verbreitetes Muster.
Nachdem Praxen bereits während des 18. Jahrhunderts an Bedeutung eingebüßt hatten, erlebten sie in der ersten Hälfte des 19. Jahrhunderts eine kurze Renaissance. In Kranichstein sind sie durch zwei aufwendig gearbeitete Exemplare vertreten (Kat. Nr. 44, 45). Durchbrochene Rosetten der Griffpartien orientieren sich an Vorbildern der Gotik und belegen das wiederholt zu beobachtende Interesse der Romantik an jener Stilrichtung. Insgesamt lässt die Gestaltung kein eigens entwickeltes Profil mehr erkennen, sondern eher Rückgriffe auf unterschiedliche Vorgänger, deren Merkmale man zu einem neuen, uneinheitlichen Gesamtbild fügte. Die Waffen, die sich von älteren Exemplaren durch ein ungewöhnlich hohes Gewicht unterscheiden, waren wohl nicht mehr für den Einsatz auf der Jagd gedacht.
Mit der Revolution von 1848 wurde das Jagdprivileg des Adels eingeschränkt;[117] die Waffen der nun auch bürgerlichen Jäger entsprachen veränderten Anforderungen. Daher verwundert es nicht, dass sich das gestalterische Spektrum insgesamt verbreiterte. So kamen schlichte Exemplare, die den kurzen Militärwaffen jener Zeit ähnelten (Kat. Nr. 50, 51) ebenso vor, wie die Orientierung an klassischen Formen (Kat. Nr. 53, 55). Eine charakteristische Neuschöpfung dieser Zeit, der Standhauer, ist durch ein aufwendig gearbeitetes, daher im Grunde untypisches Beispiel vertreten (Kat. Nr. 56). Die Morphologie der Waffe lässt Merkmale früher Jagdmesser und Praxen erkennen und zeigt damit durchaus Charakteristika des Standhauers. Der silberne Gefäß- und Scheidenbeschlag jedoch erweckt nicht den Eindruck einer schlichten, robusten Gebrauchswaffe.
Während der letzten Jahrzehnte des 19. Jahrhunderts waren Klingen aus Schweißdamast beliebt, deren Gefügebild noch durch Stempelung belebt worden war (Stempeldamast). Ein Vertreter dieser Ausführung (Kat. Nr. 57) lässt ein feines, regelmäßiges Gefüge erkennen. Die exzellent geschmiedete Klinge ist mit geätztem, vergoldetem Spiegelmonogramm, Datierung, Trophäen und Rankenmotiven auf gebläutem Grund dekoriert. Guss und Dekor der Gefäßteile entsprechen nicht dem durch die Klinge gesetzten Standard; ein zu dieser Zeit nicht selten anzutreffender Sachverhalt.[118] Ähnlich verhält es sich im Fall des nachfolgend dargestellten Exemplars (Kat. Nr. 58). Damit liegt allerdings eine Arbeit vor, bei der Klinge wie Gefäß ein geschlossenes Bild abgeben. Gewicht wie Erscheinungsbild machen die Waffe zum Gebrauch ungeeignet.
Der jüngste, um 1900 entstandene Hirschfänger (Kat. Nr. 59), war die Waffe eines höheren Forstbeamten, die zwar gebrauchstauglich war, jedoch wohl kaum noch eingesetzt wurde; sie gehörte zur vorschriftsmäßigen Uniform, wie sie zu offiziellen Anlässen getragen wurde.

117 Die Auswirkungen der allgemeinen Veränderungen des Jahres 1848 bedeutetet für das Großherzogtum Hessen-Darmstadt, dass für die Landesherren, die zuvor auf sämtlichen Grundstücken ihres Herrschaftsbereiches das Jagdrecht hatten, mit Gesetz v. 26.07.1848 die Jagdberechtigung auf fremdem Grund und Boden aufgehoben wurde. Weitz, 2003, S. 4.

118 Offenbar haben wir derartige Beobachtungen als Hinweis auf verhandelte Klingen aufzufassen, die am Bestimmungsort von Handwerkern montiert wurden, welche nicht denselben Standard erreichten.

Stangenwaffen

Beschaffenheit und Handhabung

Unter der großen Vielfalt der Stangenwaffen gab es zahlreiche Ausführungen, die sowohl gegen Menschen als auch bei der Jagd eingesetzt werden konnten. Derartige, universell verwendbare Formen sind für uns nicht differenzierbar. Es ist nicht überliefert, wann Menschen begannen, Spieße für spezifisch jagdliche Zwecke herzustellen. Wir können nur versuchen, aus morphologischen wie anderen Merkmalen Rückschlüsse auf den Verwendungszweck zu ziehen.
In einigen wenigen Fällen bieten aus antiken Kulturen bekannt gewordene Darstellungen Anhaltspunkte und unter den Beigaben reich ausgestatteter frühmittelalterlicher Gräber Westeuropas findet sich neben der Kriegslanze nicht selten ein Jagdspieß.[119]
Somit darf der Jagdspieß mit seinen Attributen als früheste für uns erkennbare Jagdwaffe gelten. In seiner wohl bedeutendsten Variante, der Saufeder, hat er sich bis in unsere Zeit bewährt. Bereits vor Jahrtausenden wurde der robuste, an der Funktion orientierte Charakter der Saufeder entwickelt, der nach wie vor ihre unverwechselbare Gestalt prägt.
Die Dimensionen wie die Morphologie älterer, als Bodenfund überlieferter Saufedereisen entsprachen neuzeitlichen Exemplaren. Ein Unterschied kann allenfalls in dem Umstand gesehen werden, dass Auflaufknebel der älteren Zeit, so, wie es die Textfiguren 6 und 7 zeigen, mit der Tülle verschweißt wurden, wenngleich angesichts der geringen Anzahl bekannt gewordener Beispiele generalisierende Aussagen problematisch erscheinen.
Die Gesamtlänge von Saufedern, deren Schäftung wir als ursprünglich ansehen können, betrug knapp zwei Meter. Da in der alten Zeit neben Schwarzwild größeres und wehrhafteres Wild wie Wisent, Auerochse und Bär gejagt wurde, zeigten die Eisen älterer Waffen Dimensionen, welche uns von den zahlreicher erhaltenen neuzeitlichen Saufedern nicht vertraut sind. Ihre Gestalt allerdings war von Beginn an durch ein schlichtes, zumeist lanzettförmiges Blatt mit Mittelgrat, konkav eingezogenen Flanken, sowie kurzer, im Querschnitt runder, polygonaler oder rautenförmiger Tülle gekennzeichnet. Der rautenförmige Querschnitt war wohl

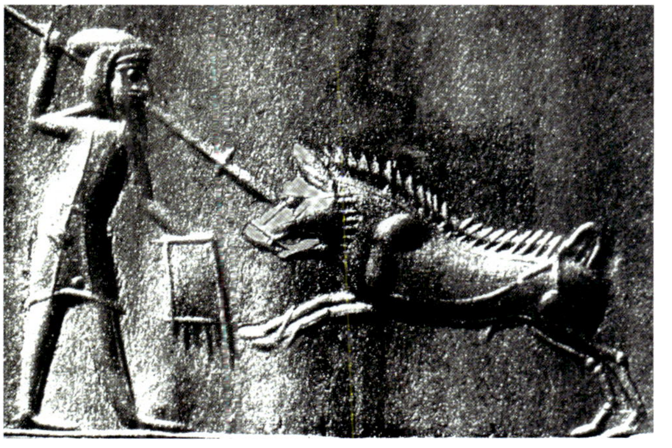

Babylonisches Rollsiegel, 6./4. Jahrhundert v. Chr.

besonders verbreitet, weil sich darin das Profil des Blattes in der Tülle fortsetzte. In dieser offenbar jüngeren Entwicklungsstufe zeigen Saufedereisen ihre perfekt funktionelle Gestalt.
Obwohl Klingen von Saufedern recht voluminös wirken, sind sie relativ leicht. Dieses geringe Gewicht erzielte man durch eine besondere schmiedetechnische Gestaltung und gewährleistete so eine rasche Handhabung: die Öffnung für die Aufnahme des Schaftes erstreckt sich vielfach über etwa zwei Drittel der Blattlänge. Sie erklärt auch die auffallende Stärke der Blätter. Ein großes Volumen des Blattes war erwünscht, um eine schwere Wunde mit raschem Blutverlust zu verursachen.
Das auffälligste Merkmal der Saufeder jedoch ist ihr Auflaufknebel. Er unterscheidet sich von Vorrichtungen vergleichbarer Funktion der Kriegswaffen, wie Flügellanze,[120] Knebelspieß[121] oder Sponton.[122] Abweichend von den auf der Mittelachse in der Orientierung der Schneiden verschweißten, eisernen Knebeln jener Waffen bestanden die der Saufedern nämlich häufig aus organischem Material, zumeist Geweih. Ebenso kennzeichnend war

119 Menghin, 1983, Kat. Nr. 21, 43, 84.
120 Westphal, 2002, S. 221–266.
121 Müller, Kölling, 1982, Kat. Nr.69, Seitz, 1965, Abb. 144, A., Abb. 150.
122 Windsheimer, 2001, Abb. 20' –238; Müller, 1982, Kat. Nr. 378–399.

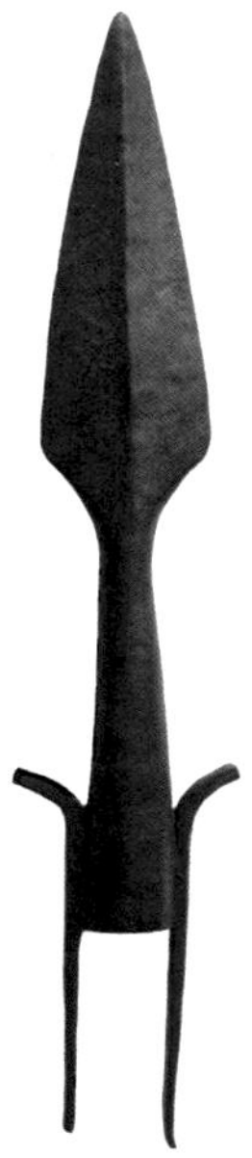

Römische Saufeder, erste Hälfte des 4. Jahrhunderts, 450 mm lang, 90 mm breit, Tüllendurchmesser 40 mm. Aus Grab 6352 des Gräberfeldes von Krefeld-Gellep;[123] *Museum Burg Linn*

ihre Anbringung seitlich an bzw. kurz unterhalb der Tülle; und zwar rechtwinklig zur Schneidenlinie an der Schmalseite. Eine Bindung durch ledernen Riemen hielt sie in einer Position, die sich dem Winkel, in dem ein Tierkörper getroffen wurde, anpasste. Auch im Fall metallener Knebel behielt man die exzentrische Anbringung bei: man lochte die Tülle und steckte einen kräftigen Metallstift von quadratischem Querschnitt hindurch, der den Knebel hielt. An seiner Gegenseite wurde er verschraubt. Das Lösen der Verschraubung und ein Schwenken des Knebels um 90 Grad erlaubten die Ausrichtung entlang des Schaftes. Auf diese Weise erleichterte man den Transport und konnte durch eine Scheide (Schutzhülle) sämtliche Metallteile umschließen.

Schaftfedern, d.h. eiserne, mit der Tülle verbundene und in den Schaft eingelassene Bänder, sind bereits seit der römischen Kaiserzeit belegt und traten auch an jüngeren Saufedern auf, wurden jedoch nicht zu regelhaften Bestandteilen. Sie stellten eine zusätzliche Stabilisierung derjenigen Schaftpartie dar, mit der man dem Wild am nächsten kam. Häufig wurden sie nicht einzeln durch Stifte mit dem Schaft, sondern zudem durch Niete miteinander verbunden.

Für den Schaft einer Saufeder wählte man „gewachsenes“, kein geschnittenes Holz; d.h. Holz, dessen Faserverlauf nicht durch Schnitte unterbrochen und somit geschwächt war. Der natürlichen Wuchsform entsprechend, war der Schaftdurchmesser ungleich: der stärkere Teil trug die Klinge, die schwächere Partie bildete das Ende. Schaftschuhe, d.h. Beschläge des Schaftendes, die bei Stangenwaffen für den Kriegsgebrauch die Regel darstellten, waren an Saufedern unüblich.

Besondere Aufmerksamkeit galt dem sicheren Halt der Hände. Um ihn zu gewährleisten, kannte man unterschiedliche Verfahren. Man konnte einem bereits im frühen Wachstumsstadium ausgewählten Schaft regelmäßige, kleine Verletzungen zufügen, an denen sich dann Knubben bildeten, die schließlich nach Entfernung der Borke verblieben. Der Schaft konnte mit einem flachen, geschnittenen Relief versehen werden, oder man bewickelte ihn mit schmalen, an den Kreuzungspunkten durch Zierkopfstifte fixierten Lederstreifen. Gut erhaltene Exemplare lassen erkennen, dass man die Position der Hände durch enger bewickelte Partien vorgab (s. Kat. Nr. 15). Das Schaftende verblieb auf etwa 50 cm Länge ohne Bewicklung.

Der an die Tülle anschließende Bereich konnte bis zur vorderen Handhabe mit Samt bespannt sein;

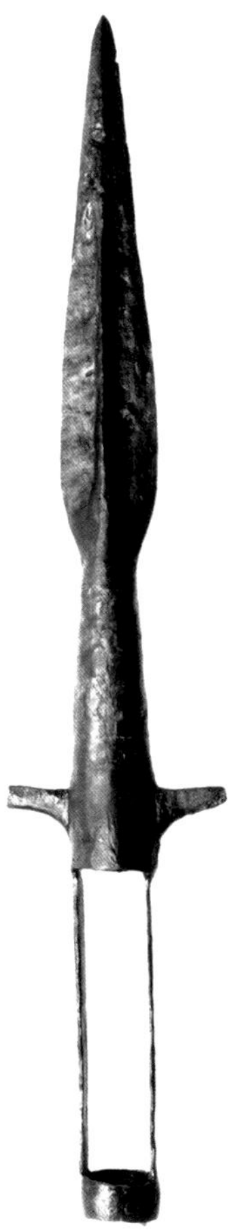

Frühmittelalterliche Saufeder, Mitte des 6. Jahrhunderts; einschließlich der Schaftfedern 690 mm lang. Aus Grab 1782 des Gräberfeldes von Krefeld-Gellep;[124] *Museum Burg Linn*

123 Pirling / Siepen, 2006 S. 599 ff, Taf. 104, 20.

124 Menghin, 1983, Kat. Nr. 83.

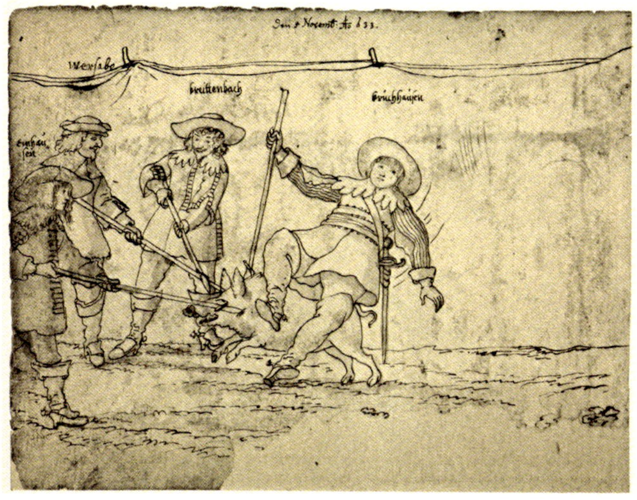

Jäger mit Saufedern im durch Tuch eingestellten Jagen[125]

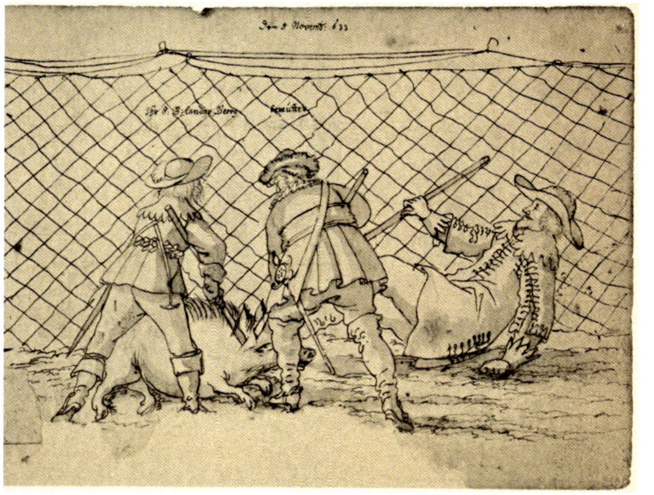

Jäger mit Saufedern im eingestellten Jagen. Vor den gut erkennbaren Netzen, „Garn“, hat Landgraf Georg, von zwei Jägern unterstützt, eine Sau abgefangen.[126]

im Fall der unter Kat. Nr. 1 beschriebenen Waffe handelt es sich um grünen Samt sowie Putzreste am Tüllenansatz.

Die Jagdliteratur enthält eine Reihe lebendiger und offenbar praxisnaher Schilderungen der Saujagd mit dem Spieß. Gaston Phoebus[127] warnt davor, ein Schwein in der Dickung anzugehen, das nicht gut von Hunden gedeckt (abgelenkt) ist. Er empfiehlt die Verwendung des Fangeisens (Saufeder) und rät, den Schaft in dessen Mitte zu fassen: „Hat man das Schwein aber getroffen, soll man den Spieß einlegen (unter den Oberarm klemmen) und mit ganzer Kraft gegen das Schwein drücken. Wenn dieses kräftiger ist als der Jäger, soll er sich von einer Seite auf die andere wenden, dabei aber ja nicht locker lassen, sondern fest nachdrücken, bis Gott ihm beisteht oder ihm jemand zu Hilfe kommt“.

Krünitz beschreibt in seiner Enzyklopädie gegen Ende des 18. Jahrhunderts die Waffe[128] und ihren Gebrauch: „Es ist ein großer Unterschied unter den Fangeisen. Denn man hat breite Bäreisen, und schmälere Saueisen, daran entweder Schäfte von Eberäschenholz, welche in der Saftzeit verkerbet worden, dass Knorren daraus gewachsen sind, oder Schäfte von gutem zähen Büchen- oder Birkenholz gemacht sind. Um solche Schäfte werden rothe oder schwarze schmale Riemchen gewunden, welche mit gelben oder weißen Zwecken befestigt sind. Dieses Fangeisen muss auf 1 ½ oder 2 Spannen zurück einen Knebel haben, wie ein Kreuz, damit das angefasste Schwein, wenn es getroffen wird, weiter nicht, als bis auf den Knebel, an den Mann dringen könne. Mit der linken Hand muss es regiert, und von der Rechten nachgedrückt, die Füße aber von dem Jäger also gesetzet werden, dass der linke Schenkel unter der linken, und der rechte unter der rechten Hand ganz fest, stark und unverrückt stehe, und das meiste Absehen auf des Schweines Kopf und seine Bewegung habe. So muss auch der Fang zwischen den Vorderläufen und dem Halse gleich zum Herzen geschehen.“

Das „Auflaufen lassen“ war risikoreich und wohl stark von der Augenblickssituation abhängig.[129] „Anlaufen laßen ist ein Jagd- Terminus und wird gebraucht, wenn man einer wilden Sau das Fang = Eisen (…) vorhält, damit solche selbst darein laufe. Am bewunderungswürdigsten ist dabei, dass es allemahl auf den Jäger, der es mit den Worten „Hui Sau“ anschreit, zuläuft. Bei dieser Arbeit mus ein Jäger vesten Fuß halten, damit sie ihn nicht über den Haufen renne, welches ihm gefährlich; denn, wenn er dem Schwein den rechten Fang nicht giebt, oder dasselbe gar verfehlet, so ist das Schwein Meister über ihn, wenn er nicht also bald auf das Gesicht niederfällt, und, soviel möglich, des Atemholens sich enthält. Welche Vorsicht nur bei dem Eber zu brauchen, als der mit seinem Gewerf oder Gewehr allein über sich hauen, eine Sau aber mehr unter sich kommen, und Schaden zufügen kann“.

125 Niddaer Sauhatz, 1978, S. 61.

126 Niddaer Sauhatz, 1978, S. 52.

127 Gaston Phoebus, um 1380, Nachdruck 1994, Kap. 54, fol. 95 r.

128 Krünitz, „Fang-Eisen“. „bey den Jägern ein starker Spieß mit einem Knebel, wilde Schweine, Bären und Wölfe damit abzufangen, d. i. tot zu stechen; die Feder, Schweinsfeder, das Saueisen, der Sauspiess“.

129 Krünitz, „Anlaufen laßen“.

Große Bedeutung hatte der Einsatz besonders abgerichteter Hunde (Packer, Saurüden[130]). Sie hatten gelernt, die Sau von vorn anzugreifen bzw. abzulenken, damit der Jäger Gelegenheit bekam, sich von links hinten zu nähern, und das Tier mit einem Stich hinter das Blatt (in die Herzkammer) unmittelbar zu töten.

Fouilloux[131] beschreibt die Situation des gehetzten und schließlich von den Hunden gestellten Schweins: „Und da diß beschicht/ sollen die Jäger so heimlich als sie immer mögen/ hinzu/ umb das Schwein herumb gehen/ und eine lauff auff sie hin eylen/ also ists unmüglich dass nit einer unter ihnen/ im ein fang gebe".

Lebendige und anschauliche Darstellungen des Jagdgeschehens anlässlich eingestellter Jagen bietet die „Niddaer Sauhatz von 1633".[132] Oben geschilderte Situationen sind dort in gelegentlich turbulenten Szenen wiedergegeben. Der Einsatz der Saufeder spielt beim eigentlichen Abfangen der Sauen die zentrale Rolle. Vielfach verzichtete man sogar auf das Tragen weiterer Seitenwaffen, wie der Jagddegen jener Zeit; in keinem Fall ist ihr aktiver Einsatz dargestellt. Unverzichtbar erscheinen sie dagegen im Umfeld: auf Reisen, bei festlichen oder gesellschaftlichen Anlässen.

130 Jagdbuch des Mittelalters (1994), S. 32: (Kap. 17, fol. 45 v); Vom „alant" und seiner ganzen Natur: Phoebus bezeichnet damit einen Jagdhund, der vor allem bei der Bären-, Wildschwein- und Wolfsjagd eingesetzt wird und als Vorfahr unserer heutigen Doggen gilt.

131 Fouilloux, New Jägerbuch, S. 68.

132 Niddaer Sauhatz, 1978.

Katalog der Stangenwaffen

Im Kranichsteiner Bestand finden sich 32 als Saufeder bezeichnete Waffen. In 11 Fällen ist davon auszugehen, dass noch ursprüngliche Schäftungen vorliegen, bzw. der Schaft noch einer Gebrauchsphase entstammt. Sie geben sich insbesondere dadurch zu erkennen, dass sie zumeist kürzer, vor allem jedoch leichter und somit handlicher als erneuerte Exemplare ausfallen. Ihre Schäfte bestehen vorwiegend aus Eschenholz.

Erneuerte Schäftungen hat man aus gebeiztem Buchenholz gefertigt und mit Bewicklung und Benagelung im Stil der Vorbilder versehen. Sie sind mit einheitlich gestalteten, eisernen Knebeln von 125 mm Länge montiert, die an ihren Abschlüssen Zentrierpunkte der Drehbank zeigen. Diese sekundär hergestellten und angebrachten Knebel wurden vernietet oder verschraubt (s. Tabelle, S. 184).

1 Saufeder

Inv. Nr. 001 003 2
Gesamtlänge: 1935, Blattlänge: 228, Br.: 59, St.: 19, Tüllenlänge: 125, D.: 43 mm
Gewicht: 2066 g
16. Jahrhundert[133]

Die größte Breite des lanzettförmigen Blattes liegt in der Mitte. Seine runde, weiß geschlagene Marke ist bekannt, jedoch nicht identifiziert.[134] Drei wohl nicht ursprüngliche Stifte fixieren die Tülle auf dem Schaft, während die Befestigung der beiden 265 langen Schaftfedern mit Schrauben und Stiften erfolgte. Anstelle einer Bewicklung mit Lederriemen bedeckt eine Bespannung mit grünem Samt den Schaftansatz. Nahe der Tüllenöffnung sind Putzreste erhalten.

Der ursprüngliche Knebel dürfte aus organischem Material bestanden haben und durch Lederbindung befestigt gewesen sein.

Schlichte, lanzettförmige Blätter mit runden Tüllen treten unter den Exemplaren des 16. Jahrhunderts wiederholt auf.

133 Seitz, Bd. I, 1965, Abb. 289.

134 Katalog Jagdmuseum, München, 1977, Nr. 2003; ein weitestgehend übereinstimmendes Exemplar mit Samtbespannung (16. Jahrhundert).

Abb. 1 b zeigt die dreieckige Lochung der Tülle für die ursprüngliche Lederbindung des Knebels.

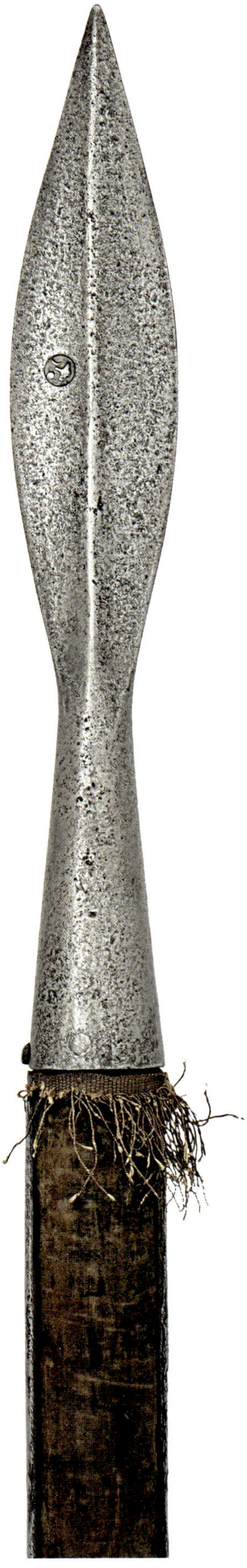

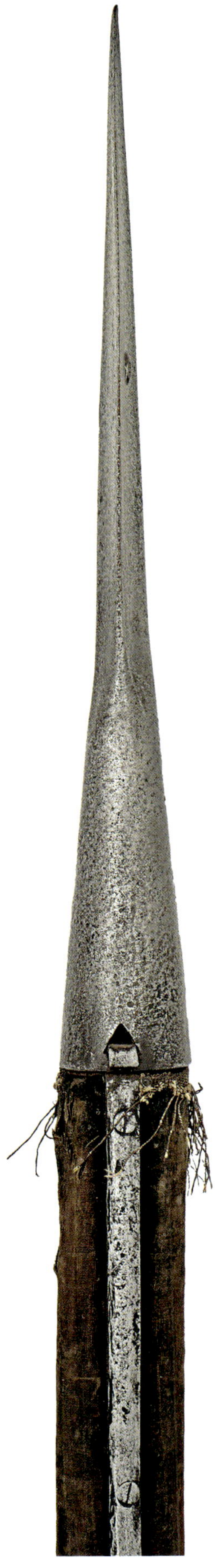

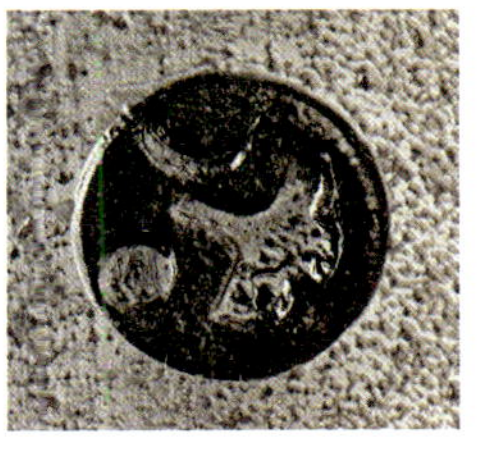

2 Saufeder (Bäreneisen)*

Inv. Nr. 001 003 40
Gesamtlänge: 1940, Blattlänge: 295, Br.: 127, St.: 46, Tüllenlänge: 125, D.: 48 mm
Gewicht: 3310 g
17. Jahrhundert[135]

Die größte Breite des lanzettförmigen Blattes liegt in der Mitte. Seine beidseitig weiß geschlagene Marke zeigt einen Doppeladler im Wappenschild und konnte bisher keinem Schmied zugeordnet werden. Nicht ursprüngliche Stifte fixieren die Tülle von oktogonalem Querschnitt auf dem Schaft. Der 125 mm lange, auf einer der Flachseiten angebrachte, eiserne Knebel mitsamt seiner Verschraubung wurde sekundär gefertigt.
Auch der Schaft aus geschnittenem Buchenholz, seine Bewicklung mit ledernen Riemen und die Benagelung mit Buntmetall-Zierkopfstiften sind jüngeren Datums.
Der archaische Charakter erhaltener authentischer Teile weist auf höheres Alter. Der ursprüngliche Knebel dürfte aus organischem Material bestanden haben und durch Riemenbindung befestigt gewesen sein.

135 Katalog Jagdmuseum München, 1977, Nr. 2009 (17. Jahrhundert).

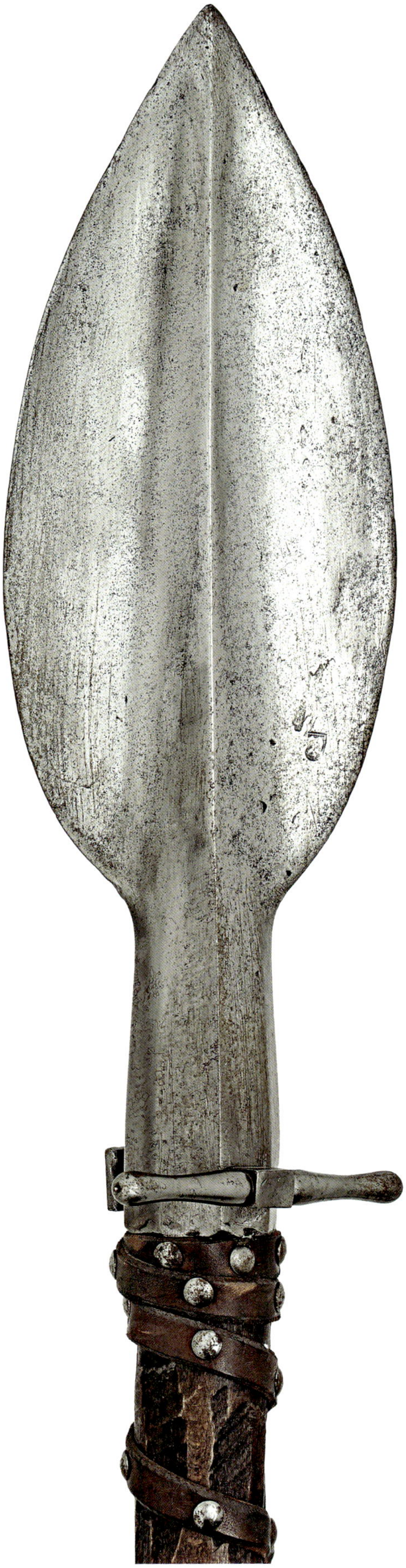

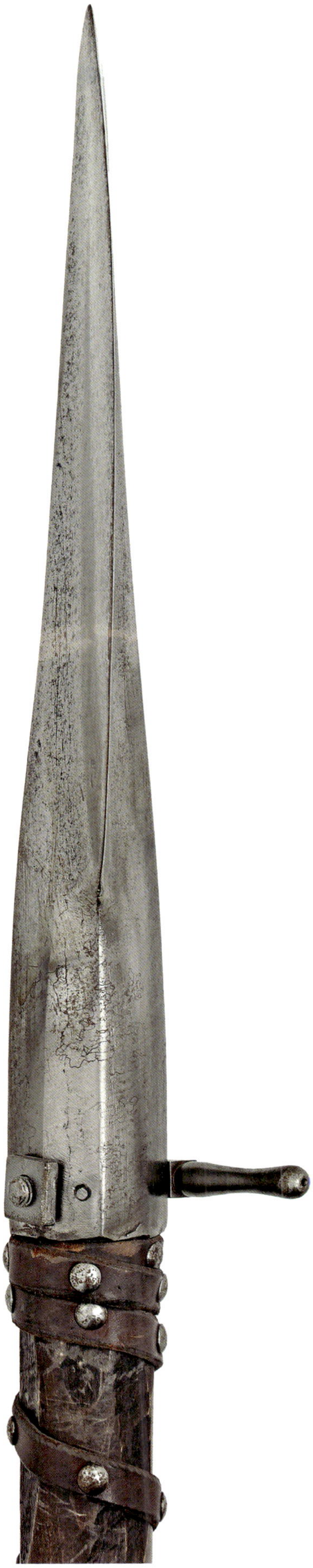

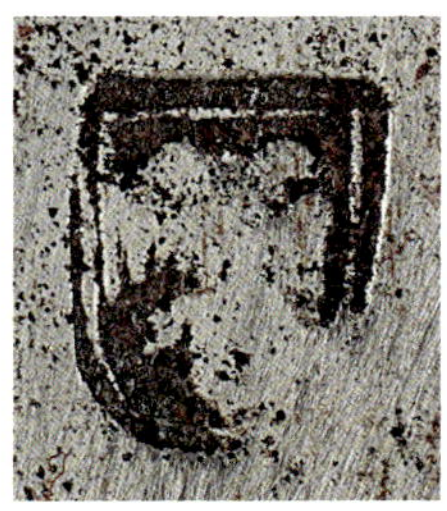

3 Saufeder

Inv. Nr. 001 003 17
Gesamtlänge: 2340, Blattlänge: 232, Br.: 81, St.: 25, Tüllenlänge: 155, D.: 37 mm
Gewicht: 3000 g
17. Jahrhundert

Die größte Breite des Blattes liegt in der Mitte. Scharf abgesetzte, breite Schultern fallen aus dem Rahmen der üblichen Gestaltung. Der Ansatz der Tülle zeigt auf der Knebelseite eine weiß geschlagene Marke, die ein Gesicht, vielleicht mit Narrenkappe, darstellt. Sie konnte bisher keinem Schmied zugeordnet werden. Bei dem 103 mm langen, schlichten, auf einer der Schneidenseiten angebrachten, eisernen Knebel dürfte es sich um den ursprünglichen, allerdings im Rahmen der Neuschäftung veränderten handeln. Seine Vernietung ersetzte die als ursprünglich anzunehmende Verschraubung.
Das Schaftholz, seine Bewicklung mit hellen Rohlederstreifen sowie seine Benagelung wurden erneuert. Seine Länge lässt keine Orientierung an historischen Vorbildern erkennen; die Waffe ist damit kaum noch handhabbar.
Eine Blattform dieser Art dürfte wohl am ehesten im 17. Jahrhundert entstanden sein.

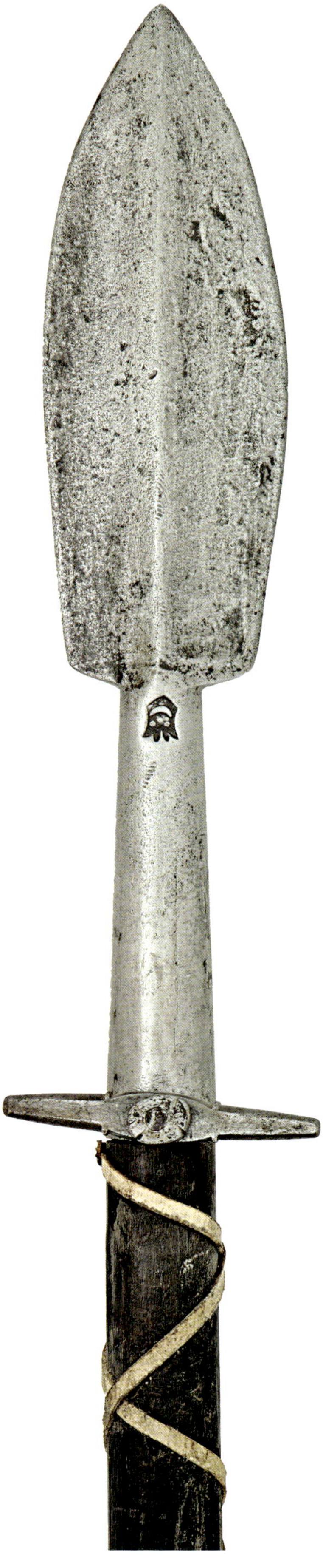

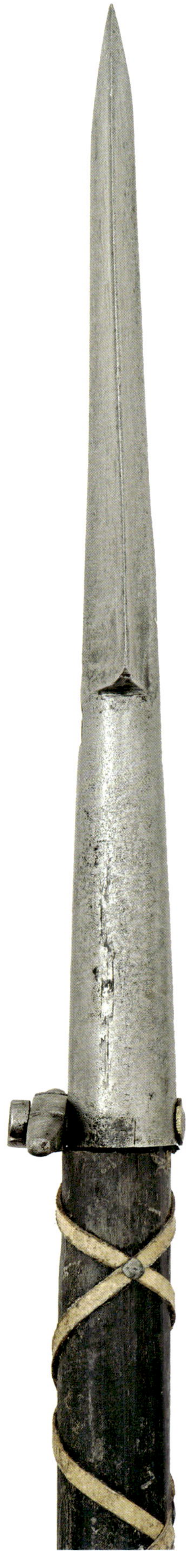

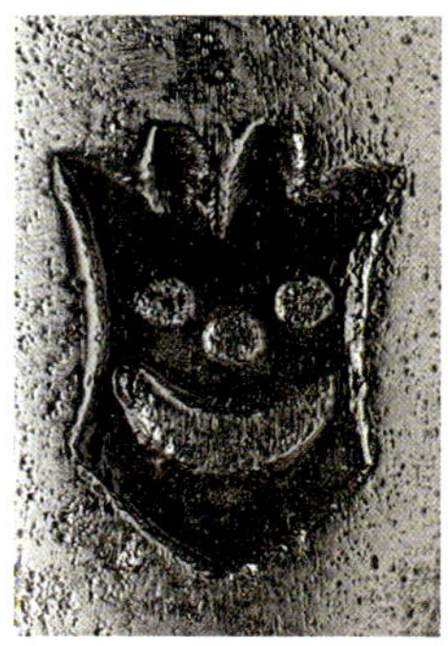

4 Saufeder

Inv. Nr. 001 003 18
Gesamtlänge: 2245, Blattlänge: 300, Br.: 57, St.: 19, Tüllenlänge: 155, D.: 44 mm
Gewicht: 1600 g
Wohl 17. Jahrhundert

Die größte Breite des Blattes liegt im ortnahen Bereich. In der Schulterpartie ist beidseitig eine schwarz geschlagene Marke vorhanden, die bisher keinem Schmied zugeordnet werden konnte. Die dreieckige Aussparung der Tülle, deren ursprünglich geschlossener Rand durch Beschädigung verloren ging, nahm ursprünglich die Lederbindung eines Knebels aus organischem Material auf.

Das Schaftholz, seine Bewicklung mit Lederstreifen sowie seine Benagelung mit Buntmetall-Zierstiften wurden erneuert. Eine Orientierung an Vorbildern ist nicht zu erkennen. Wegen der ungewöhnlichen Länge ihres Schaftes ist die Waffe auf der Jagd kaum zu verwenden.

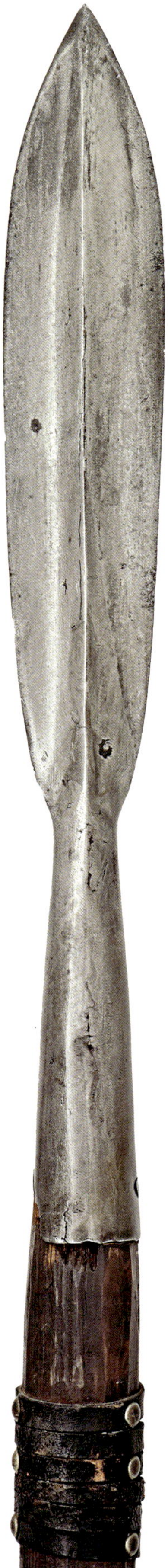

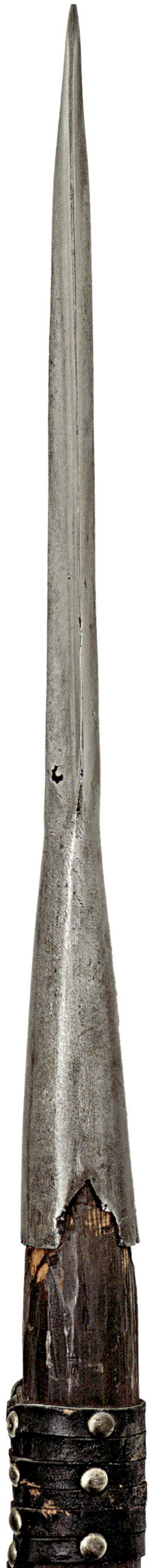

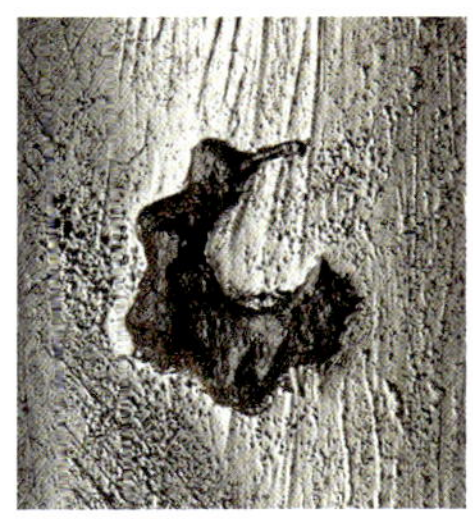

5 Saufeder

Inv. Nr. 001 003 29
Gesamtlänge: 1915, Blattlänge: 215, Br.: 53, St.: 22, Tüllenlänge: 105, D.: 45 mm
Gewicht: 2770 g
Wohl 17. Jahrhundert

Die größte Breite des Blattes liegt in der Mitte. Beidseitig ist eine schwarz geschlagene Marke vorhanden, die bisher nicht gedeutet werden konnte. Unter der Schraubenmutter verbirgt sich eine dreieckige Aussparung der Tülle, die auf eine ursprünglich vorhandene Lederbindung des Knebels aus organischem Material hinweist.

Das Schaftholz, seine Bewicklung mit Lederstreifen, seine Benagelung mit Buntmetallzierstiften sowie der Knebel wurden ersetzt.

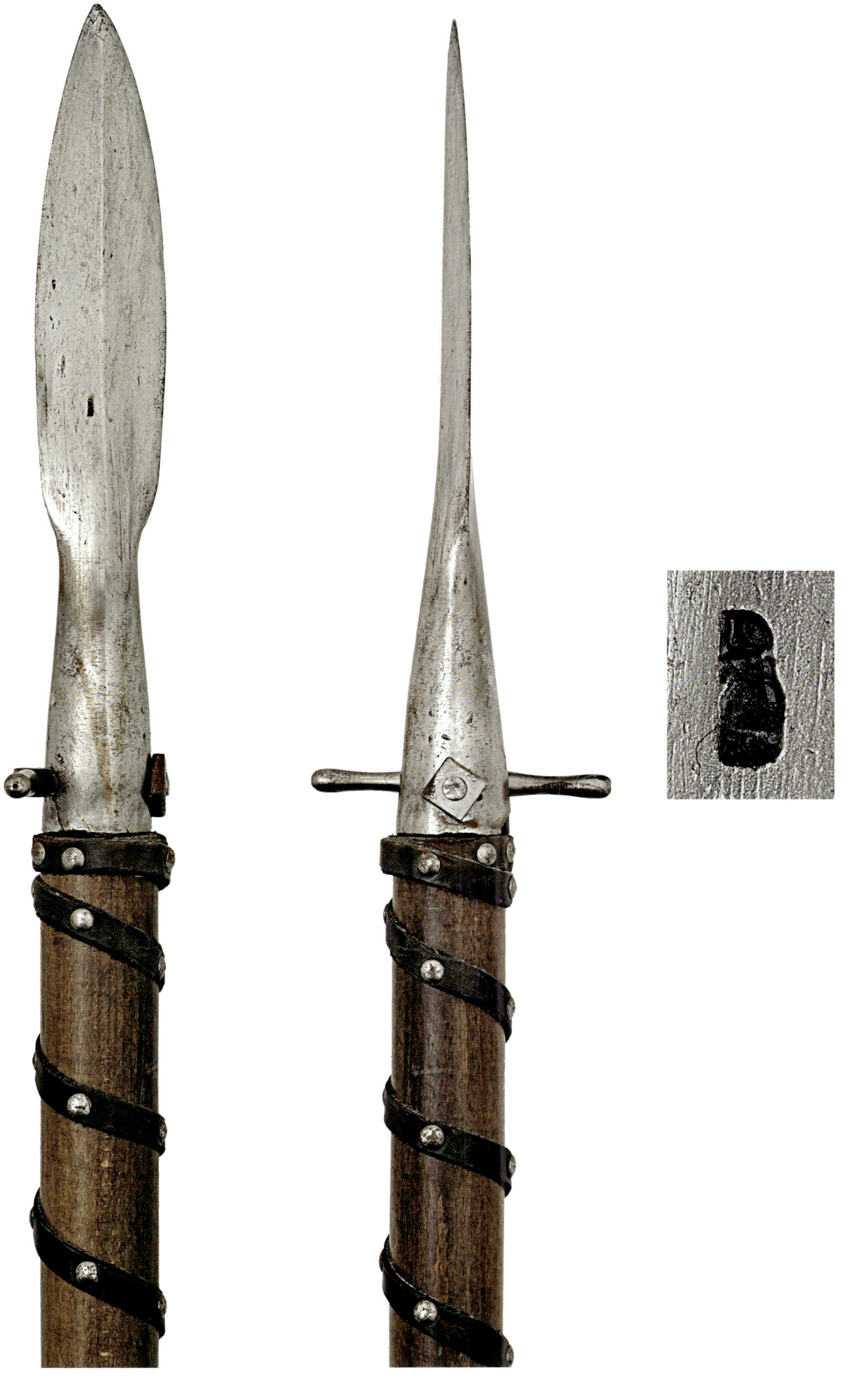

6 Saufeder

Inv. Nr. 001 003 22
Gesamtlänge: 2050, Blattlänge: 315, Br.: 66, St.: 32, Tüllenlänge: 156, D.: 53 mm
Gewicht: 3956 g
Wohl 18. Jahrhundert

Die größte Breite des Blattes liegt im Schulterbereich. Auf der Knebelseite finden sich gravierte, bisher nicht gedeutete Initialen: „C.F.V.C." Der 125 mm lange, auf einer der Schneidenseiten angebrachte, eiserne Knebel mitsamt seiner Verschraubung wurde sekundär gefertigt.

Der braun gebeizte Buchenholzschaft, seine Bewicklung mit Lederstreifen sowie seine Benagelung mit Buntmetall-Zierstiften sind jüngeren Datums.

Blätter dieser Gestalt stellen wohl Entwicklungen des 18. Jahrhunderts dar.[136]

136 Katalog Jagd und Kunst, Nr. 88 (Sauspieß des Herzogs Karl Eugen von Württemberg, 1765).

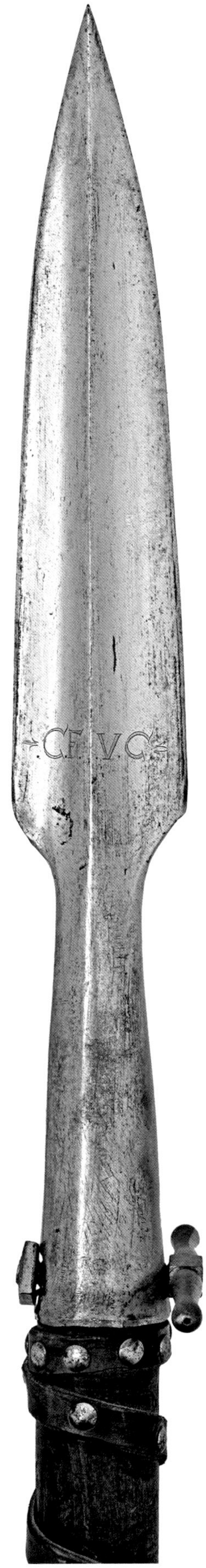

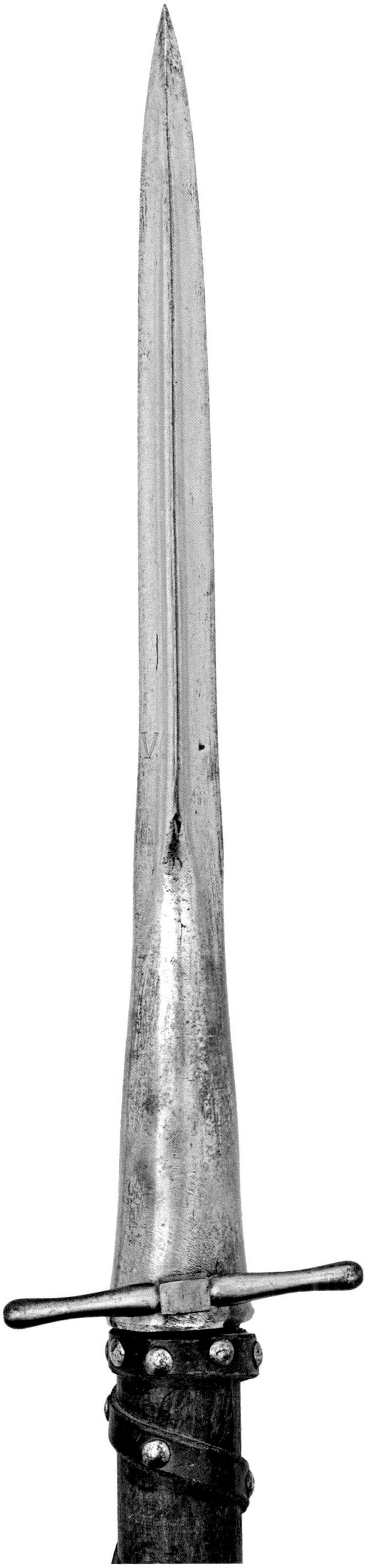

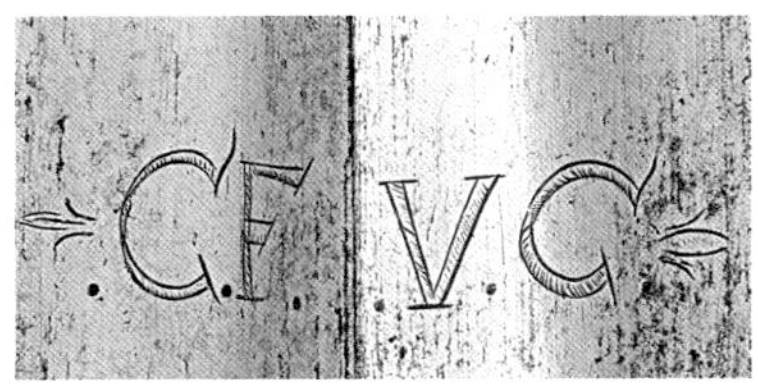
C.F. V.C

7 Saufeder

Inv. Nr. 001 003 37*
Gesamtlänge: 1960, Blattlänge: 275, Br.: 59, St.: 29, Tüllenlänge: 115, D.: 49 mm
Gewicht: 3256 g
Wohl 18. Jahrhundert

Die größte Breite des Blattes liegt im Schulterbereich. Auf einer der Flachseiten finden sich gravierte, bisher nicht gedeutete Initialen: „GF VF" über einem Wappen. Der 125 mm lange, auf einer der Schneidenseiten angebrachte, eiserne Knebel mitsamt seiner Verschraubung wurde sekundär gefertigt.

Der braun gebeizte Buchenholzschaft, seine Bewicklung mit Lederstreifen sowie seine Benagelung mit Buntmetall-Zierstiften sind jüngeren Datums.

Blätter dieser Gestalt stellen wohl Entwicklungen des 18. Jahrhunderts dar, auch in Bezug auf das Dekor.[137]

137 Katalog Jagd und Kunst, Nr. 88 (Sauspieß des Herzogs Karl Eugen von Württemberg, 1765).

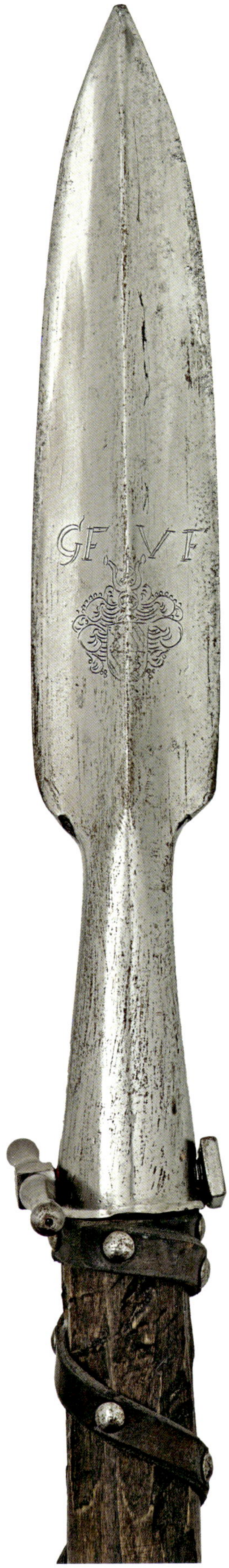
GF VF

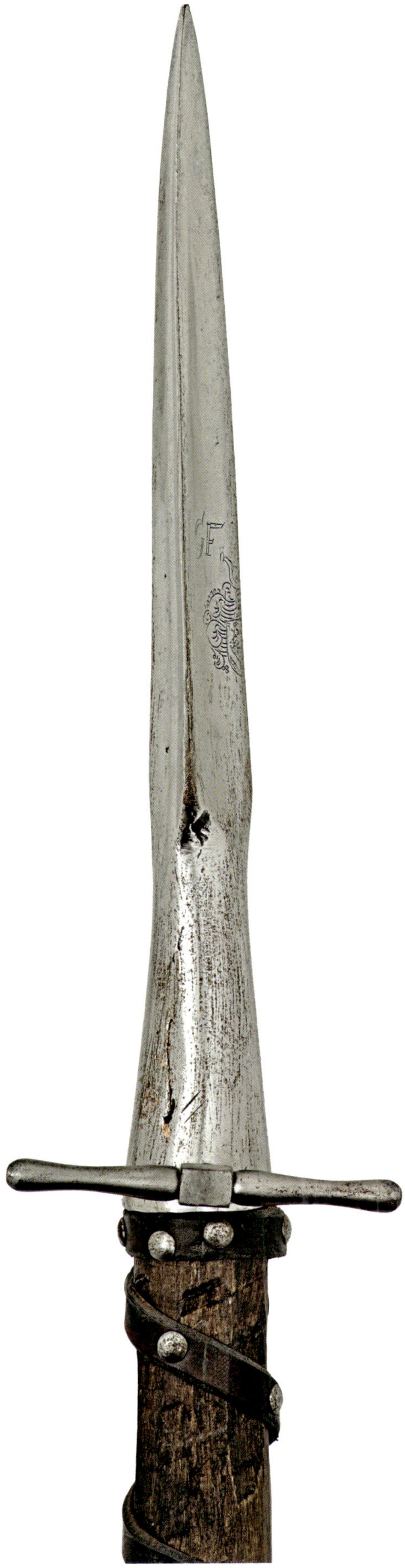

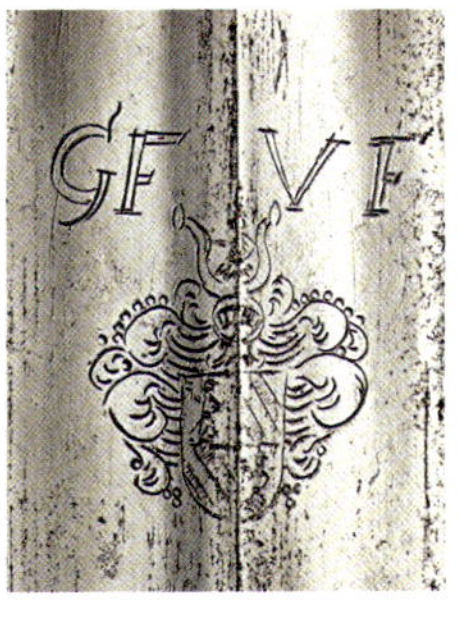
GF VF

8 Saufeder mit Schießvorrichtung*

Inv. Nr. 001 003 21
Gesamtlänge: 1910, Blattlänge: 293, Br.: 47, St.: 12, Tüllenlänge: 135, D.: 37 mm
Gewicht: 3275 g
1724

Die größte Breite des Blattes liegt im Schulterbereich. Es zeigt asymmetrischen Querschnitt mit nach außen gewandtem kräftigem Mittelgrat und flacher Gegenseite. Mit einer gekröpften Verbindung ist es in der Art eines Tüllenbajonettes nicht zentral über der Tülle, sondern seitlich davon auf einem Gewehrlauf montiert. Diesen Lauf von 65 cm Länge und 16 mm Kaliber hat man in die gekehlten und wieder verleimten Hälften des Nussbaum-Vorderschaftes eingebettet. Der Schaft mit dem Lauf kann um ein Scharnier gekippt werden und gibt dann die Kammer zum Laden frei. Die Ladung in Gestalt einer eisernen Patrone, an der auch die Pulverpfanne und die Batterie montiert sind, wird hier eingeschoben und der Schaft wieder arretiert. Im hinteren Teil des Schaftes sind die weiteren Funktionsteile des Steinschlosses sowie eine eiserne Spange mit zwei weiteren Abzügen montiert. Diese sind so verbunden, dass die Betätigung eines Abzugs die anderen mit bewegt. Damit war es möglich, den Schaft je nach den Erfordernissen der Situation länger oder kürzer zu fassen. Ein 230 mm langer Schuh mit Dorn bildet den Endbeschlag.
Auf dem Schloß ist die Hersteller-Signatur angebracht: „LUDOWIG. MOLENBECK A BRAUNFELS 1724“.[138]
Während der ersten Hälfte des 18. Jahrhunderts treten vermehrt Klingenwaffen mit Schießvorrichtungen auf. In aller Regel handelt es sich dabei um Hirschfänger mit kurzen Läufen und Steinschloß (s. Seitenwaffen Kat. Nr. 9); Saufedern dieser Art stellen Seltenheiten dar. Offenkundig steht die Funktion als Klingenwaffe im Vordergrund, da in sämtlichen untersuchten Fällen Visiereinrichtungen fehlen.
Dennoch spielt an der Waffe die Arbeit des Büchsenmachers eine dominierende Rolle, die sich nicht zuletzt in der Wahl des Schaftmaterials zeigt: abweichend von sämtlichen anderen Saufedern ist hier Nussbaum verwandt worden, die Holzart, die der Büchsenmacher für Schäftungen wählt.
Der eigentliche Vorteil des Systems, nämlich mehrere vorbereitete Ladungen für eine raschere Schussfolge[139] mitzuführen, ist im Falle einer Flinte sicherlich eher nutzbar als im Fall einer Saufeder. Auch unter den Kranichsteiner Feuerwaffen findet sich eine derartige Konstruktion an einer Büchse aus dem ersten Drittel des 18. Jahrhunderts.[140]
Nach einer Blütezeit während des 18. Jahrhunderts nehmen die Bedeutung und die Verbreitung der Kombinationswaffen wieder ab.

138 Katalog Hofjagd, 2002, S.100, zeigt eine von L. Molenbeck (1688–1731) gefertigte Kipplaufflinte aus dem Jahr 1717.
139 Geibig, 1993, S. 3.
140 Weitz, 1999, S. 14.

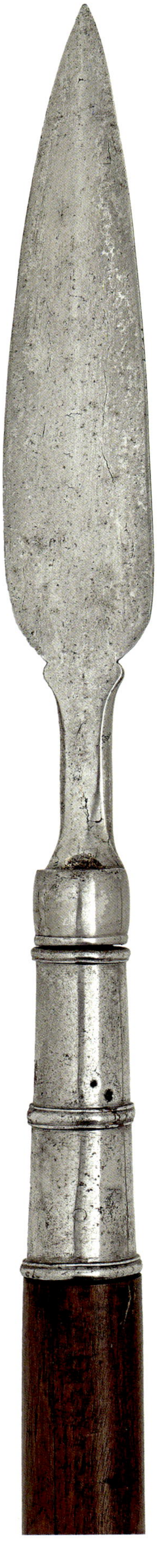
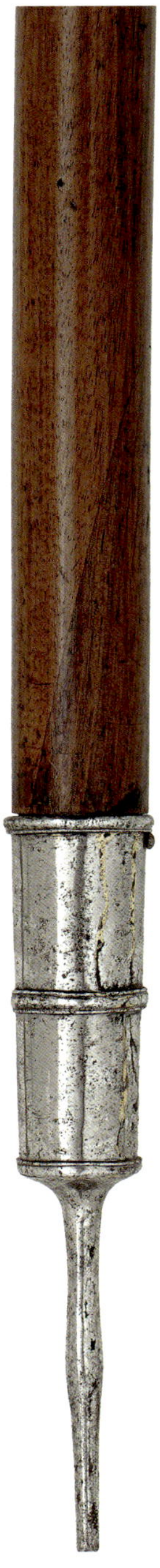
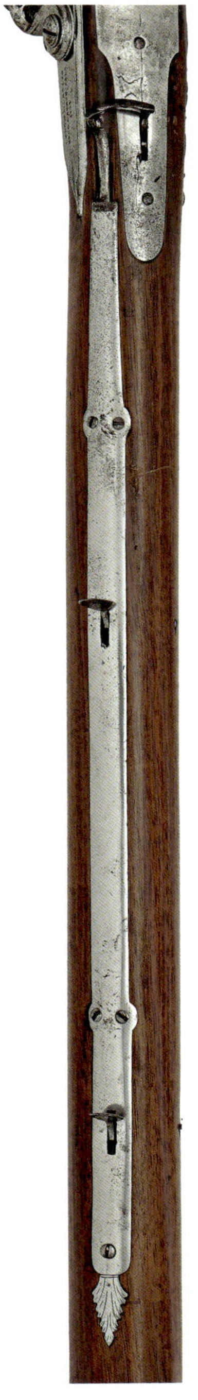
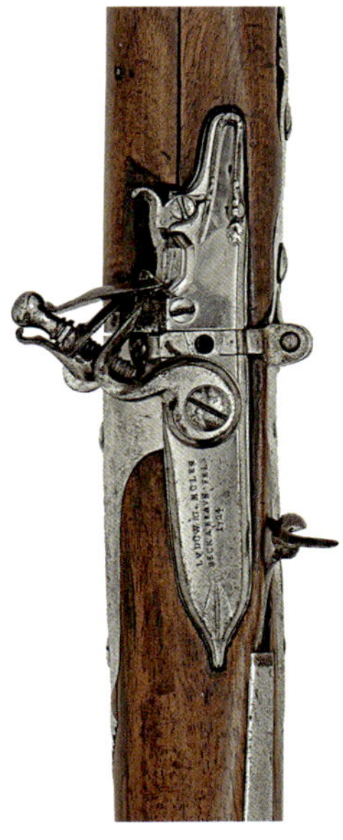
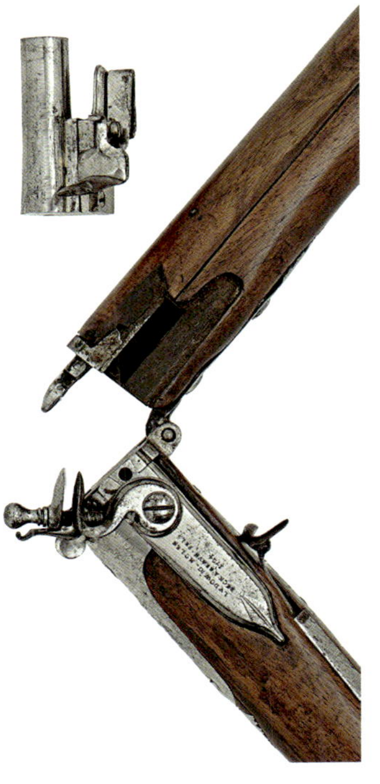

9 Saufeder

Nr. 001 003 13
Gesamtlänge: 1940, Blattlänge: 130, Br.: 42, St.: 18, Tüllenlänge: 142, D.: 39 mm
Gewicht: 2304 g
1726

Die größte Breite des Blattes liegt im Schulterbereich. Seine Mittelgrate setzen sich im rautenförmigen Querschnitt der Tülle fort. Die Tüllenmitte zeigt einen Belastungsbruch, der wohl an einer durch Schweißfehler des Gefüges bedingten Schwachstelle auftrat. An zwei weiteren Partien hat man Gefügefehler durch Hartlötung nachgebessert. Drei Flächen der Tülle tragen Inschriften: „LOVIS [P?] D (Dux) H D (Hessen Darmstadt)[141] „1726". „WER SICH VERGNVGEN WIL MIT JAGEN – MUS AVCH ZVWEILEN ETWAS WAGEN. ES IST KEIN BESSER JÄGEREI ALS WO MAN IST VND TRINKT DARBEI". Ein Sockel verstärkt die Tüllenöffnung. Er ist von den Schneidenseiten des Blattes für die Aufnahme des 134 mm langen Geweihknebels gelocht. An den Flachseiten setzt sich der Sockel in 175 mm langen Schaftfedern fort. Der Schaft besteht aus Eschenholz und trägt einen 150 mm langen, eisernen Schuh. Die Bewicklung mit Lederstreifen ist derart gestaltet, dass diese sich an den Schmalseiten kreuzen und dort durch Buntmetallzierstifte fixiert sind.
Die Waffe ist in gleicher Weise wie die nachfolgend beschriebene gestaltet.

141 Die Signatur bezieht sich wohl auf Ludwig VIII. (1691–1768), vor Antritt seiner Regentschaft (1739).

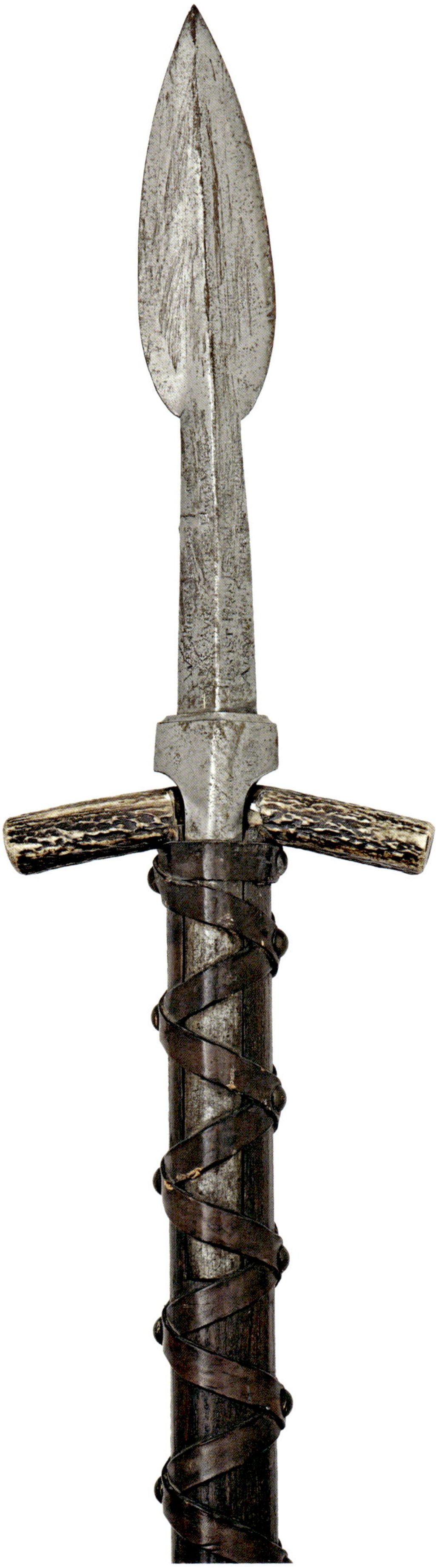

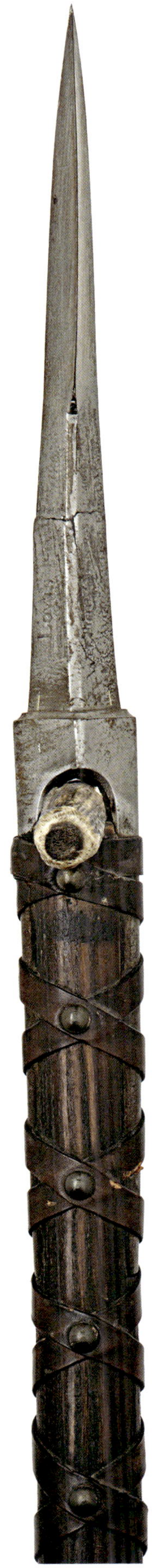

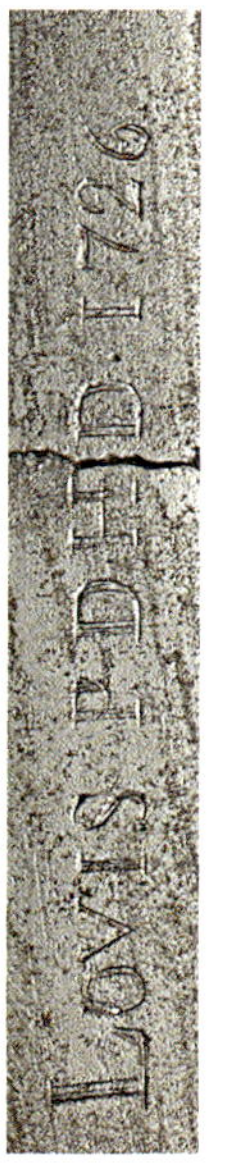
LOVIS F. D. H. D. 1726

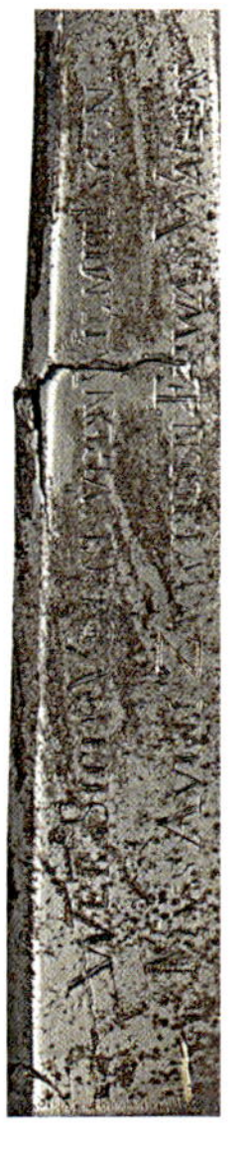

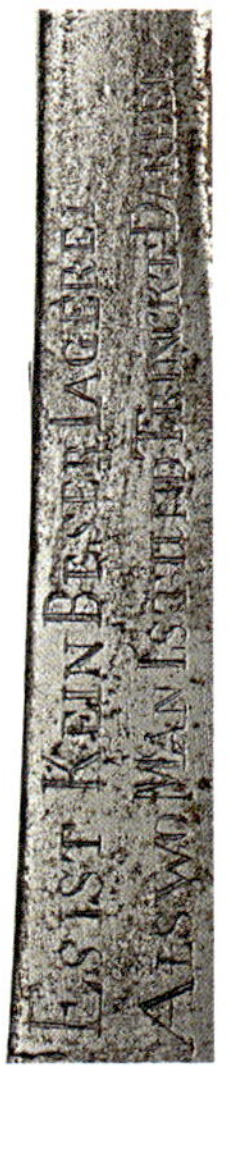

10 Saufeder

Inv. Nr. 001 003 14
Gesamtlänge: 1960, Blattlänge: 123, Br.: 41, St.: 19, Tüllenlänge: 132, D.: 39 mm
Gewicht: 2406 g
Wohl 1726; 1888

Die größte Breite des Blattes liegt im Schulterbereich. Seine Mittelgrate setzten sich im rautenförmigen Querschnitt der Tülle fort. Diese trägt Inschriften: „LUDWIG IV G.V.H. u. b. R. 1888“[142] (Ludwig IV., Großherzog von Hessen und bei Rhein). „WER SICH VERGNVGEN WIL MIT JAGEN – MUS AVCH ZVWEILEN ETWAS WAGEN. ES IST KEIN BESSER JÄGEREI ALS WO MAN IST VND TRINKT DARBEI“. Ein Sockel verstärkt die Tüllenöffnung. Darauf findet sich eine gestempelte Signatur: „J. P. PHILIPP“. Von den Schneidenseiten des Blattes her ist der Sockel für die Aufnahme des 134 mm langen Geweihknebels gelocht, an den Flachseiten setzt sich der Sockel in 170 mm langen Schaftfedern fort. Der Schaft besteht aus Eschenholz und trägt einen 150 mm langen, eisernen Schuh. Die Bewicklung mit Lederstreifen ist derart gestaltet, dass diese sich an den Schmalseiten kreuzen und dort durch Buntmetallzierstifte fixiert sind.

Die Waffe ist in gleicher Weise wie die vorab beschriebene gestaltet, während die Signatur und die Jahreszahl sekundär angebracht wurden. Damit liegt ein interessanter Hinweis auf die Wertschätzung der Saufeder zu einer Zeit vor, zu der hoch entwickelte und wirksame Feuerwaffen längst etabliert waren.

Auch unter den Hirschfängern findet sich eine Waffe, die neben der ursprünglichen Signatur eine sekundäre des Großherzogs Ernst Ludwig trägt (Kat. Nr. 32).
Möglicherweise wurden auf diese Weise Einzelstücke des Bestandes gekennzeichnet, die der Jagdherr bevorzugte.

142 Großherzog Ludwig IV, (1837–1892) regierte von 1877–1892.

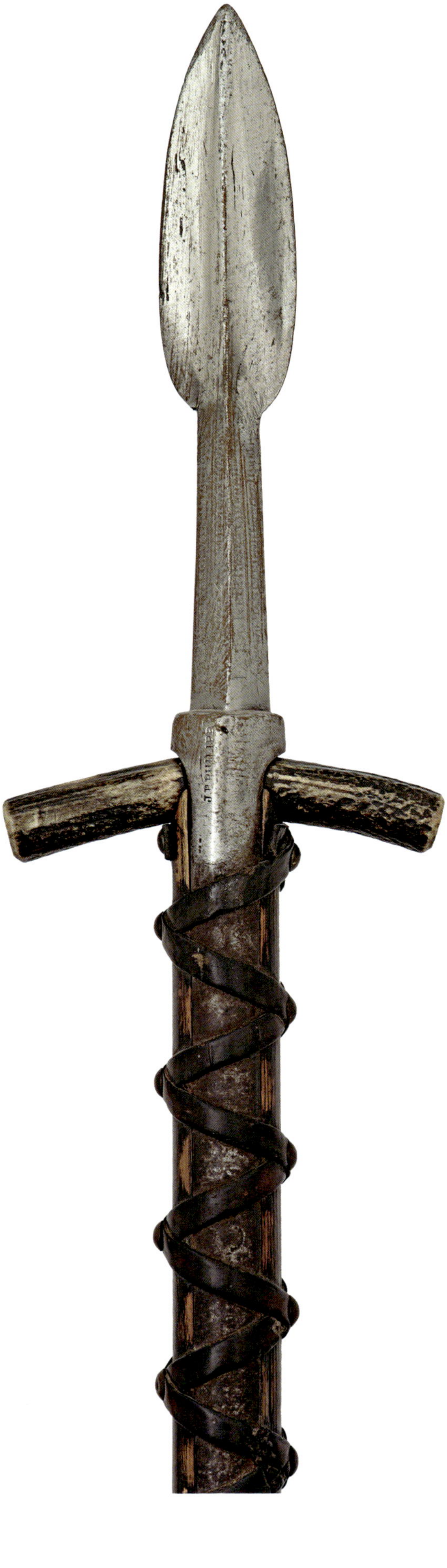

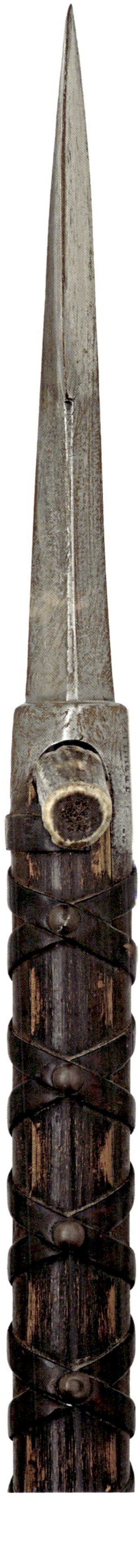

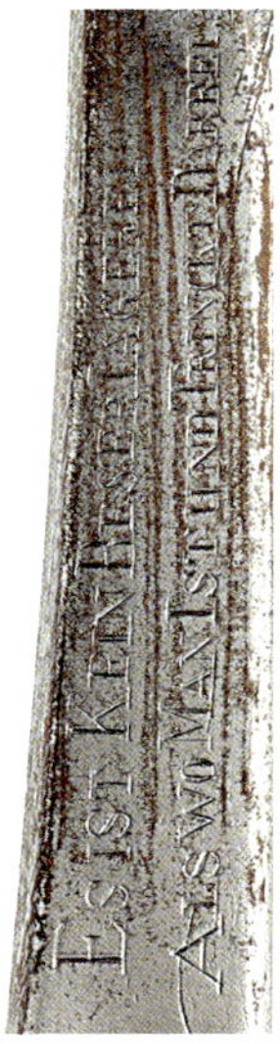

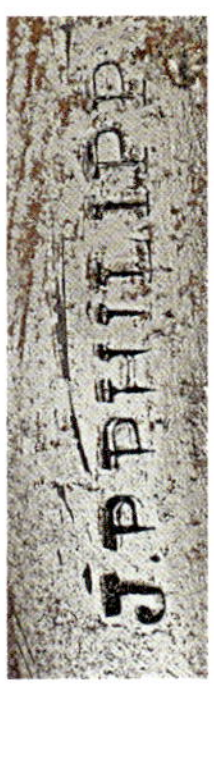
J.P.PHILLIPP

11–14 Vier Saufedern von 1726

Inv. Nr. 001 003 9
Gesamtlänge: 1950, Blattlänge: 155, Br.: 51, St.: 16, Tüllenlänge: 155, D.: 34 mm
Gewicht: 2850 g

Inv. Nr. 001 003 6
Gesamtlänge: 1980, Blattlänge: 210, Br.: 54, St.: 16, Tüllenlänge: 130, D.: 34 mm
Gewicht: 2855 g

Inv. Nr. 001 003 5*
Gesamtlänge: 1895, Blattlänge: 180, Br.: 54, St.: 22, Tüllenlänge: 100, D.: 40 mm
Gewicht: 2610 g

Inv. Nr. 001 003 4
Gesamtlänge: 1970, Blattlänge: 200, Br.: 54, St.: 24, Tüllenlänge: 140, D.: 40 mm
Gewicht: 3004 g

Metrische Abweichungen unter einzelnen Exemplaren dieses einheitlich gestalteten Ensembles entstanden durch die handwerklich-individuelle Fertigung, die einem Grundmuster folgt, ohne Identität in jedem Detail anzustreben.
Die größte Breite der Blätter liegt im Schulterbereich. Mittelgrate setzen sich in Graten und facettierten Graten der Tüllen von rautenförmigem Querschnitt fort. Die Tüllen tragen die Besitzersignatur: „E. L. L. Z. H. 1726“.[143] 20–32 mm hohe Sockel mit etwa 65 mm langen, verschraubten Schaftfedern, die durch die Bewicklung verdeckt sein können, verstärken die Tüllenöffnungen. An einer der Schneidenseiten sind sekundär gefertigte, eiserne Knebel von 125 mm Länge vernietet, lediglich der Knebel des mit Kat. Nr. 14 bezeichneten Exemplars ist 144 mm lang.
Während es sich bei den aus Eschenholz bestehenden Schäftungen der unter Kat. Nr. 12 und 14 angeführten Waffen um die ursprünglichen handeln dürfte, wurden die der anderen erneuert. Sämtliche Exemplare sind mit Lederstreifen bewickelt und mit Buntmetallzierstiften benagelt.

143 Ernst Ludwig, Landgraf zu Hessen (1667–1739, Regentschaftsantritt 1678).

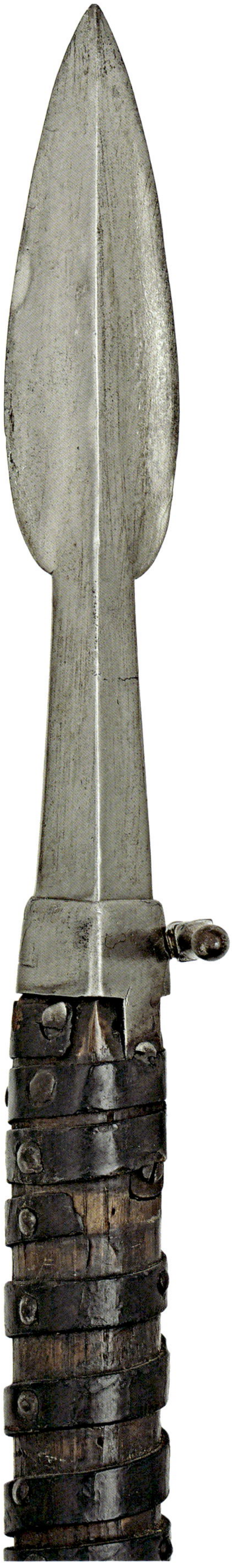

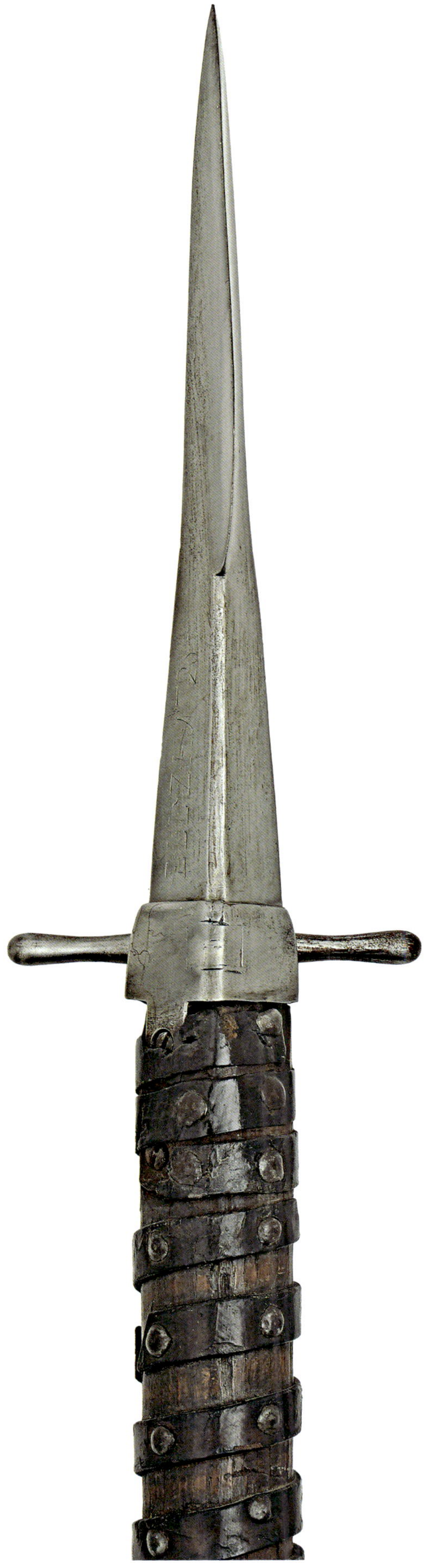

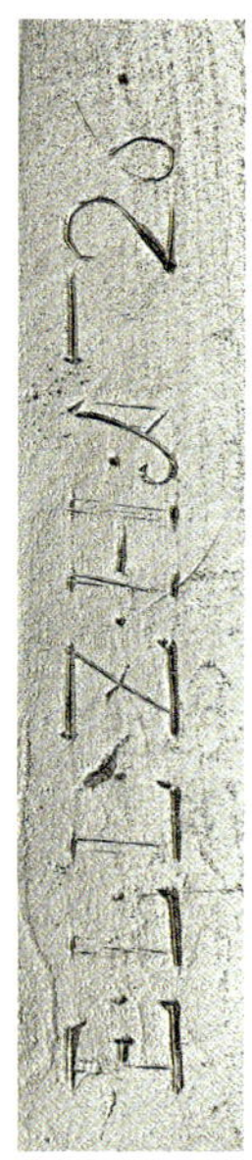

15 Saufeder

Inv. Nr. 001 003 12
Gesamtlänge: 1930, Blattlänge: 180, Br.: 53, St.: 24, Tüllenlänge: 145, D.: 45 mm
Gewicht: 2905 g
Wohl 1726

Die größte Breite des Blattes liegt im Schulterbereich. Seine Mittelgrate setzen sich in schneidenseitigen Facetten der Tülle rautenförmigen Querschnitts fort. Die Tülle trägt die Besitzersignatur: „E. L. L. Z. H".[144] sowie eine kursiv gravierte, durch Korrosion stark beeinträchtigte Inschrift: *„Es taget für den grünen Walt Jäger sprach mit freuden halt – Mein horn das klingt Mein Hund der springt und wags wer weis ob es gelingt"*. Ein 20 mm hoher Sockel mit 60 mm langen, verschraubten, durch die Bewicklung weitgehend verdeckten Schaftfedern verstärkt die Tüllenöffnung. An einer der Scheidenseiten ist ein sekundär gefertigter, eiserner Knebel von 144 mm Länge vernietet.

Der erhaltene, ursprüngliche Schaft von Eschenholz trägt eine Bewicklung mit Lederstreifen und eine Benagelung von Buntmetallzierstiften. In diesem Fall ist die Abfolge enger bzw. offener bewickelter Partien besonders gut zu erkennen.

Mit ihrer Inschrift zeigt die Waffe Ähnlichkeiten mit vorab beschriebenen, 1726 gefertigten Exemplaren.

144 Ernst Ludwig, Landgraf zu Hessen (1667–1739, Regentschaftsantritt 1678).

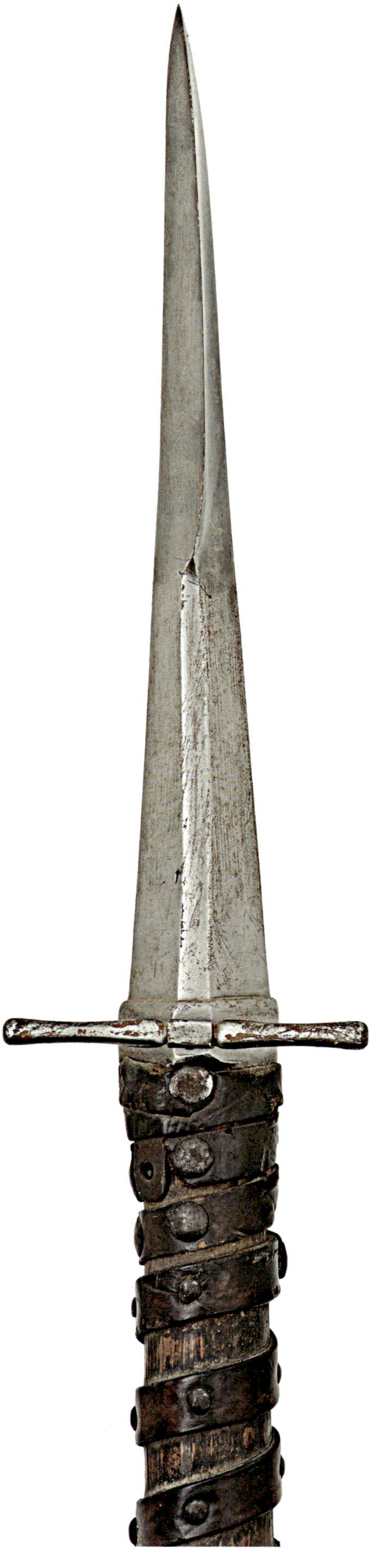

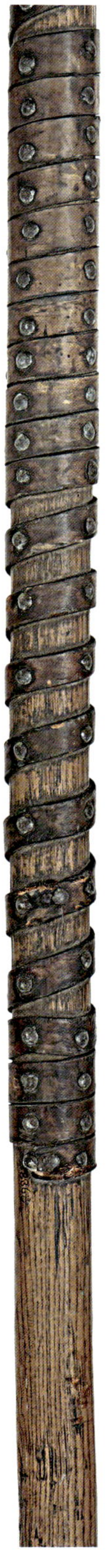

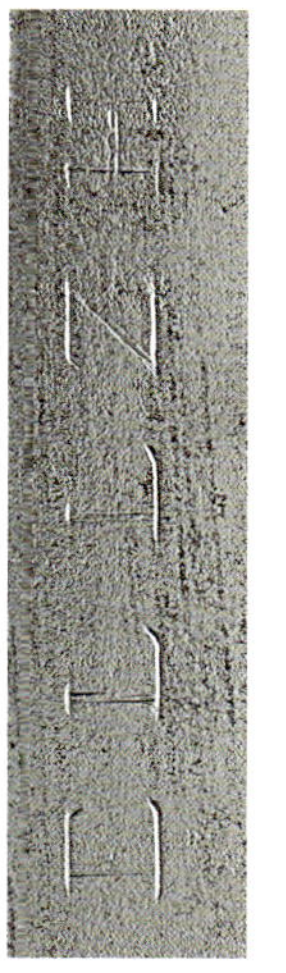

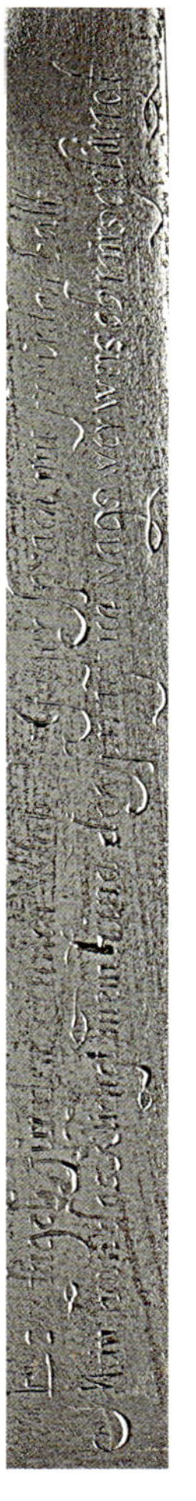

16–20 Fünf Saufedern von 1727

Inv. Nr. 001 003 11
Gesamtlänge: 1960, Blattlänge: 190, Br.: 57, St.: 21, Tüllenlänge: 140, D.: 41 mm
Gewicht: 2800 g

Inv. Nr. 001 003 10*
Gesamtlänge: 1930, Blattlänge: 170, Br.: 58, St.: 22, Tüllenlänge: 140, D.: 46 mm
Gewicht: 2375 g

Inv. Nr. 001 003 8*
Gesamtlänge: 1852, Blattlänge: 184, Br.: 60, St.: 27, Tüllenlänge: 130, D.: 47 mm
Gewicht: 2885 g

Inv. Nr. 001 003 7*
Gesamtlänge: 1925, Blattlänge: 184, Br.: 58, St.: 26, Tüllenlänge: 140, D.: 48 mm
Gewicht: 2934 g

Inv. Nr. 001 003 3*
Gesamtlänge: 1950, Blattlänge: 190, Br.: 60, St.: 24, Tüllenlänge: 145, D.: 47 mm
Gewicht: 3290 g

Metrische Abweichungen unter einzelnen Exemplaren dieses zweiten Ensembles entstanden durch die handwerklich-individuelle Fertigung, die einem Grundmuster folgt, ohne Identität in jedem Detail anzustreben.
Die größte Breite der Blätter liegt im Schulterbereich. Die Mittelgrate der Blätter setzten sich in Graten und schneidenseitigen Facetten der Tüllen rautenförmigem Querschnitts fort. Die Tüllen tragen die Besitzersignatur: „E. L. L. Z. H".[145] 1727. 25–54 mm hohe Sockel mit etwa 60 mm langen, verschraubten, durch die Bewicklung gelegentlich verdeckten Schaftfedern verstärken die Tüllenöffnung. Es fällt auf, dass die Federn nicht in sämtlichen Fällen gegenüber liegend angeordnet sind. An der Tülle der unter Kat. Nr. 17 erfassten Waffe wurden Schweißfehler mit gelbem Hartlot repariert. An einer der Schneidenseiten sind eiserne Knebel vernietet. An dem unter Kat. Nr. 16 angeführten Knebel liegt mit 80 mm die geringste angetroffene Länge vor. Die erneuerten Knebel der anderen Exemplare sind einheitlich 125 mm lang.
Die Katalogexemplare 16, 18 und 19 zeigen erhaltene, ursprüngliche Schäfte, die der anderen wurden erneuert. Sämtliche Schäfte tragen eine Bewicklung mit Lederstreifen und eine Benagelung von Buntmetallzierstiften.

145 Ernst Ludwig, Landgraf zu Hessen (1667–1739, Regentschaftsantritt 1678).

146 Mit freundlicher Genehmigung von G. Große Löscher, Göttingen.

Abb. 18d zeigt eine der Saufedern des Ensembles aus einer älteren, zeichnerischen Dokumentation. Vor allem das System der Bewicklung ist gut zu erkennen.[146]

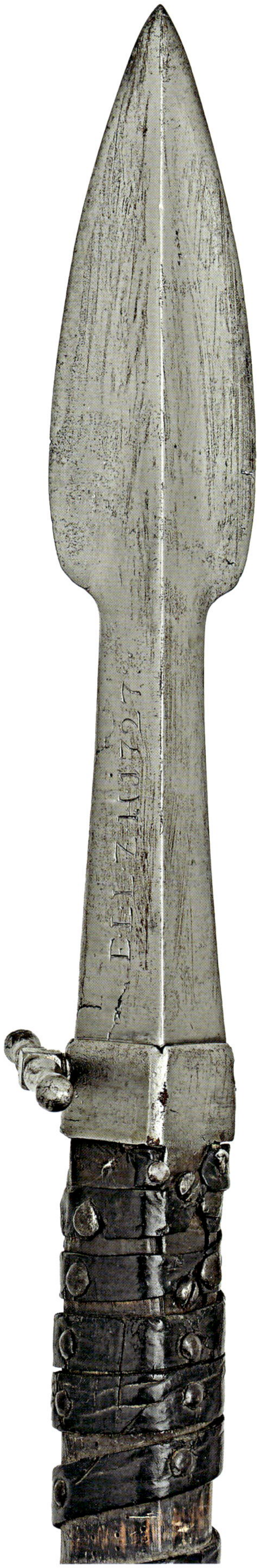

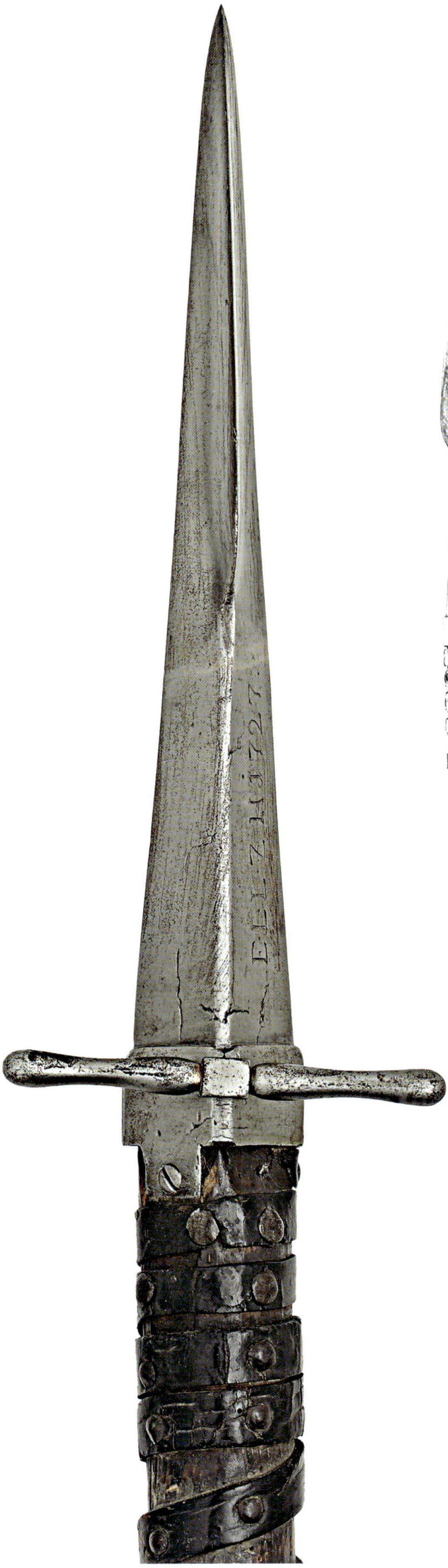

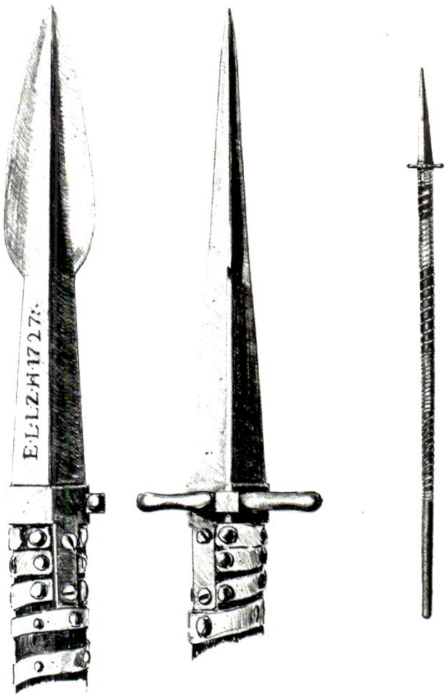

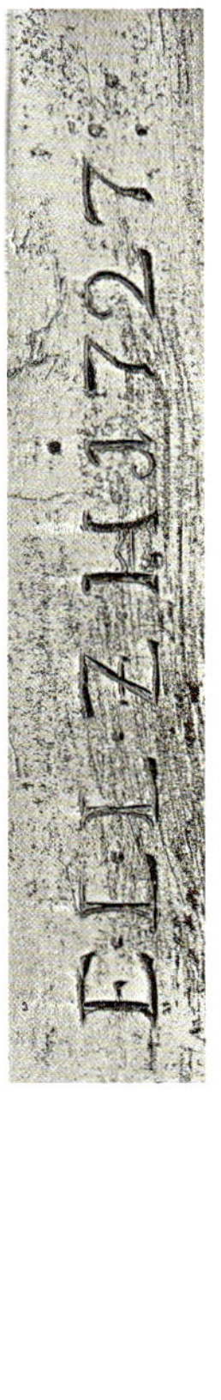

21–29 Neun Saufedern des 18. Jahrhunderts

Inv. Nr. 001 003 15
Gesamtlänge: 2095, Blattlänge: 224, Br.: 75, St.: 25, Tüllenlänge: 136, D.: 49 mm
Gewicht: 2575 g

Inv. Nr. 001 003 16
Gesamtlänge: 2097, Blattlänge: 215, Br.: 63, St.: 26, Tüllenlänge: 135, D.: 57 mm
Gewicht: 2675 g

Inv. Nr. 001 003 28
Gesamtlänge: 1918, Blattlänge: 220, Br.: 72, St.: 24, Tüllenlänge: 125, D.: 47 mm
Gewicht: 2725 g

Inv. Nr. 001 003 30
Gesamtlänge: 1932, Blattlänge: 220, Br.: 64, St.: 20, Tüllenlänge: 130, D.: 47 mm
Gewicht: 2710 g

Inv. Nr. 001 003 35
Gesamtlänge: 1915, Blattlänge: 230, Br.: 66, St.: 24, Tüllenlänge: 125, D.: 55 mm
Gewicht: 2890 g

Ohne Inv. Nr. (1)
Gesamtlänge: 1940, Blattlänge: 230, Br.: 72, St.: 22, Tüllenlänge: 128, D.: 48 mm
Gewicht: 2785 g

Ohne Inv. Nr. (2)
Gesamtlänge: 1920, Blattlänge: 205, Br.: 68, St.: 26, Tüllenlänge: 137, D.: 49 mm
Gewicht: 2960 g

Ohne Inv. Nr. (3)
Gesamtlänge: 1936, Blattlänge: 235, Br.: 48, St.: 24, Tüllenlänge: 127, D.: 48 mm
Gewicht: 2740 g

Ohne Inv. Nr. (5)
Gesamtlänge: 1958, Blattlänge: 245, Br.: 57, St.: 24, Tüllenlänge: 140, D.: 55 mm
Gewicht: 2930 g

Das bereits für oben beschriebene Ensembles Gesagte gilt bei dieser umfangreichsten Gruppe entsprechend. Während die größte Breite der Blätter wiederum im Schulterbereich liegt, zeigen Tüllen runden Querschnitt und tragen in Höhe des Knebels leicht aus der Mittellinie versetzte Lochungen von 5 mm Durchmesser, in zwei Fällen (Kat. Nr. 15 und 16) wurden diese durch einen Stift geschlossen. Zwei Exemplare (Kat. Nr. 24, 29) lassen erkennen, dass man für die Anbringung der Knebel eine offenbar vorhandene Lochung quadratischer Form nutzte, ein Hinweis auf das Vorhandensein ursprünglicher Eisenknebel. Heutige, 125 mm lange, auf einer der Schneidenseiten angebrachte, eiserne Knebel wurden mitsamt der Verschraubung sekundär gefertigt. Auch die braun gebeizten Buchenholzschäftungen sind jüngeren Datums.

Auf Abb. 26a sind die Lochung neben der Verschraubung sowie die grobe Schweißnaht der Tülle zu erkennen.

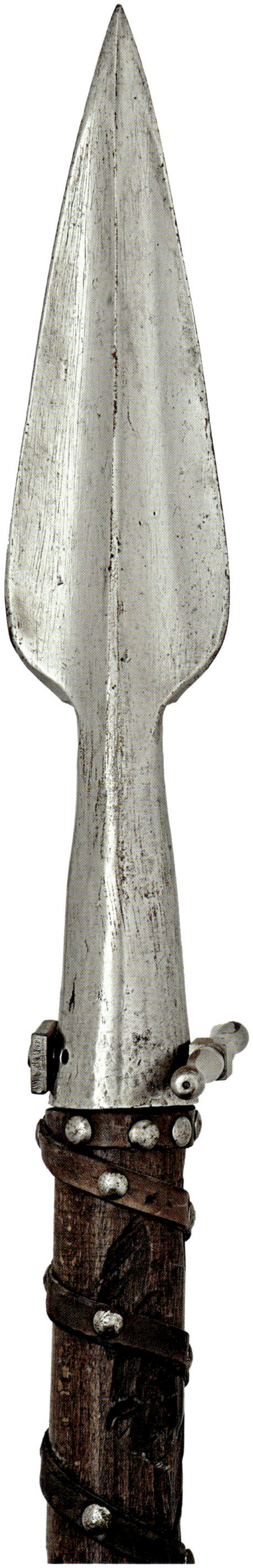

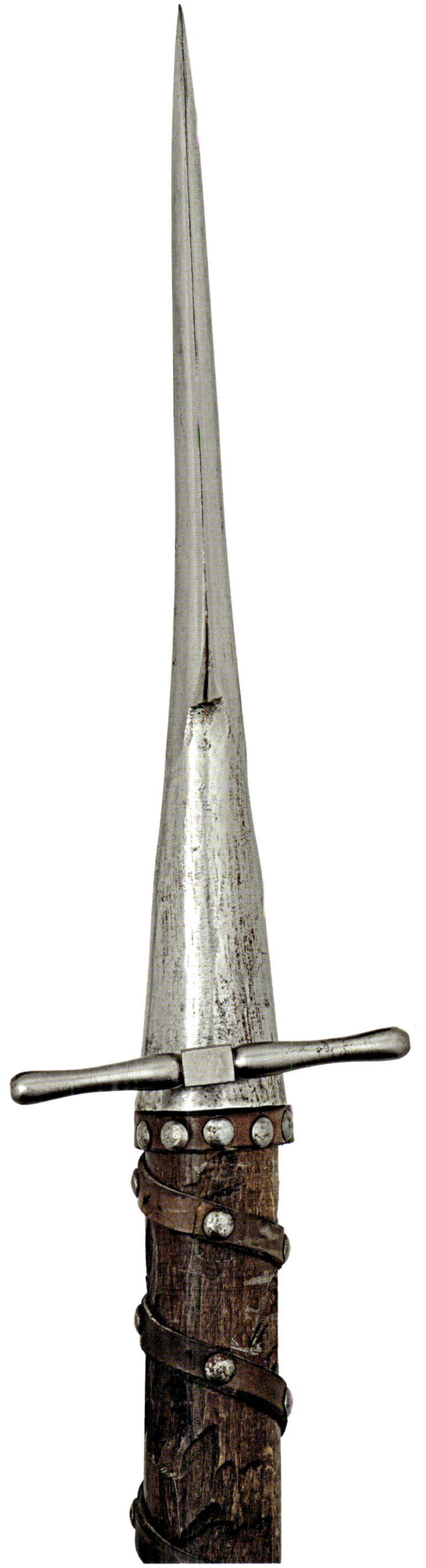

30 Spieß

Inv. Nr. 001 003 19
Gesamtlänge: 2475 Blattlänge: 415, Br.: 61, St.: 13, Tüllenlänge: 160, D.: 40 mm
Gewicht: 2334 g
Wohl 17. Jahrhundert[147]

Das Blatt, dessen größte Breite im Schulterbereich liegt, ist von ungewöhnlichem, asymmetrischem Querschnitt: Während eine der Flachseiten einen scharfen Mittelgrat aufweist, ist die Gegenseite flach konvex gestaltet. Die erstere lässt die geschlagenen Buchstaben „A N" erkennen, die Gegenseite „A.FEN". An einer der Schneidenseiten der Tülle ist ein sekundär gefertigter, eiserner Knebel von 125 mm Länge verschraubt. Der Schaft mit seiner Bewicklung und Benagelung ist jüngeren Datums.

Obwohl die kräftige, einseitige Mittelrippe dem Blatt eine hohe Steifigkeit verleiht, muss erwogen werden, ob hier nicht einem Spießeisen des militärischen Bereichs das Erscheinungsbild einer „Saufeder" verliehen wurde.

147 Seitz, Bd. II, 1968, Abb. 218, 220, 224. Die dargestellten, mit der hier vorliegenden vergleichbaren Blattformen, sind während des 17. Jahrhunderts verbreitet. Ob darunter asymmetrische Querschnitte vorkommen, ist ungeklärt.

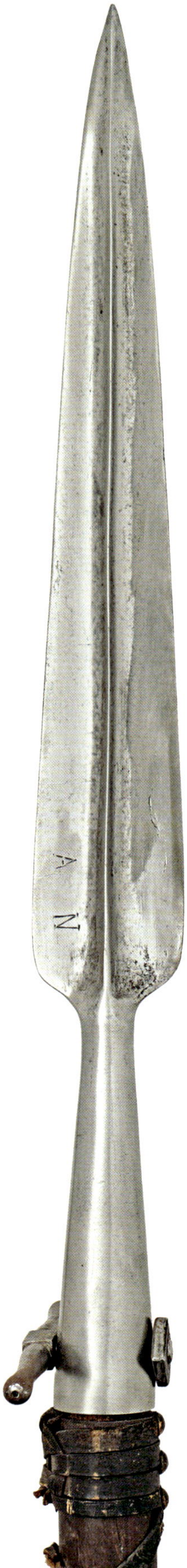

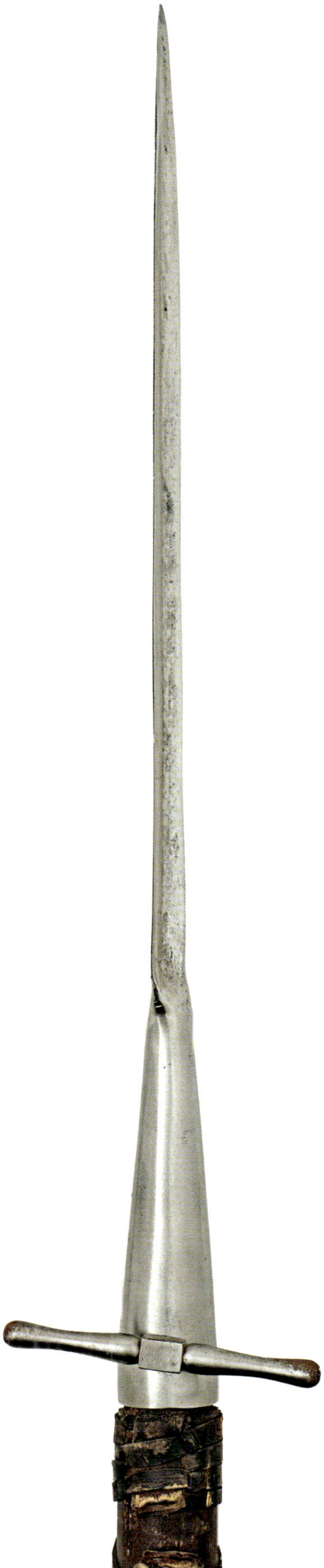

31 Spieß

Ohne Inv. Nr. (4)
Gesamtlänge: 11886 Blattlänge: 210, Br.: 59, St.: 28, Tüllenlänge: 157, D.: 25 mm
Gewicht: 2700 g
Wohl 18. Jahrhundert

Das Blatt, dessen größte Breite im Schulterbereich liegt, ist mit einer Stufe gegen die gedrehte Tülle abgesetzt. Nahe der Tüllenöffnung hat man in einem profilierten Reif die beiden Knebelhälften fixiert. Die 225 mm langen, nicht mit der Tülle verbundenen Schaftfedern sind eingelassen und verschraubt. Es sind Reste roten Wollputzes erhalten. Der wohl ursprüngliche Schaft besteht aus Eschenholz und trägt einen Schuh von 156 mm Länge.

Von einer Saufeder unterscheidet sich die Waffe vor allem durch das stufig abgesetzte Blatt, die auf der Mittellinie angebrachten Knebelhälften und das Fehlen einer Bewicklung.

Es dürfte sich um eine Waffe des militärischen Bereichs bzw. eine Zeremonialwaffe handeln.

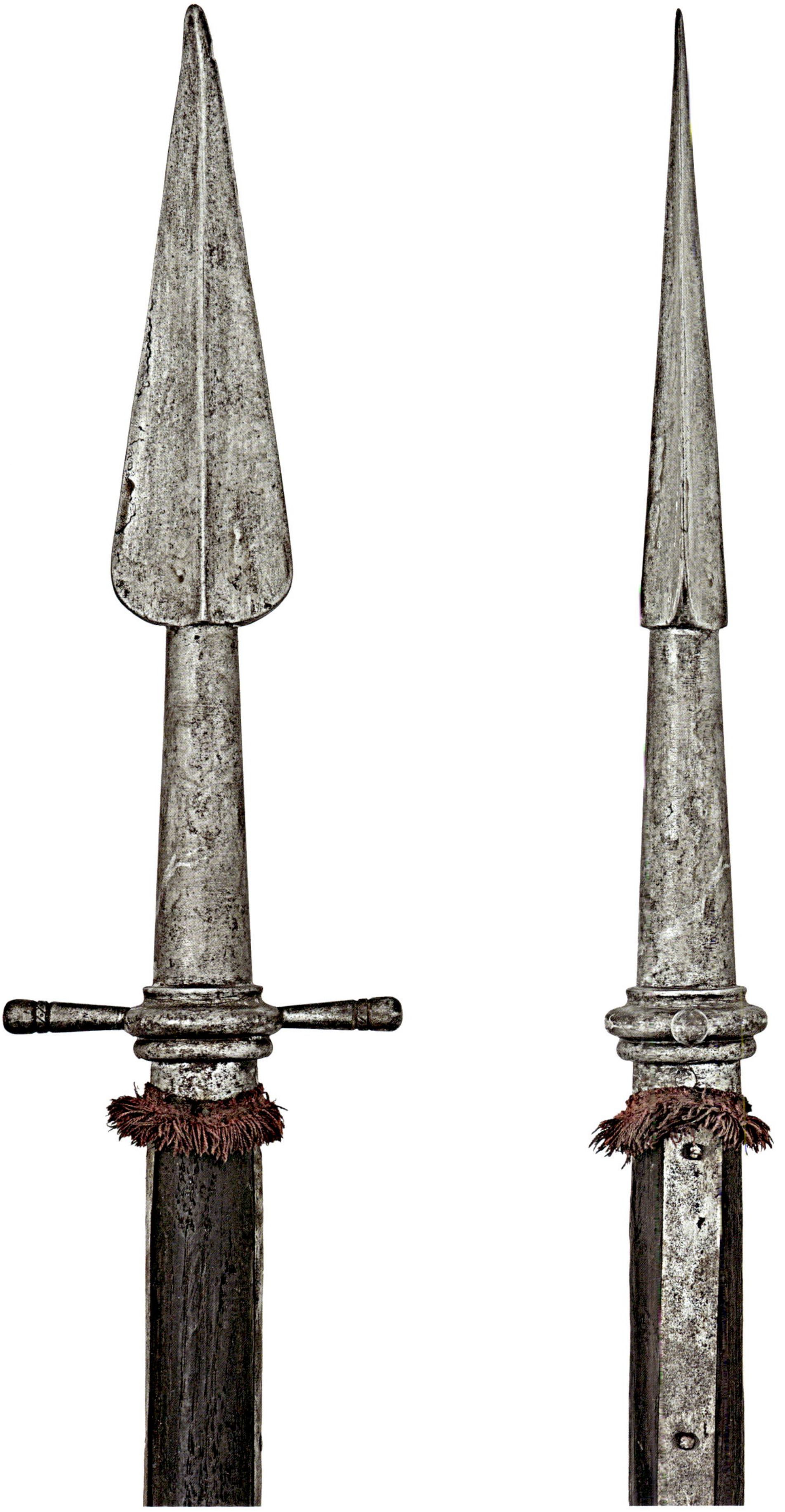

32 Spieß

Inv. Nr. 001 003 25
Gesamtlänge: 1750 Blattlänge: 150, Br.: 28, Tüllenlänge: 85, D.: 26 mm
Gewicht: 1192 g
18. Jahrhundert

Das Blatt, dessen größte Breite im Schulterbereich liegt, ist von ungewöhnlichem, gleichmäßig dreikantigem Querschnitt mit tief gekehlten Seiten. Im Schulterbereich ist geätztes Dekor zu erkennen: florale Motive zieren eine Seite, Trophäen mit Bogen, Pfeilköcher und Säbel eine weitere, Trophäen mit Lanzen, einer Kesselpauke, einem Geschützrohr und Geschützkugeln die dritte. Die Tülle ist durch drei profilierte Reife gegliedert. Im letzten Feld ist, wohl durch sekundäre Anbringung, ein eiserner Knebel verschraubt. Es schließen sich 470 mm lange, miteinander durch Niete verbundene Schaftfedern an. Der Schaft besteht aus Eschenholz und trägt einen Schuh von 83 mm Länge.

Wie im vorab beschriebenen Fall muss bezweifelt werden, dass es sich um eine ursprünglich als Saufeder konzipierte Waffe handelt. Im Blattdekor erscheinen überwiegend militärische Motive; das Erscheinungsbild ähnelt insgesamt dem von Spontonen des 18. Jahrhunderts, die bei aller Unterschiedlichkeit ihrer Blätter regelhaft durch profilierte Reife gegliederte Tüllen und Schaftfedern der hier vorliegenden Art zeigen.[148]

148 Windsheimer, 2001, Abb. 201–238. Müller, 1982, Kat. Nr. 378–399.

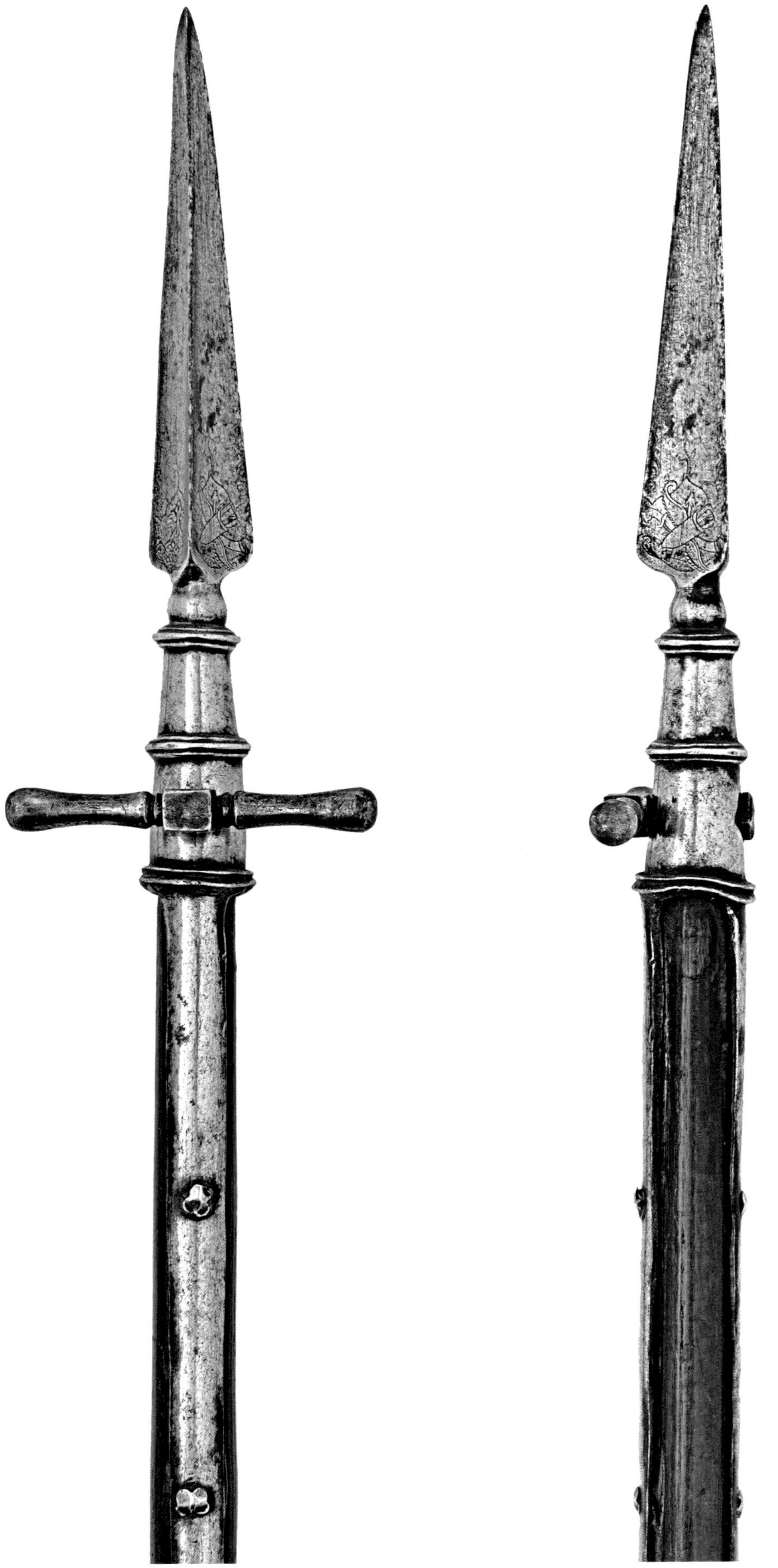

Bedeutung der Stangenwaffen

Wie bereits die Seitenwaffen, bieten auch die Kranichsteiner Stangenwaffen Aufschlüsse zur Gesamtentwicklung.
So liegen mit den unter Kat. Nr. 1–5 beschriebenen Exemplaren wohl frühneuzeitliche Ausführungen vor. Die größte Breite ihrer Blätter liegt in der Mitte, tief geschlagene Marken stellen die Regel dar. Tüllen zeigen runden Querschnitt, in einem Fall kommen Schaftfedern eines wohl authentischen Schaftes vor. Es ist davon auszugehen, dass ursprüngliche Knebel aus organischem, durch Lederbindungen befestigtem Material bestanden; lediglich im Fall der unter Kat. Nr. 3 beschriebenen Waffe dürfte es sich um einen authentischen, eisernen Knebel handeln.
Diese Beobachtungen werden durch Abgleich mit in der Literatur beschriebenen Saufedern tendenziell bestätigt; eine wirklich fundierte, generalisierende Aussage kann jedoch aufgrund einer relativ geringen Anzahl überprüfter Exemplare nicht getroffen werden, zumal sich die Beurteilung ursprünglicher Sachverhalte vor allem auf erhaltene eiserne Teile stützen kann.
Sichere Anhaltspunkte bieten dagegen jüngere Saufedern des Jagdschlosses. Sie bilden den Schwerpunkt des Bestandes. Ein Ensemble (Kat. Nr. 11–20) trägt sowohl Besitzerkennzeichnungen als auch Jahreszahlen; zwei gestalterisch abweichende, mit Geweihknebeln ausgestattete Exemplare (Kat. Nr. 9,[149] 10) zeigen dieselben Jahreszahlen und wurden, ebenso wie auch die mit Steinschloß montierte, 1724 datierte Waffe, zur Zeit des Landgrafen Ernst Ludwig hergestellt.
Der Vergleich mit der zuvor beschriebenen Gruppe macht auf regelhafte morphologische Veränderungen aufmerksam. Die Eisen zeigen geringere Dimensionen, die größte Breite der Blätter ist zu den Schultern verlagert und geschlagene Schmiedemarken fehlen. Die Tüllen sind von rautenförmigem Querschnitt mit Facetten entlang der Schneidenlinie. Neben geätzten Besitzerkennzeichnungen und Jahreszahlen treten an den mit 1726 datierten Waffen gereimte Sprüche mit jagdlichen Bezügen auf; eine Erscheinung, die auch an Hirschfängern aus dieser Zeit vorkommt. Die Verstärkung der Tüllen durch mehr oder weniger aufwendig ausgearbeitete Sockelpartien, in denen auch die Knebel angebracht sind, stellt ein besonderes Merkmal dieses Ensembles dar.
Die Eisen einer zweiten Gruppe von vergleichbarer Geschlossenheit (Kat. Nr. 21–29) zeigen ähnliche Blätter, deren größte Breite ebenso im Schulterbereich liegt. Ihre Tüllen allerdings sind von rundem Querschnitt und tragen keine Sockel. Leicht aus der Mittelachse versetzt, treten in den Tüllen Lochungen von etwa 5 mm Durchmesser auf. Sämtliche Exemplare wurden neu geschäftet und mit einheitlichen, eisernen Knebeln versehen. Für deren Anbringung nutzte man wiederholt größere Aussparungen quadratischen Querschnitts, die wohl als Hinweis auf bereits ursprünglich vorhandene Metallknebel aufzufassen sind. Eisen dieser Gruppe zeigen eine gröbere Ausführung der Schmiedearbeit; Schweißnähte der Tüllen sind wiederholt gerissen und vergrößert. Signaturen, die eine genauere Datierung der morphologisch schwierig einzuordnenden Exemplare erlaubten, kommen nicht vor.
In drei Fällen (Kat. Nr. 30–32) wurden wohl Waffen als Saufedern geschäftet bzw. mit einem Knebel versehen, die dem militärischen Bereich entstammen. Sie sind deshalb außerhalb der chronologischen Abfolge dargestellt.
Die bemerkenswerte Anzahl der Gruppen bildenden Saufedern innerhalb des Gesamtbestandes ist das Charakteristikum eines authentischen, historisch gewachsenen Bestandes. Diese Konstellation ist es auch, die es erlaubt, die Gründe für die Anschaffung der Waffen zu jener Zeit nachzuvollziehen. Offenbar gab nämlich eine Veränderung der Jagdart den Anstoß, ausgelöst durch die Verordnung des Landgrafen Ernst Ludwig im Jahr 1718, mit der die erst 1709 eingeführte Parforcejagd vorübergehend wieder abgeschafft wurde.[150] Die anschließend veranstalteten

149 Die Signatur deutet wohl auf Ludwig, später Landgraf Ludwig VIII., vor Regierungsantritt (1739). Möglicherweise handelt es sich um seine bevorzugte Waffe.
150 Siebert, 1969, S. 73.

Tabellarische Zusammenstellung der Stangenwaffen

Kat. Nr.	Inv. Nr.	Datie-rung	Länge	Gew.	Blatt Länge	Blatt Breite	Tülle Länge	Tülle D	Kneb. Länge	Niet	Schr.	Schaft-Federn
1	2	16.	1935	2066	228	59	125	43	-	-	-	265
2	40	17.	(1940)	(3310)	295	127	125	48	(125)		x	-
3	17	17.	(2340)	(3000)	232	81	155	37	103	x		-
4	18	17.	(2245)	(1600)	300	57	155	44	-	-	-	-
5	29	17.	(1915)	(2770)	215	53	105	45	(125)		x	-
6	22	18.	(2050)	(3956)	315	66	156	53	(125)		x	-
7	37	18.	(1960)	(3256)	275	59	115	49	(125)		x	-
8	21	1724	1910	3275	293	47	135	37	-			-
9	13	1726	1940	2304	130	42	142	39	134			x
10	14	1726*	1960	2406	123	41	132	39	134			x
11	9	1726	1950	2850	155	51	155	34	(125)	x		x
12	6	1726	1980	2855	210	54	130	34	(125)	x		x
13	5	1726	1895	2610	180	54	100	40	(125)	x		x
14	4	1726	1970	3004	200	54	140	40	144	x		x
15	12	1726	1930	2904	180	53	145	45	144	x		x
16	11	1727	1960	2800	190	57	140	41	80	x		x
17	10	1727	(1930)	(2375)	170	58	140	46	118	x		x
18	8	1727	1825	2885	184	60	130	47	(125)	x		x
19	7	1727	1925	2934	184	58	140	48	(125)	x		x
20	3	1727	(1950)	(3290)	190	60	145	47	(125)	x		x
21	15	18.	(2095)	(2575)	224	75	136	59	(125)		x	-
22	16	18.	(2091)	(2675)	215	63	135	57	(125)		x	-
23	28	18.	(1918)	(2725)	220	72	125	47	(125)		x	-
24	30	18.	(1932)	(2710)	220	64	130	47	(125)		x	-
25	35	18.	(1915)	(2890)	230	66	125	55	(125)		x	-
26	o(1)	18.	(1940)	(2785)	230	72	128	48	(124)		x	-
27	o(2)	18.	(1920)	(2960)	205	68	137	49	(125)		x	-
28	o(3)	18.	(1936)	(2740)	235	48	127	48	(125)		x	-
29	o(5)	18.	(1948)	(2930)	245	57	140	55	(125)		x	
30	19	17.	(2475)	(2334)	415	61	160	40	(125)		x	
31	o(4)	18.	(1886)	(2700)	210	59	157	35				
32	25	18.	1750	1192	150	28	85	26	92		x	

( ) nicht ursprünglich
* zwei Datierungen

„eingestellten Jagen", einer besonderen Form der barocken Hofjagd, erforderten eine größere Anzahl von Saufedern, die vom Jagdherrn für Jagdgäste und Jäger bereitgestellt wurden.
Die Tabelle stellt metrische Angaben und Merkmale der Konstruktion dar. Gruppenprofile sind klar erkennbar. Ältere Exemplare (1–7) sind durch eine gewisse Individualität gekennzeichnet. Im Fall der Kat. Nr. 11–20, bedingt auch 9 und 10, sind es keineswegs nur die Signaturen und Datierungen, sondern auch morphologische und konstruktive Merkmale, die die Einheitlichkeit ausmachen. Auch die als zeitnah anzunehmende Fertigung der die Kat. Nr. 21–29 umfassenden Gruppe führte zu einer Geschlossenheit, mit der sie sich von anderen Exemplaren absetzt.

Glossar

Aptierung	Veränderung, Neumontage mit anderen Konstruktionsteilen.
Ätzung	Hochätzung: das Motiv erhebt sich über den Grund. Tiefätzung: das Motiv liegt tiefer als die Umgebung.
Angel	Nicht sichtbarer Teil der Klinge, durch aufgeschobene Gefäßteile verdeckt.
Angelstumpf	Nicht sichtbarer Teil der Klinge, durch aufgenietete Griffschalen verdeckt.
Auflaufknebel	Knebel aus organischem Material oder Eisen an der Tülle von Saufedern oder der Klinge von Jagdschwertern. Er verhindert ein tieferes Eindringen.
Blatt	Sichtbarer Teil der Klinge.
Damaszierung	Hier: Schweißdamast; ursprünglich eine Schmiedetechnik zur mechanischen Veredelung von Klingen, später rücken dekorative Aspekte in den Vordergrund.
Ebenholz	Arten der Dattelpflaume aus Afrika und Indonesien.
Faustbügel	Schneidenseitiger Schutz der Hand.
Fehlschärfe	An die Klingenschultern anschließender, ungeschärfter Bereich (Klingenbasis, Klingenstärke).
Gefäß	Handhabe und Schutzvorrichtungen einer Seitenwaffe (Eine Klinge wird „gefasst“, wie bei Goldschmiedearbeiten ein Stein gefasst wird).
Griffschalen	Aufgelegte, genietete Griffstücke von Heft- und Rahmenkonstruktionen.
Heft	An den Schmalseiten sichtbarer Teil der Klinge mit genieteten Griffschalen.
Hilze (Hülse)	Der Angel aufgeschobene Griffhülse.
Hilzenring	Metallene Zwinge der Hilze über der Parierstange.[152]
Hohlniet	Metallene Röhre mit gebördelten (vernieteten) Abschlüssen.
Klinge	Das Produkt des Klingenschmiedes, Blatt mit Angel, Angelstumpf oder Heft.
Knauf	Verbreiterter, oft metallener Abschluss des Griffstücks.
Knaufkappe	Fassung im Knaufbereich.
Knaufplatte	Abdeckung im Knaufbereich.
Lahn	Feine Metallstreifen; insbesondere aus Gold oder Silber.
Mundblech	Beschlag der Scheidenöffnung.

152 Krünitz, S. 760, bezeichnet den Hilzenring als „Zwinger“.

Netznadel	Kräftige Nadelklinge mit Griff zum Ausbessern der Jagdnetze (des Garns).
Olive	Dekorativer Beschlag der Hilze oder der Griffschalen.
Ort, Ortpartie	Spitze, Spitzenbereich.
Ortband	Beschlag des Scheidenendes.
Panduren	Volksstamm in der Umgebung des ungarischen Dorfes Pandur, dessen Männer sich als Söldner verdingten. Ihre Bewaffnung war durch Besonderheiten gekennzeichnet.
Pandurenspitze	Ortpartie mit konkavem Ausschnitt der Rückenseite.
Parierknebel / Stichblatt	Metallene, terzseitig vorspringende Schutz/Stützvorrichtung.
Pfeilhöhe	Krümmungshöhe des Blattes zwischen Klingenschulter und Ort.
Putz	Büschel farbiger Wolle als Gliederung von Stangenwaffenschäften oder Zweihändergefäßen.
Quartseite	Die dem Gegner abgewandte Seite einer Seitenwaffe.
Schaftfeder	Eisernes, an der Tülle anschließendes und in das Schaftholz eingelassenes, Band; Stabilisierung des Schaftes.
Schaftschuh	Eiserner Beschlag des Schaftendes einer Stangenwaffe.
Schar / Schör	Verbreiterung des Blattes im Ortbereich.
Schleppblech	Eiserne Verstärkung des Scheidenendes oder des Ortbandes.
Schulter	Stufiger, einseitiger oder beidseitiger Versprung am Blattansatz, hier liegen Stoßplatte, Stichblatt oder Parierstange auf.
Schwertfeger	(französ. Fourbisseur), poliert und verziert die Klinge, fertigt und montiert Gefäß, Scheide und Besteck.[153]
Schulterplatten	(engl. shoulder plates), genieteter Beschlag der Klingenbasis bei Heftkonstruktionen.
Spange	Terz/Quartspange, Seitenbügel des Gefäßes.
Sponton	Infanteriespieß, Rangabzeichen von Offizieren und Unteroffizieren europäischer Armeen.
Stichblatt / Parierknebel	S. Parierknebel.
Stoßplatte/Stoßscheibe	Auf den Klingenschultern aufliegende Platte, die das Scheidenmundblech abdeckt.[154]
Stoßleder/Stoßscheibentuch	Eine Leder- oder Filzscheibe unterhalb der Stoßplatte; schützt die Scheide vor eindringendem Wasser.
Stützarm	Teil des Parierknebels oder Stichblattes.
Tauschierung	Einlegearbeit andersfarbiger Metalle in Eisen.
Terzseite	Die dem Gegner zugewandte Seite einer Seitenwaffe.
Überfang	Über das Mundblech der Scheide fassende Hülse der Stoßplatte.
Vernietknauf	Auf dem Knauf, der Knaufkappe oder der Knaufplatte liegendes, separat gefertigtes Metallteil für die Angelvernietung.
Zierkopf- (-stift, -niet)	Dekorativer Beschlag der Hilze oder der Griffschalen (Olive).
Zug	Feine Kehle des Blattes, oft entlang des Rückens.

153 Seitz, 1965, Bd. II, S. 280.
154 Krünitz, „Hirschfänger", bezeichnet die Stoßplatte als „Kränzchen".

Literatur

Amme, Jochen, Bestecke. Die Egloffstein'sche Sammlung auf der Wartburg (Stuttgart 1994).

Bezdek, Richard H., German Swords und Sword Makers (Boulder, Colorado 2000).

Blackmore, Howard, Hunting Weapons (London 1971).

Bohlmann, Robert, Über Jagd-, Schwein- und Landsknechtsschwerter, in: ZHWK, 5. Band der Neuen Folge (14 der Gesamtfolge) (Berlin 1935–1936).

Braunmiller, Birgit, Messer Gabel Praxe, Katalog, Sonderschau im Museum Jagdschloß Kranichstein, 2003 (vergriffen).

Cowgill, Jane; De Neergaard, Margarethe; Griffiths, Nicholas, Knifes and Scabbards (London 1987).

Cronau, Rudolf, Geschichte der Klingenindustrie Solingens, Nachdruck Solingen 1993).

Diener-Schönberg, Alfons, Knebel an Jagdblankwaffen, in: ZKWK, Dritter Band, 12. Heft (Dresden 1902–1905).

Fouilloux, Jacob von, New Jägerbuch, Straßburg, 1590. Nachdruck (Leipzig 1979).

Geibig, Alfred, Die Kunst der Konstrukteure. In: Jahrbuch der Coburger Landesstiftung, 1993, Band 38, S. 1–80 (Coburg 1993).

Große Löscher, Gerhard, Musterbuchvorlage und Ausführung bei Hirschfängerklingen. In: Waffen- und Kostümkunde, 44. Band, Heft 2, Jahrgang 2001 (Sonnefeld 2001).

Ders., Hannoversche Hirschfänger. In: Waffen- und Kostümkunde, 47. Band, Heft 2, Jahrgang 2005 (Sonnefeld 2005).

Haedeke, Hanns-Ulrich, Deutsches Klingenmuseum Solingen, Blankwaffen (Köln 1982).

Hardenberg, Kuno Graf von, 1918, Das Jagdschloß Kranichstein und die Jagdmaler des Landgräflichen Hofes zu Darmstadt (Darmstadt 1918).

Hofmann, Ernst, Kranichstein (Fulda 1961).

(Das) Jagdbuch des Mittelalters: Ms fr. 616 der Bibliothéque Nationale in Paris, Nachdruck (Graz 1994).

Kölsch, Gerhard, Georg Adam Eger (1727–1808) Jagdmaler am Hessen-Darmstädter Hof (Petersberg 2010).

Krünitz, Johann Georg, Oeconomische Encyklopädie, oder allgemeines System der Staats- Stadt- Haus und Landwirthschaft in alphabetischer Ordnung (verschiedene Erscheinungsorte 1773–1858).

Lewerken, Heinz-Werner, Kombinationswaffen des 15.–19. Jahrhunderts (Berlin 1989).

Menghin, Wilfried, Das Schwert im frühen Mittelalter (Nürnberg 1983).

Müller, Heinrich; Kölling, Hartmut, Europäische Hieb- und Stichwaffen, 2. Aufl. (Berlin 1982).

Müller, Heinrich, Das Heerwesen in Brandenburg und Preußen von 1640 bis 1806 (Berlin 1991).

Müller, Heinrich, Albrecht Dürer. Waffen und Rüstungen (Mainz 2002).

Neuwirth, Waltraud, Wiener Silber (Wien 1988).

Nickel, Helmut, Ullstein Waffenbuch (Berlin 1977).

Niddaer Sauhatz von 1633 des Valentin Wagner (Faksimile mit erläuterndem Text von Wolfgang Weitz, Herne 1978).

Pirling, Renate / Siepen, Martin, Die Funde aus den römischen Gräbern von Krefeld-Gellep (Stuttgart 2006).

Pons, Rouven, Die Kunst der Loyalität Ludwig VIII. von Hessen-Darmstadt und der Wiener Kaiserhof (Marburg 2009).

Reepen, Iris, Museum Schloß Kranichstein (München, Berlin 2002).

Rose, Walther, Die Klingenmarke 1414 (1441) und verwandte Zahlenzeichen, in: ZHWK, Bd. XIV (1935/36), 131–133.

Scheel, Bernd, Bestecke, Battenberg Antiquitäten Katalog (Augsburg 1996).

Schlesinger, Erika, Solinger Handwerkszeichen (Duisburg 1978).

Schöbel, Johannes, Jagdwaffen (Dresden 1975).

Seifert, Gerhard, Der Hirschfänger (Schwäbisch Hall 1971).

Siebert, Gisela, Kranichstein (Amorbach 1969).

Seitz, Heribert, Blankwaffen Band 1, 2 (Braunschweig 1965).

Stiegler, Martin. Europäische Hirschfänger (Braunau, Prag 1994).

Uhlemann, Heinz R., Kostbare Blankwaffen aus dem Deutschen Klingenmuseum Solingen (Düsseldorf 1968).

Wagner, Eduard, Hieb- und Stichwaffen (Prag 1966).

Walter, John, The Sword and Bayonet Makers of Emperial Germany 1871–1918 (Brighton 1973).
Weitz, Wolfgang, Jagen im Mittelalter und im Barock (Nidda 1999).
Ders., Bosler, Büchsenmacher und Kupferstecher in Darmstadt (Nidda 2001).
Ders., Johann Michael Probst Büchsenmacher in Darmstadt (Kranichstein 2003).
Ders., Aus der Jagdgeschichte des Vogelsberges (Kranichstein 2006).
Ders., Tanner, Büchsenmacher in Lauterbach (Kranichstein 2007).
Weyersberg, Albert, Solinger Schwertschmiede des 16. und 17. Jahrhunderts und ihre Erzeugnisse (Solingen 1926).
Westphal, Herbert, Untersuchungen an Saxklingen des sächsischen Stammesgebietes; Schmiedetechnik, Typologie, Dekoration. In: Studien zur Sachsenforschung, 7, 271 ff. (Hildesheim 1991).
Ders., Franken oder Sachsen? Untersuchungen an frühmittelalterlichen Waffen. Studien zur Sachsenforschung, Bd. 14 (Oldenburg 2002).
Ders., Stahl, Reallexikon der Germanischen Altertumskunde, Bd. 29, S. 486–490 (Berlin, New York 2005).
Ders., 2006, Messerfunde des Paderborner Stadtgebiets zwischen 1949 und 2002. In: Vorstoß in historische Tiefen. Mittelalter Studien 8 (Paderborn 2006).
Windsheimer, Bernd, Me fecit Potzdam (Bissendorf 2001).
Wolters, Jochem, Der Gold- und Silberschmied (Stuttgart 1981).

Kataloge

Kataloge der Auktionshäuser Fischer, Luzern und Hermann Historica, München.
Deutsches Jagdmuseum (München 1977).
Wallace Collection Catalogues, Vol. II, Arms (London, 1962).
Weyersberg, Kirschbaum & Cie. (Solingen um 1900).
Städtische Kunstsammlungen Augsburg, 1473–1973 Hans Burgkmair, das graphische Werk (Augsburg, 1973).
Waffensammlung Dreger, Berlin und Leipzig, 1926.

Musterbücher

Nathanael Melchiors, Solingen, zwischen 1805 und 1820. Deutsches Klingenmuseum Solingen, MB 18.
Wilhelm Melchiors, Solingen, um 1814–1822, Musterzeichnungen für Degenätzungen. Deutsches Klingenmuseum Solingen, MB 19.
Rezepte zum Färben von Bein/Elfenbein, um 1903, ohne Autorenangabe, ohne Signatur. Deutsches Klingenmuseum Solingen.

Periodika

Zeitschrift für Historische Waffen- und Kostümkunde (ZHWK), verschiedene Jahrgänge.

Bildnachweis

Katalogabbildungen, Textfig. 8, 9, Heinz Hefele, Fotodesign, Darmstadt

Textfig. 1–3, 4b, 18c H. Westphal, 4a Verlag Schnell und Steiner, Regensburg, nach Entwurf H. Westphal

Textfig. 5 n. Hobusch, 1978, Abbildung 14

Textfig. 6, 7, C. Reichmann, Museum Burg Linn

Kat. Abb. 16c, 28b, 43b, 50b, 53c H. Westphal

Adressen und Öffnungszeiten

Stiftung Hessischer Jägerhof
Jagdschloß Kranichstein
Kranichsteiner Straße 261
64289 Darmstadt
Tel. 06151/971118-0
Fax: 06151/971118-18
info@jagdschloss-kranichstein.de
www.jagdschloss-kranichstein.de

Museum Jagdschloß Kranichstein
Kranichsteiner Straße 261
64289 Darmstadt
Tel. 06151/971118-0 (Durchwahl: -14)
Fax: 06151/971118-18
Info und Programm:
www.jagdschloss-kranichstein.de

Öffnungszeiten:
1. April – 31. Oktober:
Mittwoch – Samstag 13.00 – 18.00 Uhr
Sonntag/Feiertag 10.00 – 18.00 Uhr
1. November – 31. März
Mittwoch – Samstag 14.00 – 17.00 Uhr
Sonntag/Feiertag 10.00 – 17.00 Uhr

bioversum Kranichstein –
Museum biologischer Vielfalt
Zeughaus Jagdschloß Kranichstein
Kranichsteiner Straße 253
64289 Darmstadt
Tel. 06151/971118-88
Fax: 06151/971118-89
anfrage@bioversum-kranichstein.de
Info und Programm:
www.bioversum-kranichstein.de

Öffnungszeiten:
Dienstag – Samstag 11.00 – 17.00 Uhr
Sonntag/Feiertag 10.00 – 18.00 Uhr

Hotel Jagdschloß Kranichstein GmbH
Kranichsteiner Straße 261
64289 Darmstadt
Tel. 06151/9779-0
Fax. 06151/9779-20

Gaststätte Zum Zeughaus
Kranichsteiner Straße 253
64289 Darmstadt
Tel. 06151/9614686

Aus- und Fortbildungszentrum
des Landesjagdverbandes Hessen e.V.
Zeughaus Jagdschloß Kranichstein
Kranichsteiner Straße 253
64289 Darmstadt
Tel. 06151/96159-0
oder 06032/2008